要为人民
用好权

领导干部的第一堂必修课

李松 ★ 著

新华出版社

图书在版编目（CIP）数据

要为人民用好权：领导干部的第一堂必修课 / 李松著.
——北京：新华出版社，2015.12（2025.2重印）
ISBN 978-7-5166-2195-0

Ⅰ.①要… Ⅱ.①李… Ⅲ.①干部教育-中国-学习参考资料
Ⅳ.①D630.3

中国版本图书馆CIP数据核字（2015）第293837号

要为人民用好权

作　　者：李　松	
出 版 人：张百新	责任编辑：黄绪国
责任印制：廖成华	封面设计：李尘工作室

出版发行：新华出版社
地　　址：北京石景山区京原路8号　　邮　　编：100040
网　　址：http://www.xinhuapub.com　　http://press.xinhuanet.com
经　　销：新华书店
购书热线：010-63077122　　中国新闻书店购书热线：010-63072012
照　　排：图鸦文化
印　　刷：大厂回族自治县众邦印务有限公司
成品尺寸：160mm×230mm　1/16
印　　张：19.25　　字　　数：230千字
版　　次：2015年12月第一版　　印　　次：2025年2月第二次印刷
书　　号：ISBN 978-7-5166-2195-0
定　　价：39.00元

图书如有印装问题请与出版社联系调换：010-63077101

目录

序言一 对权力的告诫 / 1
  李成言 中国监察学会原副会长 北京大学廉政建设研究中心主任、教授

序言二 权力的逻辑 / 6
  韩春晖 北京大学软法研究中心研究员 国家行政学院教授

第一章 权力是人民赋予的 / 1

第一节 人民是权力的源泉 / 3
  一、"淮海战役的胜利是人民群众用小车推出来的" / 4
  二、"我是中国人民的儿子" / 8
  三、人民以法律的形式授权 / 12
  四、权力不属于个人 / 15

第二节 植根于人民群众之中 / 21
  一、始终与人民在一起 / 22
  二、延安时期"只见公仆不见官" / 26
  三、沂蒙"红嫂"谱写军民鱼水情 / 30

第三节 最大危险是脱离群众 / 34
  一、未竟的"赶考" / 35
  二、苏共悲剧的警示 / 39
  三、群众路线是中国共产党的生命线 / 47

第二章 对权力要有敬畏之心 / 55

第一节 有权不可任性 / 57
  一、"叫纪委查你！" / 58
  二、"国家规定是狗屁" / 60
  三、仇和"落幕"的标本意义 / 62
  四、畏小民，则无豪横 / 65

第二节 坚定理想信念不动摇 / 67
  一、中国共产党人精神上的"钙" / 68
  二、"不问苍生问鬼神"是危险信号 / 71
  三、"软骨病"源于理想信念丧失 / 74
  四、让理想信念教育"硬"起来 / 78

第三节 严以用权才能赢得人心 / 81
  一、严以用权的"官箴" / 82
  二、公权不私，私用即盗 / 86
  三、斩断与民争利的权力之手 / 89
  四、法无授权不可为 / 95

第三章 让人民监督权力 / 99

第一节 要创造条件让人民监督政府 / 101
  一、"窑洞对"的历史回音 / 102
  二、人民监督难在何处 / 105
  三、人大代表要"代表人民" / 113
  四、做好调研是政协委员的基本功 / 119
  五、有效监督要有机制保障 / 127

第二节 中国共产党要容得下尖锐批评 / 132
  一、批评与自我批评的力量 / 133
  二、"中国共产党是不怕批评的" / 138
  三、让批评与自我批评更有辣味 / 143

四、善意的批评也是主旋律 / 148
　　五、要善于从批评声中了解民意 / 151

第三节　让权力在阳光下运行 / 156
　　一、政府信息以不公开为例外 / 157
　　二、简政放权让权力回归本位 / 163
　　三、权力清单亮出"权力家底" / 168
　　四、践行"八项规定"没有完成时 / 171
　　五、领导干部财产申报制度在路上 / 175

第四节　力促"隐性权力"显性化 / 179
　　一、"二号首长"的权力延伸 / 180
　　二、削除领导干部的隐性利益 / 187
　　三、"萝卜招聘"暗流涌动 / 192
　　四、堵住"吃空饷"的制度黑洞 / 197
　　五、卖官鬻爵的潜规则 / 202

第五节　把权力关进"制度的笼子" / 208
　　一、以治标为主，为治本赢得时间 / 209
　　二、没有不受查处的"铁帽子王" / 212
　　三、清廉政府是怎样炼成的 / 216

第四章　为人民谋利益 / 225

第一节　"为人民服务"永远不过时 / 227
　　一、张思德的楷模效应 / 228
　　二、"焦裕禄精神是永恒的" / 233
　　三、沈浩用生命兑现承诺 / 236
　　四、"长"在群众中的高德荣 / 239

第二节　"执政为民"的为官之道 / 243
　　一、为人民服务是中国共产党的根本宗旨 / 244
　　二、"干部好不好是百姓说了算" / 246

三、用好"三严三实"这把标尺 / 249
　　四、给乱作为套上"法治笼头" / 257
　　五、"治庸治懒"上升为国家意志 / 260

第三节　让人民生活得更有尊严 / 268
　　一、衣食足仓廪实才有尊严的底气 / 269
　　二、人民的尊严要以人权进步为保障 / 273
　　三、尊重人民的首创精神 / 275
　　四、人民当家做主是最大的尊严 / 278

后记 / 282

附 / 李松访谈录
《有权不可任性》探究执政智慧 / 286

主要参考书目 / 292

● 序言一

对权力的告诫

李成言　中国监察学会原副会长　北京大学廉政建设研究中心主任、教授

什么是国家权力？

国家权力就是按着人民的意志和法律，进行控制与支配的一种力量。国家权力具有双重性，是一柄"双刃剑"，它可以为公众生存带来安全和福祉，维护社会的公平和正义，也可以成为掌权者谋取私利、满足贪欲的工具。

任何一个国家权力的安排与运行，都决定着国家的品性和兴衰。正如古希腊学者亚里士多德所说："一种政体如果要达到长治久安的目的，必须使全邦各部分（各阶级）的人民都能参加而且怀抱着让它存在和延续的意愿"。

自从人类跨入民主政治时代以来，国家权力来源于人民已经成为进步阶级和政党的共识和追求。在现代政治中，执政党的合法性必须具有这样的特征，即其执政必须是人民的选择，否则就不具备合法性。

何谓人民？按《现代汉语词典》解释，即以劳动群众为主体的社会基本成员。

中国共产党成立伊始，就毫不隐讳自己的阶级观点，宣称是中国无产阶级的先锋队，随即发动工人开展了一系列工人运动，为工人阶级争取权益；土地革命战争时期，中国共产党通过"打土豪，分田地"，使广大农民得到了最大实惠，也使中国共产党赢得了占中国人口大多数的广大农民的真心拥护和爱戴；抗日战争时期，中国共产党通过建立抗日民族统一战线，通过建立"三三制"政权、减租减息等一系列政策，迅速扩大了社会基础，最大限度地把各种抗日力量团结在自己周围；解放战争时期，中国共产党通过实行人民民主统一战线，实现了工农商学兵的全国大联合，特别是实行广泛而彻底的土地改革运动，更让千百万渴望得到土地的农民，实现了自己千百年来的梦想。

由此可见，中国共产党的执政合法性源自历史，是人心向背决定的，是人民的选择。然而，中国共产党从一个革命党成为一个执政党，经过了二十多年的奋斗牺牲，在取得政权之后，如果不树立正确的执政理念，建立完善的执政体制，不注意开拓执政的合法性资源，预防和克服执政的合法性危机，而是沉湎于"打天下就能坐天下"的陈旧观念，就会有被赶下台的风险。

中国共产党一直有着这样的忧患意识和危机意识。2013年6月18日，习近平在党的群众路线教育实践活动工作会议上告诫全党："我们多次讲，党的先进性和党的执政地位都不是一劳永逸、一成不变的，过去先进不等于现在先进，现在先进不等于永远先进；过去拥有不等于现在拥有，现在拥有不等于永远拥有。这是用辩证唯物主义和历史唯物主义观察问题得出的结论。保持党的先进性和纯洁性、巩固党的执政基础和执政地位靠什么？最重要的就是靠坚持党的群众路线、密切联系群众。"

此前，中国共产党的十八大报告也重申了"始终保持党同人民群众的血肉联系"这一重大命题。"保持同人民群众的血肉联系是中国共产党的最大政治优势，脱离群众是中国共产党执政后的最大危险。"

从总体上看，当前广大党员干部的作风主流是好的。但也要清醒地看到，世情、国情、党情正在发生深刻变化，中国共产党所处的历史方位和执政条件、党员队伍构成都发生了重大变化。中国共产党现在已经拥有8700多万党员，规模数量大，成员分布广，新鲜血液多，来自党内外的风险挑战和严峻考验前所未有，党内脱离群众的现象客观存在，必然会弱化党的执政基础。主要集中表现在形式主义、官僚主义、享乐主义和奢靡之风这"四风"上。

一是形式主义。主要表现为有些干部用哗众取宠代替实事求是，用投机取巧代替实干苦干，用粗枝大叶代替一丝不苟，用走马观花代替深入实际，用潦草应付代替严谨作风，用口头汇报代替实际工作，用三心二意代替全心全意，用拖拖拉拉代替雷厉风行，用欺上瞒下代替求真务实，用表面文章代替表里如一。

二是官僚主义。主要表现为有些领导干部，只要能安坐办公室，就绝不愿下基层"受苦"，甚至不愿和群众"坐同一条板凳"，怕给自己添麻烦；喜欢拍脑袋决策、拍屁股走人，盲目铺摊子、上项目，留下一堆后遗症；对上吹吹拍拍、曲意逢迎，对下喝五吆六、横眉立眼，门难进、脸难看、事难办；思维僵化，机械执行上级决定，生搬硬套，完全不顾实际情况；官气十足、独断专行，总觉得"自己高明、别人不行"，容不下他人，听不得不同意见。

三是享乐主义。主要表现为有些干部意志消沉、信念动摇，他们奉行及时行乐的人生哲学，"今朝有酒今朝醉"、"人生得意须尽欢"，追求吃得好、玩得痛快、住得舒服，享受所谓的"人间乐趣"。有些干部为了追求"舒适"目标，不惜铤而走险，大肆索贿受贿，最终沦为人民的罪人。

四是奢靡之风。主要表现为有些干部的群众观念日渐模糊，甚至完全淡忘。有些干部要求超规格接待，住豪华酒店，吃山珍海味，喝美酒佳酿。有些干部在高档场所、名山秀水流连忘返、乐不思蜀。还有些地方财政经费也敢拿来乱花，甚至扶贫款项也敢拿来挥霍，奢靡之风之盛让人瞠目结舌。

在此背景下，中国共产党围绕"建设什么样的党、怎样建设党"这个重大课题，需要不断进行探索。"观世情、察国情、看党情"，"常怀忧党之心，恪尽兴党之责"，改革发展不断深入，中国共产党如何为人民用好权，防止公仆变为"官老爷"，真正走出兴亡的历史周期律，已成为一道严峻的政治课题。

在中国历史上，历代兴亡周期律大体分为五个阶段。第一阶段是"打江山"时百折不挠；第二阶段是执政初期勤俭建国、艰苦创业；第三阶段是社会进入繁荣期，执政风气开始奢靡，脱离群众，权钱交易、官商勾结、买官卖官等腐败现象频繁发生，腐蚀着执政团队；第四阶段是社会繁荣期过后，整个执政团队大面积坏死，病入膏肓；第五阶段是改朝换代。

历代兴亡周期律"附身"与发挥作用，可以说都是始于丢掉最初的优良传统。而破解历代兴亡周期律，也是中国历代执政团队遇到的一个难题。

中国共产党要走出这个周期律，有必要坚定不移地发展社会主义民主政治，其根本是保证人民当家做主，核心是充分体现人民意志，基本方法是让权力在阳光下运行，即中国共产党和各级国家权力机关作为权力的代行者，受人民委托，为人民服务，让人民监督，把权力运行的各个层次、各个领域和各个环节都置于阳光之下，确保人民赋予的权力始终用来为人民服务。

新华社知名调查型记者李松的《要为人民用好权》一书，从权力是人民赋予的、对权力要有敬畏之心、让人民监督权力，以及为人民谋利益等四方面，围绕"要为人民用好权"这个重大主题，深入探讨了党员干部，尤其是领导干部的权力观、地位观、利益观，为中国民主进程精心把脉。

本书通过生动的案例评析，把复杂的问题通俗地娓娓道来，做到了说理有深度，能以小见大、见微知著。同时，本书坚持权威性和趣味性相结合、通俗性和学术性相统一，做到了既严谨客观，又生动耐读，意在对权力溯本求源，以期给读者更深刻的认知和启迪，给执政者更多的思考和警醒。

本书不但是党员干部，尤其是党员领导干部增强宗旨意识、律己修身、践行党的群众路线的必备手册，也是各级人大代表、政协委员提高参政议政水平的参考书，同时也是普通公众了解中国时政的优秀读物。

是为序。我愿意与广大读者共勉。

2015 年 12 月 20 日于北京大学

●序言二

权力的逻辑

韩春晖 北京大学软法研究中心研究员 国家行政学院教授

李松嘱我为其新著《要为人民用好权》作序,实在诚惶诚恐。与他兄弟相交,皆因性情相投,可谓是"倾盖如故"。当我细细读完他的这部大作之后,更是由衷平添许多敬意。

作为一个长期从事深度报道的优秀记者,李松几乎是以一种"横刀立马"的大无畏勇气来揭露当前中国的种种"权力乱象"。比如领导干部思想上的"霸权"思维、"二号首长"的权力验收问题、"隐性权力"、"萝卜招聘"、"政治家族"、"吃空饷"等等。这些权力异化的面相都被他以一种近乎赤裸的方式展现出来。而且,展现手法多样,让人触目惊心。既有鲜活的实例,又有数字的佐证,还有原因的剖析,甚至有文化的追问。比如对"铁帽子王"的历史梳理,让读者更添了一种摆脱历史窠臼的使命感。

显然,李松并不满足做一个简单的"揭露者"或"批评者",尽管大多数的记者都以此为最高荣誉。在他的大作中,关于权力逻辑一直若隐若现，却贯穿始终，构成了他解决当前"权力异化"这一痼疾的内在依据。他强调"权力是人民赋予的"，重申了权力的最高来源；强调"对权力要有敬畏之心"，凸显了权力的谦抑性特征；强调"让人民监督权力"，指出了权力不被异化的关键所在；强调"为人民谋利益"，则指明了权力行使正当性。由此可见，按照"产生—属性—保质—持久"的内在脉络，李松建构了一个关于权力运行的基本框架。这个框架恰恰是将"权力关进制度的笼子里"的认知前提。

但李松并没有就此止步，而是将法治的核心要素真正引入他所构建的框架中。他指出，要防止权力被异化，应当坚持人民当家做主是人民最大的尊严，而人民的尊严要以人权进步为保障。可见，他认为"民主"与"人权"构成了"法治笼头"上非常重要的两把锁，将权力深囚其中，可谓深得法治之精髓。正是以权力的逻辑为指引，以法治的要素为重锁，李松成功地在其大作中为权力打造了一个"黄金囚笼"。权力，就是这个囚笼中最尊贵的囚徒，虽然享有众生的膜拜，却不会有人扔给权力一把打开囚笼的钥匙。

我一直以为，批评是一种热爱。最真诚的批评往往是最真诚的热爱。作为一个批评者，李松对这个国家无疑是充满热爱的。我还以为，若无积极努力的建构，就无真诚负责的批评。作为一个建构者，李松对这个国家也是真诚负责的。可以断定的是，李松的这种责任感绝非纯粹地源于记者这个现代职业，而更多地源于知识分子的天下情怀。在这部书中，他非常执着地为权力的执掌者提供种种具体的治理方略，期望以此"驯服权力"。对中国的知识分子而言，"法授圣"从来都是一种"行大道"的事业。

为行大道，骑马者向前！

是为序。

2015年10月于北京寸草居

第一章
权力是人民赋予的

我们的权力是党和人民赋予的,是为党和人民做事用的,只能用来为党分忧、为国干事、为民谋利。要正确行使权力,依法用权、秉公用权、廉洁用权,做到心有所畏、言有所戒、行有所止,处理好公和私、情和法、利和法的关系。

——习近平2015年1月12日在与中央党校第一期县委书记研修班学员进行座谈时的重要讲话

第一节　人民是权力的源泉

中国共产党作为执政党，权力来自人民，根本宗旨和运行目标是实现人民的根本利益。执政为民，要求党要领导和支持人民当家做主，并最广泛地动员和组织人民群众管理国家和社会事务，管理经济和文化事务，维护和实现广大人民群众的根本利益。

"权为民所赋，权为民所用"

2010年9月1日，习近平在出席中央党校秋季学期开学典礼时发表了重要讲话。他还阐述了领导干部应有的世界观、权力观和事业观，并强调马克思主义权力观概括起来是两句话："权为民所赋，权为民所用。"

我们对这些话并不陌生——如上所引，习近平也强调这个权力观的"知识产权"是属于"马克思主义"。

尽管如此，习近平讲"权为民所赋，权为民所用"，其意义仍不可低估。这是对胡锦涛"权为民所用，情为民所系，利为民所谋"的继承和丰富，并具有强烈的现实性和针对性。毕竟，现实中确有一些领导干部是从个人或小集团的私利出发，忘记了自己手中的权力是来自人民，从而放弃了实现和维护最广大人民的根本利益。

一、"淮海战役的胜利是人民群众用小车推出来的"

1948年11月的一个清晨。徐州。

这座古老的城市，有超过6000年的文明史和2600年的建城史，是著名的千年帝都，有"九朝帝王徐州籍"之说，自古为兵家必争之地。在中国两千多年的漫长历史中，以见诸文字的158次血战而彪炳史册。

今天，这里又爆发了一场大决战。这并非两个国家之间的战争，而是同一个国家同一个民族的两个政党之间的大决战，国共双方投入的总兵力达到140万人，与以往的大决战相比，此时发生的大决战更加蔚为壮观。

这场大决战，国民党的历史教科书上称为"徐蚌会战"，而共产党的历史教科书上则称为"淮海战役"。这是解放战争战略决战的三大战役中规模最大的战役，自1948年11月6日至1949年1月10日，历时66天。

在这场决定一个国家一个民族命运走向的大决战中，国民党军先后投入7个兵团、2个绥靖区，34个军，86个师，共约80万人，出动飞机高达2957架次。解放军参战部队华东野战军16个纵队，中原野战军7个纵队，连同华东军区、中原军区地方部队共约60万人。

然而，共产党在兵力、装备都不占优势的情况下，同国民党重兵集团展开了决定性的战略决战，却最终取得了全面胜利。

在大决战中，共产党军队共消灭国民党徐州剿总前进指挥部及其所指挥的5个兵团部，22个军部，56个师、1个绥靖区的正规军连同其他部队共555099人，约占其参战兵力的69%，其中俘虏320355人，毙伤 171151 人，投诚 35093 人，起义改编 28500 人。国民党少将以上高级将领被俘 124 人，投诚 22 人，起义 8 人。以上战果还不包括其溃散和逃亡人数。解放军阵亡 25954 人，伤 98818 人，失踪 11752 人，合计 136524 人。

淮海战役被称为人类战争史上的奇迹。上世纪 80 年代，美国西点军校专门派出考察团来到淮海战场旧址进行实地考察，对其结果的评价是"不可思议"。

国民党统帅部在此战后检讨称，这次大决战失败的最主要原因，乃为战略错误，其次为战术缺乏改进，难以支持战略。其他如持续战斗力之保持，战斗力统合发挥及反情报等方面，均有重大错失。

1951 年 2 月 11 日，陈毅在会见苏联驻华大使尤金时介绍了淮海战役情况，他概括地说明决战胜利的原因：一是敌人错误判断，认为我们没有力量，不会集中兵力与他决战。二是在战役战术上分批分割歼敌，主要以近战夜战，发挥我们的长处。三是庞大深厚的民力支援，实际上成为五百万对八十万，充分发挥了人民战争的威力。四是战役过程很艰苦，好比钝刀切脖颈，难以一下把敌人歼灭，只有靠战士的勇敢、献身精神和天才的创造力来完成战略战役上的正确决策。五是发挥了政治攻势的作用，在战役中敌军有五个师起义，一个师投诚。在俘虏政策上，实行原则性与灵活性相结合，对敌人实行分化。

"在这些原因中，人民的支援才是胜利的根本保证。"陈毅对尤金特别强调，"500 万支前民工，遍地都是运粮食、运弹药、抬伤员的群众，这才是我们真正的优势。淮海战役的胜利是人民群众用小车推出来的。"

据统计，在战役期间，江苏、山东、安徽、河南等地的人民用极大的物力、人力支援了战争。这四省共出动民工 543 万人，其中随军常备民工 22 万人，二线民工 130 万人，后方临时民工 391 万人；担架 20.6 万副，大小车辆 88 万辆，挑子 30.5 万副，牲畜 76.7 万头，船只 8539 艘；筹集粮食 9.6 亿斤，运送到前线的粮食 4.34 亿斤，有力地保证了"兵马未到，粮草先行"。

"最后一把米，用来做军粮，最后一尺布，用来做军装，最后的老棉被，盖在担架上，最后的亲骨肉，含泪送战场。"当人民群众唱着这样的歌谣、推着小推车勇往直前冲向战场为解放军送给养；当包围圈中的国民党军队撤出徐州一路烧抢，有些士兵还不忘掳掠女学生奸淫时，战争的胜负早已注定。

60 万击败 80 万！小米加步枪对飞机大炮。从战争来讲，这场大决战的胜利似乎是一个奇迹，但从历史规律来讲，也确属必然。

"得民心者得天下，失民心者失天下"，历史已无数次证明了这句古训。而国共最终的输赢大结局，亦再次验证了这个历史规律。

1945 年抗日战争胜利后，为避免内战、争取和平，中国共产党同国民党政府在重庆进行了为期 43 天的和平谈判，史称"重庆谈判"。

众所周知，1945 年重庆谈判时，国民党军队总人数 500 万左右，装备精良，战斗力也不容小觑。而当时共产党只有军队 100 万左右，主力部队的装备就是"小米加步枪"。但从 1946 年 3 月国共内战爆发，到 1949 年 4 月 23 日，仅用了不到 3 年时间，中国人民解放军就占领了南京，继而解放了全中国。

国民党和共产党攻城占地的斗争，不过是一场好戏的前奏，人民要看的是以后的施政能力。在国统区，以及国民党强占的解放区，他们首先做的就是开祝捷大会，犒赏三军，莺歌燕舞，花天酒地，甚至国军吃拿卡要、祸害百姓。而共产党却与之根本不同，在解放区，共产党想人民之所想，急人民之所急，开展土地革命，兑现"耕者有其田"的政策承诺，恢复秩序，发展生产，改善人民生活，给人民看得见的利益。共产党执政能给人民带来安定殷实的好日子，这也是共产党得人心的最深刻的现实根据。

1949年7月30日，美国国务卿迪安·艾奇逊在给杜鲁门总统的信中写道：国民党"貌似强大的力量是虚幻的"，他们在初期的胜利是"建立在沙上"的，他们的失败"不是美援的不充分造成的"，在具有决定性的1948年，国民党军队"没有一次战役的失败是由于缺乏武器或弹药"，"国民党的部队无需别人来击败他们"，他们是因腐败等原因而"自行瓦解"的，"中国的人心掌握在共产党人手中"。看来，旁观者清！

毛泽东曾经说过，革命战争是群众的战争，只有动员群众才能进行战争，只有依靠群众才能进行战争。依靠和动员广大农民参加革命，使中国共产党不断冲破敌人的围剿，克服装备落后和物资贫乏等困难，取得一次又一次胜利。党离不开人民，人民离不开党。

在解放战争中，广大支前群众依靠人力和相当落后的工具，用肩挑、车推、驴驮、船运等方法，将大量的粮食、弹药等军需物资源源不断地运往前线，将伤病员送到后方救治。在四平、苏中、鲁南、孟良崮、济南等战役中，人民群众全力支援前线，有力保证了人民军队的节节胜利。

据不完全统计，在辽沈、淮海、平津三大战役中，支前民工880余万人次，人民群众出动支前的大小车辆141万辆，担架36万余副，牲畜260余万头，粮食4.25亿公斤。在千里运输线上，奔流着一支亘古罕见的支前大军，他们冒着枪林弹雨，忍着风雪饥寒，依靠人力和落后的工具，翻山越岭，破冰渡河，谱写着一曲人民战争的动人凯歌，涌现出许多感人事迹和无数的英雄模范。

由此可以说，新中国也是人民群众用小车推出来的。中国共产党和人民的关系真正说得上是鱼水关系。如今人们经常探讨国民党为何败北、共产党为何能取胜，"以百姓心为心"难道不是最好的解释吗？

1947年，上海的英文刊物《密勒士评论报》写道："（中国）内战战场的真正分界，是在这样两种不同的地区中间；一种是农民给自己种地，另一种是农民给地主种地"，这"不但决定国共两党的前途，而且将决定这个国家的命运"。因为"给自己"还是"给地主"，决定了民心向背。这一观察，充满了简单而深刻的历史洞见。

"得民心者得天下。"虽然老调，却从未过时。民心是执政者不可或缺的无形资产。一个抛弃人民的政府，必将被人民抛弃！

战争的烽烟散去，历史洪流滚滚向前，势不可挡。人民用自己的双手写下了最辉煌的胜利，也为历史做出了最终的抉择。

二、"我是中国人民的儿子"

中国共产党历经磨难而巍然屹立、千锤百炼而更加坚强，并走在时代前列，一个重要原因，就是从群众中汲取源源不断的力量源泉。

但这一切的前提是，中国共产党要代表广大人民群众的利益。在1945年面临"两个中国之命运"时，毛泽东就在《论联合政府》一文中提出，共产党人的权力观是"一切从人民的利益出发，而不是从个人或小集团的利益出发"；在《抗日战争后的时局和我们的方针》中也提出"我们的责任，是向人民负责，每句话，每个行动，每项政策，都要适合人民的利益"。

历史不会忘记。1949年10月1日，毛泽东在天安门城楼上高呼"人民万岁"，已凝固成为了一个振奋人心的画面。从"皇上万岁"到"人民万岁"，中国人民走过了漫长的历史道路，亦付出了沉重的代价。

正是从总结中国革命成功经验的角度，毛泽东在建国后曾指出："我们的权力是谁给的？是工人阶级给的，是贫下中农给的，是占人口90%以上的广大劳动群众给的。我们代表了无产阶级，代表了人民群众，打倒了人民的敌人，人民就拥护我们。"所以，"共产党基本的一条，就是直接依靠广大革命人民群众。"

毛泽东曾形象地说："我们共产党人好比种子，人民好比土地，我们到了一个地方，就要同那里的人民结合起来，在人民中间生根、开花。脱离了人民群众，我们就会成为无源之水，无本之木。"在毛泽东看来，政府是人民的政府，权力是由人民赋予的，不可将政府与人民对立起来。

同样，在伟大的一生中，人民在邓小平心目中占有高于一切的位置。1981年2月14日，邓小平在为英国培格曼出版社出版《邓小平副主席文集》所写的序言中有这样一段话："我荣幸地以中华民族一员的资格，而成为世界的公民。我是中国人民的儿子。我深情地爱着我的祖国和人民。"

在如何对待人民赋予的权力问题上，邓小平在简明的表白中所体现的责任感，可以说是字字千钧，道出了一个忠诚儿子对伟大母亲的庄严承诺。

做中国人民的儿子，是邓小平一生的追求。早在战争年代，邓小平就说出了"人民是一切的母亲"的至理名言，并尽其一生百折不挠地为人民的事业而奋斗。有了这一追求，刚满16岁的他，远离四川老家，漂洋过海，赴法国勤工俭学，探求救国救民道路。有了这一追求，他在革命战争年代出生入死，南征北战，拯救人民于水火；有了这一追求，他以非凡的胆略和勇气冲破"左"的思想束缚推进改革开放，使20世纪的中国又一次发生天翻地覆的变化；有了这一追求，这位建立彪炳史册功勋的伟人留下"把角膜捐献给医院、遗体供医学解剖、骨灰撒入大海"的遗愿，把自己的一切奉献出来，在人民心中留下了不朽的丰碑……

此外，老一辈革命家刘少奇身历百难，始终不改对党和人民的初衷。

他常对子女说:"你们要记住,爸爸是人民的儿子,你们也一定要做人民的好儿女,永远跟着党,永远为人民。"胸怀文韬武略的陈毅元帅,无论率兵征战,还是担当上海市市长大任,总是视人民为靠山如父母,他曾以诗抒怀:"靠人民,支援永不忘。他是重生亲父母,我是斗争好儿郎。"……从这里,我们可以看出,只有毕生如一为人民谋利益的人,才无愧于"人民的儿子"这一称号。

邓小平的一句"我是中国人民的儿子",令人荡气回肠,倍感温馨。这句话,还常常会令人情不自禁地想起《县委书记的榜样——焦裕禄》一文中焦裕禄"雪天访孤老"的那一幕感人场景:

这一天,焦裕禄没烤群众一把火,没喝群众一口水。风雪中,他在9个村子,访问了几十户生活困难的老贫农。在许楼,他走进一个低矮的柴门。这里住的是一双无儿无女的老人。老大爷有病躺在床上,老大娘是个瞎子。焦裕禄一进屋,就坐在老人的床头问寒问饥。老大爷问他是谁?他说:"我是您的儿子。"老人问他大雪天来干啥?他说:"毛主席叫我来看望您老人家。"老大娘感动得不知说什么才好,用颤抖的双手上上下下摸着焦裕禄。老大爷眼里噙着泪说:"解放前,大雪封门,地主来逼租,撵得我串人家的房檐,住人家的牛屋。"焦裕禄安慰老人说:"如今印把子抓在咱手里,兰考受灾受穷的面貌一定能够改过来。"

"我是您的儿子"——这句话,"表达了一个伟大的真理。这是一个震撼历史的声音。它喊出了中国共产党人对人民的全部忠诚。"(穆青、冯健、周原《人民呼唤焦裕禄》)有了这种忠诚,"只要在一个地方工作过,就会永远不会忘记那里的群众。"因为,这个忠诚使然,人民已经被牢牢地置于了"父母"的位置。不忘"父母"养育之恩，以赤诚之心回报人民，天经地义。

"做人民的儿子"，前提是来自一种对人民的深厚感情，喜怒哀乐都以人民的利益为主轴。毛泽东看到余江县消灭了血吸虫病的消息，"浮想联翩，夜不能寐"；看到卫士带来的乡亲们吃的黑窝窝头，双手发抖，含泪吞咽。中国原子弹试验成功时，周恩来眉飞色舞、神采飞扬，而他到邢台地震灾区视察时，一下飞机就悲痛万分，几乎哭出声来。他们真正把人民群众的喜怒哀乐视为自己的喜怒哀乐，真正与人民群众息息相通，休戚与共。"做人民的儿子"要旨在一个"做"字，真心实意地去做，而不是靠嘴巴说出来。

要"做人民的儿子"，就不要做"父母官"，既是共产党的干部的一种为官责任，也是一种需要毕生为之努力的价值追求。只有把自己定位于"人民的儿子"，视人民为"父母"，才能从根本上解决共产党的干部与人民群众的关系问题，划开共产党的干部与封建官吏之间的本质的区别。

"官本位"是封建特权等级制度的产物。作为一种体制，"官本位"在改革中已经受到根本性冲击，但作为一种价值观，在一些领导干部的头脑里还阴魂不散。"官本位"颠倒了主仆关系。按照一般逻辑，民是官的衣食父母，官是民的儿子，儿子应该尊重和孝敬老子。而现实中，一些领导干部自称"父母官"、"爱民如子"，可谓荒唐至极。

对比党的老一辈无产阶级革命家的毕生实践，对比焦裕禄、孔繁森、郑培民等党的一大批好干部的感人事迹，每一位党员干部，实在有必要"照镜子、正衣冠、洗洗澡、治治病"，并扪心自问一下：我把人民当做"父母"了吗？接下来，自然应当是真心实意做"人民的儿子"的自觉行动。

三、人民以法律的形式授权

无论是革命战争年代、社会主义建设时期，还是改革开放时期，中国共产党清醒地认识到，权为民所赋，利必为民所谋。这是权力姓"公"的政治属性使然，也是人民群众对党员干部的期待所在。

抗日战争胜利前夕，有位美国记者问毛泽东："你们办事，是谁给的权力？"毛泽东回答："人民给的。""人民要解放，就把权力委托给能代表他们的、能够忠实为他们办事的人，这就是我们共产党人。"中国共产党领导中国革命，从国内革命战争到抵御外侮的八年抗战，再到伟大的解放战争，其间披荆斩棘，浴血奋战，从星星之火到燎原之势，可以说每前进一步，都付出了沉重的代价。这种负担有多重，历史已做出了令人信服的诠释。

在这期间，人民用实际行动选择了中国共产党。"鞋子合不合脚，自己穿了才知道。"历史和现实表明，一个国家由谁来执政，人民愿不愿意跟着干，愿不愿意授权，实践最有说服力，人民最有发言权。

中国共产党从建党之初的50多人，到今天的8700多万党员；从民主革命时期"唤起工农千百万"，到烽火岁月人民战争的汪洋大海；从建设时期各族人民的自力更生，到改革开放亿万人民的火热实践，没有人民的拥护和支持，党就不可能在梦想的道路上披荆斩棘。

一切权力来自人民，这是马克思主义权力观的根本观点。新中国成立后，对政府权力的授权，还上升至法律形式。

1953年，中国基层政权在普选的基础上，逐级召开了人民代表大会。中国历史的车轮滚滚向前，终于迎来了那庄严的时刻——1954年9月15日，1226名全国人大代表走进北京中南海怀仁堂。第一届全国人民代表大会第一次会议在这里召开。9月20日，代表们审议通过了中华人民共和国的第一部宪法，是在对建国前夕由全国政协制定的起临时宪法作用的《共同纲领》进行修改的基础上制定的，被称为五四宪法。

中国宪法第一章第二条明确规定："中华人民共和国的一切权力属于人民。人民行使权力的机关是全国人民代表大会和地方各级人民代表大会。"

人民当家做主是社会主义民主政治的本质和核心，人民代表大会制度是人民当家做主的重要途径和最高实现形式。此前，全国共有1.5亿人参加宪法草案讨论，让宪法拥有最广泛的民意基础。至此，中国以人民代表大会为基础的政权制度全面确立，国家权力开始由人民选举产生的人民代表大会统一行使。

人民代表大会制度的核心是一切权利属于人民。人大的权力从哪里来？来自人民的授权。人民通过选举，产生代表自己意愿的代表，组成代表机关，代表人民行使国家权力。因此，民主选举是人民代表大会制度的组织基础，也是各级人大的权力源泉。

人类社会发展的历史证明，实现了人民授权的国家才是民主国家，在这些国家，统治者才会被关进笼子。公民才能享受"法无禁止即可为"的自由，政府才能受到"法无规定不得为"限制。

早在1954年制定宪法讨论"国家机构"这一章时，毛泽东就说过："我们的主席、总理，都是由全国人民代表大会产生出来的，一定要服从全国人民代表大会，不能跳出如来佛的手掌。"

根据1954年宪法的规定，全国人民代表大会每届任期4年，基层人民代表大会每届任期2年。从1954年到1965年，全国人代会基本上做到按期举行。基层人民代表大会从1953年到1963年先后进行了五次选举，也基本上做到了按时进行。但是，在1966年—1976年的"文化大革命"期间，中国人民代表大会制度遭到了严重破坏，全国人民代表大会会议连续10年没有召开,地方各级人民代表大会的选举也10多年没有进行,这使中国的社会主义民主和社会主义法制建设受到重大损害。

1979年以后,各级人民代表大会得到恢复和逐步完善,人民代表大会的工作走上了正常轨道。1979年7月,五届人大二次会议通过了1978年宪法修正案。1982年12月,五届人大五次会议又通过了现行宪法。

改革开放以来,中国共产党大力发展社会主义民主政治,不断扩大人民有序参与民主政治的领域,不断丰富人民当家做主的内容;建立健全深入了解民情、充分反映民意、广泛集中民智、切实珍惜民力的决策机制,保证决策符合人民的利益和愿望;建立健全权力运行的制约和监督体系,保证党和国家机关按照法定权限和程序行使权力,等等。

近代以来,中国各个阶级、各个阶层和各种社会势力,围绕走什么道路,在中国建立什么样的政治制度和政权组织形式,提出了种种主张,进行了各种尝试。从太平天国运动到戊戌变法,从维新派的君主立宪制到孙中山领导辛亥革命尝试建立资产阶级共和制,从北洋军阀的伪宪制到国民党的所谓"国民大会"……都严重背离了中国国情,背离了中国最广大人民的根本利益,因而都没有能够使中国的政局和社会稳定下来,都没有能够改变旧中国积贫积弱的状态,都无法为实现国家富强和人民幸福提供根本的制度保障。

新中国成立后,中国共产党领导人民在实践探索和理论思考基础上,得出一个历史性结论:最符合中国国情的国家政权组织形式,只能是按照民主集中制原则组织起来的人民代表大会制度。

2014年9月5日,习近平在庆祝全国人民代表大会成立60周年大会上指出:

"在中国实行人民代表大会制度,是中国人民在人类政治制度史上的伟大创造,是深刻总结近代以后中国政治生活惨痛教训得出的基本结论,是中国社会 100 多年激越变革、激荡发展的历史结果,是中国人民翻身做主、掌握自己命运的必然选择。"

习近平这一重要论述,深刻揭示了中国实行人民代表大会制度的历史必然性。

四、权力不属于个人

"我们的权力是谁给的?是人民给的。" 这是毛泽东讲过的一句名言,也是每一个领导干部有必要懂得的基本常识。

公权力就是集体赋予领导主体(领导者个人或领导团体)支配属于集体或其他成员价值资源份额的一种资格。领导干部的这一因职业或职务而存在的权力并不真正属于他个人,他的职权只是群体权力或国家权力的一部分,他只有暂时的使用权或履行权,而无占有、处置或放弃的权利,一旦他与该职位或职务分离,他便不再拥有该权力。

正本才能清源。只有知道权力从何而来,领导干部才能以为国为民的公心和理念处理公共事务,谨记公家的东西一分一厘都不能占有,公共的权力一丝一毫都不能私用。只有让私心杂念无处藏身,方能坦荡做人、谨慎用权。

"克己奉公"是中国共产党人应有的品德,是为国家为人民办事的最高境界。中国共产党人的克己奉公,不仅是一种社会公正和政治纪律,而且是取信于民的执政力量。内心怀有大众利益者,行动必是克己奉公的人。汉朝人韩婴在《韩诗外传》中说:"公道达而私门塞,公义立则私事息。"不要轻视"克己奉公"这四个字，许多做人的大节都关系到它；许多法规纪律亦关系到它。

　　横刀立马的彭德怀，正因为清楚权力的来源，所以在这方面的自我要求之严也相当出名。有这样一个小故事：

　　一次，警卫员给彭德怀泡了一杯茶。他端起来一看，发现茶叶不对，就问警卫员："这茶叶哪里来的？"警卫员回答："是管理科送来的。"彭德怀一听就火了："你就是不动脑子嘛！管理科送来的茶叶，是招待客人的。我个人喝茶，怎么能用公家的茶叶呢？"警卫员笑着解释："就这么点小事，算得了什么？"彭德怀一听，更加生气："事情不大，可是个原则问题，这不是白占公家的便宜嘛！中国有句古话，叫作'千里之堤，溃于蚁穴'，你懂得这句话的意思吗？"最后，彭德怀拿了一斤茶叶的钱，让警卫员给管理科送去。并明确要求工作人员把公家的茶和自己的茶分开来放，个人喝茶绝不能从公家的茶罐里拿。

　　毛泽东是中国人民的伟大领袖，他为中国革命牺牲了6位亲人，却几次拒绝为亲属安排工作，甚至连女儿上学也不准用公车接送。上世纪60年代，毛泽东的生活管理员打听到国外有种带嘴儿的烟，便委托外交部购买了两打，并想从招待费中报销这笔开支。毛泽东得知后严肃地说："中国不缺我毛泽东一个人吃的花的，可是，我要是生活上不检点，随随便便吃了拿了，那些部长们、省长们、市长们、县长们都可以吃了拿了。那这个国家还怎么能治理呢？"

　　作为领导干部也应该清醒地认识到个人权力的来源。"我手中的权力不属于我自己，我不能随意支配。"这是原内蒙古自治区党委常委、呼和浩特市委书记牛玉儒经常说的一句话，也是最让普通群众感动的一句话。

从政以来，尽管职位有变化，但牛玉儒为人民服务的宗旨没有变，他时刻把人民群众的冷暖放在心头，把人民拥护不拥护，赞成不赞成，高兴不高兴，答应不答应作为工作的出发点和落脚点，切实为人民群众办好事，办实事。在他工作领导的地方，无论是城市里的社区，还是草原上农牧民家中，都留下了他爱民的足迹，他真正做到了"意莫高于爱民，行莫厚于乐民"。

权力，对一个人的诱惑和腐蚀，可能比任何东西都来得巨大。面对时时刻刻的"大考"，牛玉儒始终记着，他的老父亲，一位普通老党员对他的叮嘱："玉儒，你是为人民服务的，亲戚骂你没关系，老百姓信任你就好……"

为了保持这股正气，牛玉儒不得不订了许多死板的规矩。比如，他的家，绝不接待亲属之外的客人，不管他在不在家，他不允许属下干部到家里谈工作。来了，也不开门。真有事，他宁肯自己从家里回办公室接待。

"国计已推肝胆许，家财不为子孙谋"，牛玉儒为官27年从不以权谋私。无论做包头市长、自治区副主席，还是做呼市市委书记，都算是有职有权，但牛玉儒没有利用职权为自己的家人、亲属办过一件私事。

牛玉儒兄妹6人，他7岁那年母亲病逝，父亲和他们兄妹几个相依为命，曾过着十分艰辛的日子。牛玉儒最小的妹妹牛宇红，丈夫下了岗，两口子去包头找当市长的哥哥，想让他"帮"着做点生意。牛玉儒拒绝了："这种事，三哥帮不了！"2001年，牛宇红的女儿从通辽工业学校毕业，找不到接收单位，牛宇红给当自治区政府副主席的哥哥打电话："你是舅舅，外甥女的事你总得管吧？"牛玉儒还是拒绝："你希望三哥以权谋私吗？"气得牛宇红一直埋怨他："这是什么哥？

一句话能办的事就是不管！"

这种"不近人情"的事，牛玉儒真办了不少。家里人抱怨他，他自己心里也不好受，但他别无选择，他对家人能说的只是：我手中的权力不属于我自己。

2004年8月14日，牛玉儒因病医治无效，在北京不幸逝世，享年51岁。人去政声留，牛玉儒用他毕生的心血和精力，体现了中国共产党人的高尚情怀。

2004年，牛玉儒被评为年度感动中国十大人物。感动中国人物评选组委会授予他的颁奖词是：

名叫牛玉儒，人像孺子牛，背负着草原人的幸福之路，这幸福是他的给养，也是他的方向。风雨人生，利弊得失，他兢兢业业地遵循着"位卑未敢忘忧国"的古训。为官一任，他给我们留下激情燃烧的背影，他让精神穿越时代常青，他让活着的人肃然起敬，他让天空成为雄鹰的故乡！

无论是老一辈革命家毛泽东、彭德怀，还是新时代的优秀干部牛玉儒，在他们的眼中，权力都不属于个人，而是用来为人民服务的。在他们的眼中，所有的作风问题，都与公私有联系，都与公款、公物、公权有联系。公私这杆秤，既能称出一个人的人品官德，又能称出人心向背。他们用自己的一言一行，在人民群众心中铸下一座永远的丰碑。

但遗憾的是，今天我们的一些党员干部并没有真正弄懂弄清手中权力的来源问题。比如，有的人认为我们手中的权力是战争年代从敌人的手中夺来的；有的人认为是上级给的；还有的人则认为是自己努力的结果。不错，我们手中的权力是通过武装斗争从反动派手中夺来的，但应该看到夺取政权所依靠的力量是人民，是人民把中国共产党推上了执政的舞台。人民让渡出来的权力虽然有不同的授予方式，但是改变不了权力来自人民这一性质。

这些年，"为上级领导服务"意识尤其盛行，甚至成为干部队伍中的一种潜规则。有些领导干部认为，干好干坏并不重要，群众满意不满意也不重要，关键是自己在上级领导中的印象要好。印象好就容易得到提拔，甚至在犯错误时也有作为靠山的领导能站出来袒护；印象不好者，干得再好也没用。

由此，在现实中滋生出不少专门揣摩领导心思、看领导眼色、领会领导意图、成为领导心腹的干部。这些人将精力不是放在为人民服务上，而是在为领导服务上。在不少高官腐败案、秘书腐败案、"群蛀"案中，不难见到这类一心"为上级领导服务"的例子。

被称为"河北第一秘"的贪官李真，在临刑前对记者的坦言很能说明问题。李真说，秘书的权力来自领导默许、制度赋予和自己开辟三个方面。在他脑海里，似乎没有"人民"二字。

此外，李真本人在剖析自己犯罪根源时，说"首先是忽视了世界观、人生观的改造，理想信念产生了动摇，灵魂受到了腐蚀"。心里觉得"不如权力在握之时及早做些经济准备，如真有不测也万无一失。"

谈到这个问题，还有必要提及另一个更为奇葩的落马干部——王天朝。说此人奇葩，不仅在于其贪腐数字极具喜感，而且披露的一些其他问题也令人深思。

2015年4月27日，云南省第一人民医院原院长王天朝贪腐案在最高检的新闻发布会上被提起，其中有两个"100"在案情描述里显得格外醒目。

2005年至2014年，王天朝利用担任云南省第一人民医院院长的职务便利，为他人在医院基础工程建设、医疗设备采购、医生岗位调整等方面谋取利益，多次收受他人财物，共计现金人民币3500万元以及价值人民币8000余万元的房产100套、停车位100个。

据报道，白恩培主政云南期间，王天朝主动成立了领导保健组，"对领导的保健工作相当上心"。

"双百院长"为啥要主动为白恩培保健呢？无非是给领导好印象，为自己往上爬作为铺垫。"双百院长"这一招，效果好像还不错，"双百院长"落马之前正在进行任职公示——拟任云南省食品药品监督管理局党组书记，由副厅级升任正厅级。然而，公示结束，"双百院长"不但没有等来职位升迁，却迎来了自己仕途的终结！

针对一些领导干部权力观出现偏差的现象，江泽民早在多年前就将其作为党解决人心向背、政权兴亡的关键问题并告诫全党："党的各级干部是否真正懂得我们的权力是人民赋予的，能不能正确地运用手中的权力？能不能始终保持与人民群众的血肉联系，永远不脱离群众？"

如今，有一首歌流传甚广："老百姓是山，老百姓是海，老百姓是共产党生命的源泉……"这首歌，其实也唱出了一个治党治国的基本道理——

只要充分相信人民，坚决依靠人民，保证人民当家做主，进一步将"一切权力属于人民"的要求落到实处，中国共产党就能获得更加坚实的群众基础，就能获得无穷无尽的力量源泉，也就能永远立于不败之地！

第二节　植根于人民群众之中

　　坚持人民主体地位，始终是中国共产党立于不败之地的强大根基。只有永远植根于群众之中，永远保持同人民群众的血肉联系，充分发挥人民群众认识世界和改造世界的主体作用，才能给我们的事业以源源不断的力量。

　　2004年8月，时任浙江省委书记的习近平曾接受延安电视台《我是延安人》节目专访，畅谈自己的生活、工作和家庭等，回忆在延安的插队岁月。

　　在回答记者关于插队最难忘的一件事、印象最深的一件事时，习近平表示是1975年被推荐去清华大学告别梁家河村的一刻——

　　最难忘的事情很多，举个例子来讲吧，我还是觉得是临走的那一刻。这七年的酸甜苦辣，最后形成了梁家河群众对我的这种依依惜别。前一天晚上是跟我一起聚会、聚餐，陕北的聚餐就是杀一只羊，每家派代表来跟我话别。当时的习惯是送临别的纪念都是一个笔记本，一个塑料皮的笔记本，里边写上祝福的话。收了一大堆笔记本，等于每家送一本。然后第二天离开的时候，我因为睡得比较晚，早上一起来推开门呢，外面都站满了老百姓、乡亲们,但是都没有吵我,因为我在里边睡觉,(他们)静静地等。反正我那次是哭了,可能那是我到延安插队以后第二次哭,这七年之中我第二次哭。

第一次是我大姐去世,我正在那儿挖防空洞,接到信以后,那个时候哭了,但是大家也没有看到,都是找一个地方去哭。这一次是当众哭了,就是"当众丢脸"了。

梁家河,是陕北高原广袤农村一个普普通通的小村庄。这里山高路远、偏僻荒凉、沟壑纵横,一年到头,难下几场雨水。

这段插队经历对习近平人生影响极大,他后来多次回顾在陕北插队的经历:"我的成长、进步应该说起始于陕北的七八年间。最大的收获有两点:一是让我懂得了什么叫实际,什么叫实事求是,什么叫群众。这是让我获益终生的东西";"上山下乡的经历,使我增进了对基层群众的感情。对于我们共产党人来说,老百姓是我们的衣食父母,我们必须牢记全心全意为人民服务的宗旨。"

一、始终与人民在一起

春秋时,齐桓公问管仲:"当君王的以什么为贵?"管仲说:"以天为贵。"在他看来,"当君王的要把老百姓当作天。老百姓拥护支持你,国家就能安定昌盛;老百姓责怪背弃你,那国家就很危险,就要灭亡了。"周成王向尹逸请教对待百姓应注意什么时,尹逸回答:"如临深渊,如履薄冰。"

早在 160 多年前,马克思、恩格斯在创立共产主义者同盟时就关注党群关系并提出了一些重要观点。列宁曾把人民群众比作大海,认为共产党人和党的干部只是沧海一粟，指出"无产阶级政党的义不容辞的责任就是和群众在一起。"

古今中外历史亦反复证明：人民，只有人民才是创造奇迹的真正动力。

苏联共产党是靠"和平、土地、面包"上台的，当时这三个口号集中代表了人民群众的利益要求，受到人民群众的一致拥护。十月革命前夕，俄罗斯人民用选票把60%的苏维埃代表席位交给了布尔什维克，彼得格勒和莫斯科这两个全俄最大的城市的旧军队每5名士兵中，就有4名拥护布尔什维克。于是，"十月革命一声炮响"，布尔什维克几乎是在一夜之间夺取了政权。

中国共产党始终把马克思主义群众观作为领导革命、建设和改革开放的理论指导，并且融入到党的全部奋斗实践中，开创了马克思主义群众观的新境界。

中国共产党从诞生之日起，就坚持了一条走群众路线的方针。1922年7月召开的党的二大通过的《组织章程决议案》就指出："党的一切运动都必须深入到广大的群众里面去。"

1927年大革命失败后，国内政治局势急剧逆转，中国革命落入低潮。同年10月，毛泽东率领湘赣边秋收起义的工农革命军到达井冈山，开展游击战争，进行土地革命。中国共产党所总结的"农村包围城市"的道路，说到底是依靠最广大的农民群众。

1928年6月—7月召开的党的六大也做出了"党的总路线是争取群众"的重要论断，同年11月，李立三根据党的六大精神在同浙江地区负责人谈话时指出，"在总的争取群众路线之下，需要尽最大的努力到下层群众中去。"这是中国共产党的领导人首次使用"群众路线"这一概念。

始终与人民在一起,是中国共产党的最大政治优势。井冈山革命斗争时期,根据地人民用红米饭、南瓜汤养育了中国共产党。在最困难的时候,中国共产党想到的是依靠群众力量、保护群众利益。共产党人与人民群众患难与共、生死相依,一同走过那一段艰难岁月。

"红米饭那个南瓜汤,挖野菜那个也当粮,毛委员和我们在一起,餐餐味道香……"一首流传至今的红歌,唱出了岁月的艰辛和斗争的艰难,也道出了军民一心、党群一心唇齿相依的感情和人民群众对党的领袖的拥戴。

同样,在异常艰苦的环境下,中国共产党和红军能够在延安立足,把中国革命引向成功,正如毛泽东所说,是正确运用了"统一战线,武装斗争,党的建设"这三大法宝,解决了"统一战线问题,武装斗争问题,党的建设问题"这三个基本问题。仔细分析这三大法宝,这三者共同的逻辑起点,是良好的群众基础,也就是密切联系群众,紧紧依靠群众,充分发动群众,真心服务群众。群众才是真正的铜墙铁壁,是什么力量都打不破的,正是因为长期坚持群众路线,才使得党由小到大、由弱变强,从胜利走向新的胜利。

1943年6月,毛泽东在为中央起草的《关于领导方法的若干问题》一文中指出:"在我党的一切实际工作中,凡属正确的领导,必须是从群众中来,到群众中去。这就是说,将群众的意见(分散的无系统的意见)集中起来(经过研究,化为集中的系统的意见),又到群众中去做宣传解释,化为群众的意见,使群众坚持下去,见之于行动,并在群众行动中考验这些意见是否正确。然后再从群众中集中起来,再到群众中坚持下去。如此无限循环,一次比一次地更正确、更生动、更丰富。这就是马克思主义的认识论。"

1943年7月,《中共中央为抗战六周年纪念宣言》宣告:"共产党员应该紧紧地和民众在一起，保护人民，犹如保卫你们自己的眼睛一样，依靠人民，犹如依靠自己的父母兄弟姊妹一样。"

抗日战争时期，党的群众路线的基本内容开始不断完善和成熟。中国共产党能够战胜各种艰难困苦，并使革命力量有极大发展，军队由5万多人发展到120万人，党员由4万多人发展到120万人，靠的是从革命领袖到普通党员都与人民群众一块吃苦。有人常说，延安革命根据地政权"是陕北人民用小米哺育出来的"。为什么陕北人民那么支持革命政权？那是因为他们把革命政权看成自己的政权，因为这个政权打土豪、分田地，解决农民最切身的利益问题——土地问题，关心群众的生产和生活问题，关心群众的柴米油盐问题。

始终与人民在一起，这并非一个空洞的口号，而是需要实实在在的行动作为支撑——

1948年的一天，毛泽东乘吉普车去西柏坡，路上遇见一位农妇带着因发高烧而奄奄一息的孩子。毛泽东赶紧招呼自己的保健医生过去察看。医生说，要把孩子救活需要用药，而且这种药只剩一支了，是保您的。毛泽东说，救孩子要紧。当药物注射进孩子体内，孩子一会儿睁开了眼睛，轻轻地叫了一声"娘……"毛泽东落下了两行热泪……

中国共产党的其他领导人，都有着深厚的人民情怀，在他们心中，人民高于一切。

"为什么过去困难的局面我们都能渡过？根本的问题是我们的干部、党员同人民群众一块苦"。邓小平曾经提出"一块苦"，道出了中国共产党长盛不衰的秘诀，就是不搞特殊化，干群一致、官民平等、同甘共苦，凝成了不可分离的血肉之情。

一腔赤诚，代代相传。不同的时代，一样的情怀。

正是由于中国共产党始终坚持群众路线，实现了党群关系的水乳交融、血肉相连，为党在极其艰苦复杂的环境中由弱变强，从延安局部执政走向夺取全国政权的胜利，奠定了坚实的群众基础。

"始终与人民在一起"，这是经历了90多年风雨洗礼的朴素真理，这是中国共产党人永远的坚持。

二、延安时期"只见公仆不见官"

延安时期是中国共产党由小到大、由弱到强、迅速壮大的"黄金发展期"。

"万物有所生，而独知守其根。"对于中国共产党来说，这个根就是群众。在延安，以毛泽东为代表的中国共产党人和红军将士，用正确的政策、模范的行动、优良的作风、铁的纪律，紧紧依靠人民群众，与人民群众同甘共苦、血肉相连，结成了不可战胜的力量。

当年干部群众之间只有分工不同，没有高低贵贱之别；"吃的是一锅饭，点的是一灯油"，情深义重，亲如一家，"只见公仆不见官"。

"只见公仆不见官"一语，出自1946年12月朱德在他60岁生日时和董必武原韵所做两首诗中的第二首："历年征战未离鞍，赢得边区老少安；耕者有田风俗厚，仁人施政法刑宽；实行民主真行宪，只见公仆不见官；陕北齐声歌解放，丰衣足食万家欢。"这短短八句诗，特别体现出了当年广大干部发扬党的优良传统和作风，同群众鱼水深情、紧密团结而带来的新气象。

中国共产党在延安时期的政策，有十个方面："一、对敌斗争；二、精兵简政；三、统一领导；四、拥政爱民；五、发展生产；六、整顿三风；七、审查干部；八、时事教育；九、三三制；十、减租减息。"这十项政策分为"群众政策"、"党风建设政策"、"经济政策"三方面。

从这三方面政策来看，又都是围绕着如何惠民利民、如何保持和谐党群关系而制定的，从而奠定了坚实的群众基础。

毛泽东在延安枣园乡住过一段时间，他自称"枣园居民"，广交一批农民朋友，知悉民间疾苦急难，都会助力化解。他得知一个小山村的妇女不生孩子，即找来延安地委书记询问，并郑重告诫：共产党要关心老百姓传宗接代的大事。他指示中央医院派员入村实地调查，查清事因水质，便帮助改水，消除根源。各级干部和广大战士帮助群众排忧解难，蔚然成为延安社会常态，人民群众也赤诚爱党。

1936年和1939年，美国记者斯诺在先后两次长期访问陕北根据地和延安以后写道：

我看到毛泽东住在简陋的窑洞里，穿的是打了补丁的衣服，吃的是小米饭和辣椒土豆丝；周恩来睡在土炕上；彭德怀穿的背心是用缴获敌人的降落伞做的；林伯渠的耳朵上用线绳系着断了一只腿的眼镜；林彪请我吃的是"面条宴"；红军大学学员把敌人的传单翻过来当作课堂笔记本使用……"他们坚忍卓绝，任劳任怨，是无法打败的。"

斯诺称赞"只见公仆不见官"的"那种精神，那种力量，那种欲望，那种热情……是人类历史本身的丰富而灿烂的精华"，是"东方魔力"、"兴国之光"。

中国共产党与人民群众的这种鱼水关系使斯诺感到惊讶。正是在延安，斯诺看到了中国抗日战争胜利的必然性。他说，中国是不可战胜的，尽管当时日本帝国主义正在疯狂蚕食中国的大片国土。

1945年8月10日,此前访问过延安的黄炎培在重庆出版了《延安归来》。他在书中写道:"每个人得投书街头的意见箱,也个个得上书建议于主席毛泽东。""公务人员不论男女都穿制服,女子学生装短发,都代表十足的朝气。""至于中共重要人物毛泽东先生,依我看来是一位思想丰富而精锐又勇于执行者。朱德先生一望而知为长者。此外,轰轰烈烈的贺龙、彭德怀、聂荣臻、林彪、刘伯承……诸位先生(徐向前先生在病中没有能相见)在一般人想象中,一定脱不了飞扬跋扈的姿态。料不到,这几位先生都是从沉静笃实中带着些文雅,一点没有粗犷傲慢样子,天天见面笑谈,真是古人所说'如坐春风中'。这一点太出我们意外了。""我认为中共朋友最可贵的精神,倒是不断地要好,不断地追求进步。这种精神充分发挥出来,前途希望是无限的。"同期访问延安的左舜生也对梁实秋说,在延安的各级政治机关门口没有警卫,任何老百姓都可以直入。

1940年春天,爱国华侨领袖、工商业巨子陈嘉庚率领"南洋华侨回国慰劳考察团",回国慰问抗日军民并考察抗战实况,并借此机会了解国内政局真相,为中国的前途寻找答案。

1940年3月26日,陈嘉庚一行抵达"陪都"重庆。国民党当局因为陈嘉庚在侨界拥有巨大的号召力和凝聚力,在领导华侨筹赈支援祖国抗战方面做出了巨大贡献,因而把陈嘉庚当作"大财神"。仅在重庆一地,即为其举办欢迎宴会准备了8万元经费。

陈嘉庚听说后十分反感,特意在重庆各报刊发表声明:"闻政府筹备巨款招待慰劳团,余实深感谢。然慰劳团一切用费已充分带来,不欲消耗政府或民众招待之费。在此抗战中艰难困苦时期,望政府及民众实践节约,切勿消耗物力;且当抗战困难时期,尤当极力节省无谓应酬,免致多延日子，阻碍工作。希望政府及社会原谅！"

1940年5月31日，陈嘉庚一行抵达革命圣地延安。与重庆相比，陈嘉庚在延安没见到一个乞丐。民众的吃穿不是很好，但人人有活干，精神好，治安好。与重庆到处是当兵的不一样，在延安几天见不到军队。他问毛泽东："来延安前，我听说延安有数以十万计军队，为什么看不见？"毛泽东告诉他："八路军是人民子弟兵，为了减轻人民的负担，军队是一手拿枪，一手拿锄；因战备和生产需要，平时很少出来，有的战士所穿衣服与老百姓一样，一时也认不出来。如果你需要去看看军队，可以请朱老总陪你去看看。"

在朱德总司令陪同检阅部队时，陈嘉庚看到人民子弟兵列队整齐，步伐有力，精神饱满，气势如虹，他激动得夜不能寐。

与重庆当官的高高在上、耀武扬威不同，延安是干群一致、官兵一致。陈嘉庚亲眼看到，毛泽东生活十分俭朴。办公室设在一孔窑洞里，一张办公桌，几把椅子和一条长板凳，墙壁上挂着一幅地图，如此而已。

毛泽东请他吃他和士兵们自己种的蔬菜，还有房东大娘送来专为招待贵宾的一只母鸡。

这些"稀罕事"，在未到延安前，陈嘉庚根本想不到。他私下说："跟中共领导人相比，蒋介石真是皇帝啊。"于是，他得出了一个结论："中国的希望在延安！"

延安之行，成为陈嘉庚人生旅途中的重大转折点。回到新加坡后，他一方面向广大海外侨胞传递中国共产党的政治理念，一方面积极支持中国军民抗战。"延安之行"让陈嘉庚与毛泽东及中国共产党人建立起弥足珍贵的信赖关系。

延安岁月，是中国共产党与群众关系最密切的时期之一。

新中国成立后的1956年，诗人贺敬之在《回延安》里有这样的真情流露：

> 心口呀莫要这么厉害地跳，
> 灰尘呀莫把我眼睛挡住了……
> 手抓黄土我不放，
> 紧紧儿贴在心窝上。
> 几回回梦里回延安，
> 双手搂定宝塔山。
> 千声万声呼唤你
> ——母亲延安就在这里！
> 杜甫川唱来柳林铺笑，
> 红旗飘飘把手招。
> 白羊肚手巾红腰带，
> 亲人们迎过延河来。
> 满心话登时说不出来，
> 一头扑进亲人怀。
> ……

这是一首采用民歌体形式写成的激情澎湃的诗篇，诗人以赤子之心歌颂了养育一代革命者的延安人民，道出了中国共产党和延安父老乡亲的血肉关系。

三、沂蒙"红嫂"谱写军民鱼水情

山东省沂蒙山区作为革命老区，承载着抗日战争和解放战争的历史。

山东省临沂市沂南县马牧池乡背靠蒙山支脉北大山，前依滔滔汶河水。在70多年前，这里曾是山东抗战的中心。

走进位于该乡常山庄村的"中国红嫂革命纪念馆"，一尊年轻妇女一手搀起伤员、一手掀开衣角用乳汁救护的铜像，深深地震撼着每一位来访者。它反映的就是"红嫂"明德英乳汁救伤员的真实故事。

在沂蒙山区，"红嫂"明德英是一个家喻户晓的人物。

1947年夏天，我华东野战军某团警卫排实施战略转移时，在山东沂蒙山孟梁崮地区遭遇国民党王牌军74师一个团。惨烈的战斗结束后，警卫排除排长彭林幸存以外，其他人员全部阵亡。从阵亡的战友堆里苏醒过来，身负重伤的彭林已经是奄奄一息。拖着受伤的身子，彭林艰难地向一个村子爬去。

此时，国民党某团团长已经率部进入李家庄，受到还乡团团长李贵的老爹李老爷子的盛情款待。李贵在清扫战场时，发现有我幸存解放军战士的痕迹，随即在全村展开大规模搜查。一时间，"私藏共军伤员，格杀勿论"的叫嚣在全村响起，李家村这个在解放战争中和人民军队鱼水情深的村庄也无辜地承受着牺牲。

住在李家庄村头有一吴姓人家。男人吴二老实本分，媳妇明德英曾经是村妇救会的积极分子。早几天就已经断粮的明德英望着嗷嗷待哺的孩子，决定出村远一点看能不能挖着野菜。在离村子很远的山林里明德英突然看到了新鲜的血迹，循着血迹，明德英找到了躺在山林里生命垂危的排长彭林。在明德英的呼唤下，苏醒过来的彭林艰难地吐出几个字：水……水……

在四处找水又担心暴露的情况下，明德英毅然决然地解开衣服，挤出自己甘甜的乳汁。一滴滴甘甜的乳汁滴进彭林已经干裂的嘴里，终于让彭林恢复了神志。看到这一切，热泪盈眶的彭林用沙哑的嗓音唤了一声"大嫂……"

"明妈妈，你就是我的亲娘"几个月后，彭林在明德英的精心照顾下伤愈归队。

这是电影《红嫂》中的情节。

1961年，作家刘知侠根据沂南县聋哑妇女明德英用乳汁救伤员的真实事例，创作了短篇小说《红嫂》。此后，小说相继被改编成京剧《红嫂》、舞剧《沂蒙颂》，直到1997年电影《红嫂》的出现。

在战火纷飞的年代，八百里沂蒙山区有这样一群伟大的女性，她们送子送郎上前线，用乳汁救护伤病员，舍弃亲骨肉，养育革命后代，摊煎饼、做军鞋，用柔弱的肩膀与男人们共同撑起了战争的胜利。沂蒙"红嫂"是千千万万沂蒙老区女性支持革命、献身革命、爱党爱军的群体形象。

革命战争时期沂蒙山根据地有420万人，120万人次拥军支前，21.4万人入伍参军，10.5万名革命烈士血洒疆场，献出了宝贵生命。

一组来自临沂市妇联的数据显示，抗战期间，沂蒙老区15.5万余名妇女先后以不同方式掩护了9.4万余名革命军人和抗日志士，4.2万余名妇女参加了救护八路军伤病员的工作，共救助伤员1.9万余人。

当时的沂蒙真正称得上"乡乡有红嫂，村村有烈士"。她们都是普普通通的农村妇女，她们用自己的方式表达了对党、对人民军队的无比热爱。而用乳汁救伤员的明德英就是其中的杰出代表之一。

被红嫂义举感动的不只是普通的官兵和百姓，还有共和国的领袖。

1964年8月12日晚，当京剧现代戏《红嫂》搬上首都舞台时，观看演出的毛泽东、朱德感动得数次落泪。毛泽东指示：《红嫂》这出戏是反映军民鱼水情的戏，演得很好，要拍成电影搬上银幕，可以教育更多的人做新时期的红嫂。红嫂这一感人形象从此更多地出现在舞台上、银幕上和文学作品里；红嫂的英名传遍神州大地，几乎成为拥军妇女的代名词。

更为令人感怀的是，解放后，明德英仍不忘爱党爱军，先后把儿子、女儿、孙子等送入子弟兵行列，体现了爱党爱军的沂蒙精神。国防部原部长迟浩田上将在探望她时，题词"蒙山高，沂水长，好红嫂，永难忘。"

明德英老人于1995年与世长辞，享年84岁。

在战火纷飞的年代，中国共产党领导的军队为人民的利益抛头颅洒热血，不惜牺牲个人的生命。而人民为掩护和挽救战士的生命而丧失自己和亲人的生命。这就是中国共产党与人民群众水乳交融生死与共铸就的沂蒙精神。

第三节　最大危险是脱离群众

中国共产党作为执政的马克思主义政党，其最大的政治优势是密切联系群众，最大危险是脱离群众。对于一个执政党来说，最重要的是人心向背的问题。脱离群众，得不到群众的支持，被群众所抛弃，执政党就会垮台。

2013年7月11日，西柏坡，一个重要的历史节点。

习近平神色凝重地站在九月会议旧址前，目光穿越历史。此时中国，正处在全面建成小康社会、实现中华民族伟大复兴中国梦的关键阶段。

面对历史和未来，习近平再次提出"赶考"问题："当年党中央离开西柏坡时，毛泽东同志说是'进京赶考'。60多年过去了，我们取得了巨大进步，中国人民站起来了，富起来了，但我们面临的挑战和问题依然严峻复杂，应该说，党面临的'赶考'远未结束。"

西柏坡是位于河北省平山县境内的一个小山村，距离石家庄近200华里。它依山傍水，滹沱河水从村前急促地流过，沿着滹沱河西上，就是巍巍的太行山脉，顺河东下，是著名的华北大平原。

新中国从这里走来——1948年5月至1949年3月，中共中央曾在地处太行山东麓的平山县西柏坡办公，指挥了辽沈战役、淮海战役、平津战役三大战役，召开了著名的七届二中全会，毛泽东向全党发出了"两个务必"的号召，要求务必使同志们继续地保持谦虚、谨慎、不骄、不躁的作风，务必使同志们继续地保持艰苦奋斗的作风。西柏坡成为党中央解放全中国的"最后一个农村指挥所"。

一、未竟的"赶考"

1949年1月31日，人民解放军浩浩荡荡进驻北平城，北平宣告和平解放，平津战役胜利结束。随着党的工作重心由乡村转移到城市，中共中央决定进驻北平。时间定在1949年的3月23日。

"夺取全国胜利，这只是万里长征走完了第一步……中国的革命是伟大的，但革命以后的路程更长，工作更伟大，更艰苦。**这一点现在就必须向党内讲明白，务必使同志们继续地保持谦虚、谨慎、不骄、不躁的作风，务必使同志们继续地保持艰苦奋斗的作风。**"在1949年3月5日至13日在西柏坡召开的七届二中全会上，毛泽东作报告时提出著名的"两个务必"论断。

毛泽东十分重视李自成失败的教训。早在1944年毛泽东就把郭沫若写的《甲申三百年祭》列为整风学习文件，要全党引以为戒。

那么，《甲申三百年祭》到底是一部什么样的作品呢？

1941年皖南事变后，郭沫若写了《甲申三百年祭》一文。本文以丰富的史料揭露了明末尖锐的阶级矛盾和民族矛盾，朝廷腐败，天灾人祸，民不聊生，官逼民反，隶属于延安府辖区的李自成、张献忠发动和领导农民起义，并在李岩的帮助下，使农民起义军节节胜利，势如破竹，直打到北京城，推翻了明朝专制的王权统治。

然而，李自成进了北京以后，便进了宫。丞相牛金星所忙的是筹备登基大典，招揽门生，开科选举。将军刘宗敏所忙的是"拷挟降官，搜刮赃款，严刑杀人。纷纷然，昏昏然，大家都像以为天下就已经太平无事了的一样"。近在肘腋的关外大敌，他们似乎全不在意。山海关只派了几千士兵镇守，而几十万的士兵都屯积在京城里享乐。进京不久，李岩便被陷害。乃至清军入关，"自成亲自出征，仓惶而去，仓惶而败，仓惶而返。"不得不离开北京，一败再败，终于在湖北通山九宫山战死，时年39岁。

"我党历史上曾经有过几次表现了大的骄傲，都是吃了亏的。全党同志对于这几次骄傲，几次错误，都要引为鉴戒。近日我们印了郭沫若论李自成的文章，也是叫同志们引为鉴戒，不要重犯胜利时骄傲的错误。"郭沫若此文连载完后仅20天，即1944年4月12日，毛泽东在延安高级干部会议上就把它列为学习材料。

1949年3月21日清晨，中国人民解放军第四野战军政治部保卫部长钱益民和司令部作战科长尹健带着100辆大卡车、20辆中小吉普车，分别从平、津两地出发，到西柏坡迎接中共中央和解放军总部迁往北平。

春寒料峭，朝阳流金。1949年3月23日上午，毛泽东、朱德、刘少奇、周恩来、任弼时五位书记，率中共中央机关就要离开中国共产党最后一个农村指挥所——西柏坡。土坯房前，老槐树下，握别依依不舍的父老乡亲，毛泽东风趣地说："今天是进京赶考的日子，不睡觉也高兴啊。今天是进京'赶考'嘛，进京赶考去，精神不好怎么行呀！"

周恩来会意地笑道："我们应当都能考及格，不要退回来。"

毛泽东凝视车队将要开往的方向，坚定地说："退回来就失败了，我们决不当李自成。我们一定要考个好成绩。"

毛泽东点燃一支烟，不无感慨地又讲了一段意味深长的话。他说，我们的胜利来得快，我们没有想到，蒋介石更没有想到。他天天想消灭我们，反而被我们消灭了。我们人少武器差，又是缺吃少穿，什么都没有保证。但是，他没有能消灭我们，反而被我们打败了。这是什么原因呢？有什么奥妙呢？道理很简单，这就是因为蒋介石发动的战争是反人民的，是非正义的，人民反对蒋介石发动内战，人民也反对他再继续残酷地剥削人民、压迫人民。最后，毛泽东用一句话做出结论说，人心向背，这就决定了我们必定胜利，蒋介石必定失败。

一路上，两旁的田间，在劳动的都是老人、妇女和少年儿童，很少有青壮年男劳力。见此情景，毛泽东叹了一口气说："是呀，为了战争的胜利，农民们付出了多么大的代价啊……整个解放战争如果没有广大人民群众的积极支援，要想取得胜利是不可能的。"

蒋介石当年退守台湾，在日记中反思国民党在大陆失败的教训时，痛斥国民党官员的五大流弊：一是做官不做事；二是有私得而无公利，有小我而无大我；三是重权位而不重责任，享权利而不尽义务；**四是有上层而无基础，有党员而无民众，骄奢淫佚，自高自大，而不知民生疾苦，与民众相隔离**；五是有组织而无训练，有党章而无纪律，有议案而无行。

蒋介石这段反思的话，阐述了国民党失败的原因，从另一个侧面也正说明了改进作风、联系群众的重要性。

多年来，西柏坡一直是执政的中国共产党寻根的"圣地"。在改革开放的新时期，中国共产党人始终践行"两个务必"，"赶考情结"并没有终结，而是被一代又一代中国共产党人继续，被一代又一代中国共产党人发扬光大。

新中国成立后，邓小平由于公务繁忙，没有再回西柏坡，但他常常回忆起西柏坡时期那段难忘的时光。1984年3月,邓小平会见日本首相中曾根康弘时说:"在我一生中,最高兴的是解放战争三年。那时我们的装备很差,却都在打胜仗。这些胜利是在以弱对强、以少对多的情况下取得的。"也是在这一年,邓小平欣然命笔,为西柏坡纪念馆题写了馆名。

时隔4年,1988年11月,时任中顾委常委的黄镇受邓小平的委托来到西柏坡村,问候老区乡亲,了解老区人民的生产和生活,挥笔写下了"新中国从这里走来"八个大字。1993年,社会各界捐资在西柏坡建立纪念碑,碑名拟选邓小平题写的馆名中的"西柏坡"三个字,纪念馆又通过中央办公厅请示他,他欣然同意。

1991年9月,江泽民到西柏坡参观视察,着眼于治党、治国,严惩腐败,深化改革,提出"牢记'两个务必',建设有中国特色的社会主义。"从而回答了如何"赶考"、怎样才能考个好成绩这一历史性课题。

2013年7月11日,习近平来到30多年前工作过的河北正定县,看望塔元庄村干部群众,就开展党的群众路线教育实践活动,直接听取最基层的意见。他对当地干部群众说:"西柏坡我来过多次,每次都怀着崇敬之心来,带着许多思考走。"习近平"怀着崇敬之心来",是亲民、尊民、敬民之心的由衷流露;"带着许多思考走",是为民、惠民、富民之责的天然担当。

当年,中共中央离开西柏坡前往北京,毛泽东把此行比作"进京赶考"。如今,中国共产党面临的挑战和问题依然严峻复杂。应该说,中国共产党面临的"赶考"远未结束。

这是一次跨越历史、面向未来的"赶考"。

二、苏共悲剧的警示

在一座金碧辉煌的别墅中,有40至50人在为一个家庭服务,且每天有亲朋食客数十人——这排场,极易令人联想到某位亿万富豪或帝王贵族之家。

但是,这个家的主人却是苏联无产阶级伟大作家高尔基,事实又给了你一个什么样的感受呢?

"身为国家与民族卫士的伟大共产党人队伍与其领导者们,正在不顾一切地把自己变成一种特殊的阶级,而人民则不得不依然为弄到一块面包与一股空气(住房)而处于艰难斗争的状况之中"。

这是法国著名作家罗曼·罗兰1935年到莫斯科访问时,在他的《莫斯科日记》中所描述的一段见闻。罗兰认为,连无产阶级伟大作家高尔基都被当作贵族供养起来,苏联已出现"特殊的共产主义特权阶层"和"新贵族阶层"。

叶利钦在《我的自述》一书中,也回顾了斯大林时代泛滥成灾的特权腐败:

"你在职位的阶梯上爬得越高,归你享受的东西越丰富……如果你爬到了党的权力金字塔的顶尖,则可以享受一切——你进入了共产主义……共产主义完全可以在一个单独的国家里为那些获取权位的少数人而实现。""全莫斯科享受各类特供商品的人总共有4万人。国营百货大楼有一些柜台是专为上流社会服务的。而那些级别稍稍低一点的头头们,则有另外专门商店为他们服务。一切都取决于官级高低。"

在苏联，随着特权阶层的兴起、固化和自我封闭，底层精英升迁之路几乎被堵死。尤其是到了勃列日涅夫时代，普通民众与特权阶层的距离越来越远。在苏联社会中，一般大众自称"我们"，而把特权者称为"他们"。

从上世纪70年代开始，苏共特权阶层更是逐渐脱离群众，"他们孤立地生活、治疗、休养，在这个阶层中往往形成自己的家族关系，这个阶层的子女们在一起度过时光，互相认识，往往通婚。"特权阶层的子女可以凭着父母的地位轻易地进入好的大学，比如进外交官摇篮的国际关系学院，然后被公派出国，回国后就可以得到一份前途无量的工作，为进入特权阶层铺好阶梯，一段时间后他们便成为特权阶层中的一员。

到勃列日涅夫的后期，苏联特权阶层腐败已产生一系列严重恶果，致使机构臃肿、官僚作风、思想僵化都到了无以复加的地步。

上世纪70年代末，苏联部长会议主席柯西金和他的助手起草了一份关于经济改革的报告，引起了部分官僚特权阶层的不满和抵制。勃列日涅夫对改革冷言冷语："改什么呀，把工作做好就行了。"结果，柯西金的助手被撤职。苏共内部自我更新、自我纠错的能力几乎丧失殆尽。

1991年8月，戈尔巴乔夫解散苏共，人民没起来保卫苏共，各级党组织没抵制，军队也分裂和倒戈。如果说苏共垮台是社会矛盾总爆发的结果，不如说是苏共割断与人民联系，在人民不满和冷漠中失去支持，是自己打败了自己。

据1991年年初和年末的民意调查表明，当时苏共的支持率仅为14%；认为苏共代表劳动人民的占7%，认为代表工人的占4%，认为代表全体党员的占11%，而认为代表官僚、干部、机关工作人员的却占85%。这一结果无疑和当年布尔什维克党被人民群众以高选票推上执政地位形成了鲜明的对比。

美国一个专门研究俄罗斯问题小组的负责人弗兰克·奇福德曾说："苏共是唯一一个在自己的葬礼上致富的政党。"这种说法，如今依然在社会上广泛流传，这不仅是对苏共腐败的盖棺定论，也留给了后世宝贵的历史教训。

苏共在有20万党员时能够夺取政权，在有200万党员时能够打败法西斯侵略者，但在执政74年、拥有1800多万党员的时候，由于严重脱离群众，忽视群众的利益与需求，结果在一夜之间丧失政权，土崩瓦解。在中国曾经热播的一部纪录片《居安思危——苏共亡党的历史教训》，通过苏联亡党亡国这一过程中的亲历者、当事人和普通民众的诉说，真实再现了苏共由内部分裂瓦解，逐渐走向衰落灭亡，以及强大的苏联分崩离析迅速走向解体的历史过程。

值得一提的是，意大利共产党的重要创始人安东尼奥·葛兰西于1926年10月14日在致联共（布）中央的信中针对无产阶级执政党可能出现脱离群众的现象发出过一条警告，即"在历史上从未见过一个统治阶级整体上生活条件低于被统治和从属阶级的某些分子和阶层。历史把这种前所未闻的矛盾留给了无产阶级，无产阶级专政的巨大危险恰恰在于这种矛盾。"

但遗憾的是，当时苏共对这一警告却不以为然。

苏联1991年分崩离析，无疑给还在"赶考"路上的中国共产党以极大的警醒。而事实上，新中国成立以来，中国共产党的反特权斗争就从未停止。

"任何组织或者个人都不得有超越宪法和法律的特权。"这是《中华人民共和国宪法》第五条的规定，作为彰显"法律面前人人平等"的法制原则，这也是促进社会和谐、密切党群干群关系的重要前提。

《中国共产党章程》明确规定：中国共产党党员永远是劳动人民的

普通一员。除了法律和政策规定范围内的个人利益和工作职权以外，所有共产党员都不得谋求任何私利和特权。

提到反特权，不能不回溯到1956年的中国共产党第八届中央委员会第二次全体会议。当时国内外形势异常复杂，尤其是波兰事件和匈牙利事件等，提出了共产党执政后如何处理"人民内部矛盾"的尖锐问题。在全会的总结发言中，毛泽东指出："我们一定要警惕，不要滋长官僚主义作风，不要形成一个脱离人民的贵族阶层。"如果这样的话，"我们一定会被革掉"。

随后，毛泽东还在多种场合从端正党风和廉政建设出发，提出了反对党内特权的思想。他认为共产党员和干部，必须代表广大人民的利益，严格要求自己，反对特权思想和行为，为人民无私奉献，做人民的公仆，全心全意为人民服务。为人民掌好权，用好权，并自觉接受人民的监督。

打铁还须自身硬，对于自己的亲戚朋友，毛泽东也明确反对他们享受特权。自从毛泽东担任党和国家领导人之后，家乡亲戚朋友托请毛泽东给予照顾的人络绎不绝，但均被一一拒绝。据统计，《毛泽东致韶山亲友书信集》收录了建国后毛泽东写给家乡亲友的书信88封，其中有19封信是拒绝为亲友开后门的。在给表兄文运昌来信的批示上，他甚至一次回绝了外婆家15位亲人的要求，写道："许多人介绍工作，不能办，人们会说话的。"

邓小平对特权一贯深恶痛绝。1980年8月18日，他在《党和国家领导制度的改革》一文中就指出，形形色色的特权现象是党和国家领导制度、干部制度的主要弊端之一。"有一些干部，不把自己看成是人民的公仆，而把自己看成是人民的主人，搞特权，特殊化，引起群众的强烈不满，损害党的威信，如不坚决改正，势必使我们的干部队伍发生腐化。"

2002年11月8日，江泽民在《全面建设小康社会，开创中国特色社会主义事业新局面》的报告指出，宪法和法律是党的主张和人民意志相统一的体现。必须严格依法办事，任何组织和个人都不允许有超越宪法和法律的特权。

2010年1月12日，胡锦涛在十七届中央纪委五次全会的讲话中再次强调，要着力在领导干部特别是高中级干部中树立法律面前人人平等、制度面前没有特权、制度约束没有例外的意识。

习近平在2013年1月22日在中共第十八届中央纪律检查委员会第二次全体会议上指出，共产党员永远是劳动人民的普通一员，除了法律和政策规定范围内的个人利益和工作职权以外，所有共产党员都不得谋求任何私利和特权。这个问题不仅是党风廉政建设的重要内容，而且是涉及党和国家能不能永葆生机活力的大问题。要采取得力措施，坚决反对和克服特权思想、特权现象。

中国社会主义制度的建立，从根本上否定了特权。但由于旧社会习惯势力和专制思想的影响，在一部分干部中仍然存在特权观念、特权现象。从以往情况来看，特权现象主要表现在以下几方面：

首先，思想上有"霸权"，高人一等。 有些公职人员当上领导后，出入公车接送，走不了路、挤不了公交车，把自己与普通群众割裂开来。有些处处讲身份、讲地位、讲级别、讲待遇，凌驾于普通群众之上，自尊自大，意识上自我膨胀、态度上盛气凌人、行为上飞扬跋扈。

2010年5月19日下午，兰州市城关区旅游局局长张德礼在一起交通摩擦后，喝问对方："你知道我是谁吗？我是局长！"随后双方大打出手。民警要求当事双方去派出所接受调查，张局长傲慢地说："我给你们局长打电话。告诉你,我是城关区旅游局局长张德礼。"

在整个事件中,这位局长大人的一系列"雷语",透出的是"老子天下第一"、"老虎屁股摸不得"、以势压人的张狂;而"我是局长"的赤裸叫嚣,更是将权力的傲慢与霸道,以及领导干部"高人一等"的特权思想表现地淋漓尽致,这不禁让平民百姓寒从心起、"望官兴叹"。

其次,政治上有"专权",以权压人。有些领导干部决策时破坏民主集中制,独断专行,一个人说了算;有些领导干部将个人私利凌驾于他人乃至国家利益之上,将个人意志凌驾于公众意志之上,以言代法,以权压法,等等。

"他们给你多少钱?我也给你!"《法制日报》记者张维在浙江兰溪市马涧镇采访时,遭到镇政府机关人员的阻拦,一个马涧镇的镇领导说:"谁允许你来采访的?记者算个什么东西?"并一把抢走了记者证。另一人则劈头盖脸地问,"你在干什么?谁让你来的?他们给你多少钱?我也给你!"记者无奈之下拨打当地110报警,经警方协调,张维才最后拿回了记者证并安全离开。

这是2011年7月8日下午发生在浙江兰溪市马涧镇的一幕。以上两个人的两句傲慢官腔,起码透露出两层意思:第一,在这位领导干部眼里,权力最大,唯我独尊。什么公众意见,什么舆论监督,一概轻如鸿毛。第二,钱,或许曾经帮助他们摆平过记者,于是,习惯性地以为,钱永远可以摆平所有记者。

第三,经济上"私权",以权谋私。有些单位或领导为追求经济上的特权,将公共权力部门化,部门权力私有化。有些将公款当"私钱"

用于大吃大喝、公费旅游、请客送礼，把公共财政当作私人"钱包"；有些公车私用，公事用公车、私事用公车，甚至家人、亲戚有事也用公车，等等。

2000年5月22日至24日，在武汉召开国家电力公司人事干部工作会议，125名国电公司系统内负责人参加。审计部门去年审计发现，这个只开了三天的会议，花费达304万元，其中食宿费用91万元，接待费用82万元，礼品费用99万元以及做假账发生的费用32万元。

会议在武汉一家五星级酒店召开。代表的住宿一人一间，标准是部门负责人住420元/天的高级单人间，单位负责人住750元/天的豪华单人间，分公司总经理住1500元/天的豪华套间。

国电公司原总经理高严的住宿更是堪称"国宾待遇"。一方面，为了他中午有地方休息，会议专门为他在香格里拉大饭店安排了一套8000元/天的总统套房；另一方面，还在东湖宾馆花费6万元安排了一套特大套房，套房里的设施弃之不用，按高严的个人喜好和身材特征，专门定做了实木家具、床上用品、抽水马桶等，有两名保安、两名干警负责他的安全事务。

一个内部人事干部会议，短短3天时间竟然花费304万元，人均耗费2.4万元！这类会议既是以高消费为基调的吃喝玩乐会，又是以高收益为底色的私分公款会。可以想象，有资格参加如此高回报会议的与会人员，恐怕也多少有点"来头"。这无疑是一次特权淋漓尽致的表演。

第四，办事上"泛权"，大开绿灯。为利用权力和地位的影响，搞权权交易，为自己谋求职位以外的社会地位、荣誉和影响，为自己的子女亲属谋求非份的政治经济利益。比如在公务员和事业单位人员招考中搞"萝卜招聘"，在设置条件时量身定做，在面试环节打招呼要求关照；利用职权为子女在升学、就业、晋级等方面提供便利，利用职权为配偶、子女和亲友在经商办企业提供便利等等。

近年来，全国还有多个地方也相继被发现"萝卜招聘"事件，在社会上都产生了恶劣的影响。

特权现象的存在，使社会滋生出权力的垄断性和权利的特殊化、等级化。一旦社会中出现了不受制约的权力和特殊的权利，构建和谐社会就会成为空话，人们的相互信任就会荡然无存，人与人之间势必形成一种不信任状态，群众与领导干部之间势必形成一种对立的状态，这个社会就有崩溃的危险。

更可怕的是，特权阶层为了维护既得利益，继续维持自身的社会地位、政治特权、经济利益等，会千方百计地利用自己强大的政治地位、经济实力影响公共政策，采取一系列手段阻碍制度体制改革，影响社会发展进程。

对于特权现象顽固存在的深层原因，邓小平曾在《党和国家领导制度的改革》的讲话中一针见血地指出：

我们今天所反对的特权，就是政治上经济上在法律和制度之外的权利。搞特权，就是封建主义残余影响尚未肃清的表现。旧中国留给我们的，封建主义传统比较多，民主法制传统很少。解放以后，我们也没有自觉地、系统地建立保障人民民主权利的各项制度，法制很不完备，也很不受重视，特权现象有时受到限制、批评和打击，有时又重新滋长。

一切权力都试图制造特权，除非它受到了有力的抵制，因而特权产生于权力固有的劣根性——自私性、压迫性和扩张性。建设社会主义民主和法治国家，本质上是要保障人民的权利免受权力的侵害，不允许有特权存在。

消除特权，要坚持把权力关进制度"笼子"。一要推进政府职能转变。发挥市场在资源配置中的基础性作用，简政放权，进一步削减、调整和规范行政审批事项；进一步优化审批程序，减少审批环节，逐步减少权力干预经济的机会。二要厘清权力边界。从权力范围来明权，把权力和责任数字化，为权力列出清单，绘制权力运行流程图。三要通过完善相关法律法规，使领导干部隐性权力显性化、显性权力规范化，形成用制度规范从政行为、按制度办事、靠制度管人的有效机制，所有权力行使者都必须严格依法办事，不允许有超越宪法和法律的特权。

阳光是最好的防腐剂。唯有让"特权"时时刻刻处于"阳光"之下，变得"透明"起来，那些掌权者才会心有所惧，慎用特权，收敛贪欲，"消除特权"这种执政者与公众共同追求的价值目标，才会叫好更叫座儿。

苏共败亡，无疑值得中国共产党从中汲取更多的教训。

三、群众路线是中国共产党的生命线

中国共产党的力量源泉，一直汲取于人民。这点在其诞生伊始，就毋庸置疑。正基于这种深刻认识，所以"人民"这一核心，始终贯穿于中国共产党的各种政治话语体系和制度中，比如"人民军队"、"人民共和国"、"人民政府"、"人民法院"、"人民检察院"、"人民公仆"、"人民银行"，等等。几乎在每个政治概念和制度前面，都能见到灼灼生辉的"人民"二字。

只要怀有"人民"情结，"赶考"就将会是中国共产党永恒的执政课题。

群众路线是毛泽东思想活的灵魂的三个方面之一，是中国共产党的根本工作路线。其体现为"一切为了群众，一切依靠群众和从群众中来，到群众中去"。

中国共产党的群众路线，也通过人民军队"三大纪律八项注意"充分地体现出来。中国人民解放军自建军之日起，就非常重视加强革命纪律，并严格执行统一的纪律，这是红军军队区别于一切旧式军队的显著标志。

红军当年进行三湾改编时，不少红军战士来自旧军阀的军队，带有很多坏习气。1927年10月，毛泽东在井冈山茨坪西南面的荆竹山上，向红军宣布了"三大纪律"：行动听指挥，不拿老百姓一个红薯，打土豪要归公。1928年1月，毛泽东又在部队进驻遂川县城时，提出了"六项注意"：上门板，捆铺草，说话和气，买卖公平，借东西要还，损坏东西要赔。"三大纪律六项注意"奠定了中国工农红军统一纪律的基础，也是最初实现群众路线的坚实基础。

当时的地主剥削农民、旧军阀扰民、各种匪患欺民，而红军到来之后，坚决执行"三大纪律六项注意"，赢得了民心。

1929年以后，根据形势的发展和部队的实践经验，又将"行动听指挥"改为"一切行动听指挥"，"不拿工人农民一点东西"改为"不拿群众一针一线"，"打土豪要归公"改为"筹款要归公"，后又改为"一切缴获要归公"。六项注意也逐步修改补充成为八项注意：说话和气，买卖公平，借东西要还，损坏东西要赔，不打人骂人，不损坏庄稼，不调戏妇女，不虐待俘虏。

在敌人非常强大，环境异常严峻、险恶的历史条件下，红军为什么能战胜比自己强大得多的敌人呢？靠的就是"三大纪律八项注意"这样铁的纪律。

1928年1月,毛泽东带领工农红军进占遂川,制定了保护中、小商人的政策,深受广大群众的拥护。

1934年毛泽东对群众的力量进行了这样的概述:"革命战争是群众的战争,只有动员群众才能进行战争,只有依靠群众才能进行战争。"

土地革命时期,"苏区干部好作风,自带干粮去办公,日着草鞋干革命,夜走山路访贫农";苏区干部与群众一起开荒种地、熬制硝盐、打井抗旱。这些无不说明,优良作风往往是把大多数人的利益放得最高,为群众实实在在谋利益。

抗日战争时期,毛泽东提出把"和最广大的人民群众取得最密切的联系"作为党的三大优良作风之一,这就使中国共产党对群众路线的认识进一步提到了一个新的高度。

在密切联系群众方面,毛泽东堪称典范。

1941年6月3日,陕甘宁边区政府召开县长联席会议,适逢大雨,延川县代县长李彩云不幸被雷击身亡。此事传开,一位老乡指名骂毛泽东:"老天爷不睁眼,咋不打死毛泽东?"

边区保安处要逮捕这个老乡,当即被毛泽东制止。他说:"我调查了一番,其原因只有一个,就是征公粮太多,有些老百姓不高兴。"延安人民对我们是"敬鬼神而远之","他们觉得共产党虽然很好,他们很尊敬,但是加重了他们的负担,他们就要躲避一点。"毛泽东当即调整征粮政策,做出削减公粮4万担的决定。

为了从根本上解决"鱼大水小"的矛盾,党中央采取两大政策:一是实行"自己动手、丰衣足食"。组织部队、机关、学校开展大生产运动。二是实行"精兵简政"。于1941年至1942年连续三次精简机构,减少党政机关人员25%。党中央抓的这两件事情,大大减轻了群众的负担。陕甘宁边区农民所交公粮从 1941 年占总收获量的 13.58%，降为 1942 年的 11.14%，1943 年又降至不足 9%。胡乔木说，"这是一个转机，陕北人民感到毛主席与人民是联系在一起的。"

新中国成立以后，毛泽东为了防止干部脱离群众，他强调："我们党和国家的干部是普通劳动者而不是骑在人民头上的老爷"。他认为干部参加劳动是防止官僚主义滋生、保持人民公仆本色的好办法。

在社会主义革命和建设时期，中国共产党面对百废待兴、百业待举的繁重任务，更加重视和自觉贯彻群众路线。

中国共产党在 1950 年、1951 年—1954 年以及 1957 年先后进行了三次整党整风，开展了"三反"、"五反"运动，全面恢复和初步发展了国民经济；中国共产党依靠广大人民群众，采取从互助组到初级社再到高级社的方式完成农业和手工业的社会主义改造，采取和平赎买的方式完成资本主义工商业的社会主义改造，确立了社会主义制度；采取优先发展重工业的战略，超额完成第一个五年计划，为新中国工业化的发展奠定了坚实的基础。中国共产党"进京赶考"交出的第一张答卷，获得人民群众高度认可。

但遗憾的是，随后几年却出现了严重偏差。从 1958 年开始，在"大跃进"和人民公社化运动中，不少地区大刮"共产风"、浮夸风，大搞高指标、强迫命令和瞎指挥，很多工作的推动是以"群众运动"的形式出现的。1961 年，中央提出要大兴调查研究之风，重新提倡群众路线。

1962 年，刘少奇在扩大的中央工作会议（即"七千人大会"）上严肃批评了这种脱离群众的倾向。他指出："这种违反群众路线的所谓'群众运动'，不仅不能真正反映群众的意见和要求，而且损害了群众的积极性，损害了党的威信。"可是，这一批评没有引起应有的重视，大搞群众运动的错误不仅没有得到根本纠正，反而在"文化大革命"中以另外一种形式发展到了极致，出现了许多严重损害群众利益的荒唐而令人痛心的事情，必须彻底予以否定。

虽然中国共产党没能阻止这些违背群众路线的错误倾向发展，但在中国共产党遭遇这样或那样的挫折时，由于以往打下了牢固的党群基础、群众对中国共产党具有深厚感情，人民群众仍然在极其困难的条件下给予中国共产党坚决的支持，坚定不移地跟中国共产党走，并与中国共产党和国家渡过一个个难关，迎来了改革开放的春天。

1977年7月21日，在党的十届三中全会上，邓小平一针见血地指出："毛泽东同志倡导的作风，群众路线和实事求是这两条是最根本的东西。"伴随着改革开放的启动，中国共产党对历史经验教训进行了系统的总结。

邓小平提出，党的各项政策和工作，必须以人民拥护不拥护、赞成不赞成、高兴不高兴、答应不答应作为考虑和处理一切问题的出发点和归宿，将是否有利于提高人民的生活水平作为检验改革和各方面工作的三个标准之一。

1978年12月，在中央工作会议闭幕会上，邓小平还讲过这样一番意味深长的话："要相信绝大多数群众有判断是非的能力。一个革命政党，就怕听不到人民的声音，最可怕的是鸦雀无声"。

1981年6月，党的十一届六中全会通过了《中共中央关于建国以来党的若干历史问题的决议》。决议对群众路线进行了高度的提炼和概括，即"一切为了群众，一切依靠群众，从群众中来，到群众中去。"至此，党的群众路线在理论上具备了基本完备的形态。

以江泽民为核心的中国共产党的第三代领导，很重视加强党同人民群众的联系。1990年，党的十三届六中会全做出《中共中央关于加强党同人民群众联系的决定》，是党的历史上第一次专门就贯彻群众路线做出决定。

胡锦涛更是多次强调"权为民所用、情为民所系、利为民所谋"。他提出"以人为本"为核心的科学发展观，强调发展为了人民、发展依靠人民、发展成果由人民共享。

尽管中央一直紧抓群众路线教育，但最近几年，群体性事件频发，其中教训也值得认真总结反思。比如 2008 年 6 月发生的贵州省"瓮安事件"，2012 年 7 月发生的四川省"什邡事件"等等。分析这些事件，既有当地矛盾长期积聚、得不到及时化解，也有未尊重群众意愿来发展等多种原因。

尤其近年来，不少领导干部离人民群众越来越远，有些甚至还模糊了党性和人民性的统一。

"是准备替党说话，还是准备替老百姓说话？"

河南郑州市须水镇西岗村原本被划拨为建设经济适用房的土地上，竟然被开发商建起了 12 幢连体别墅和两幢楼中楼。2009 年 6 月，中央人民广播电台记者几经波折，就别墅一事采访时任郑州市规划局副局长的逯军时，遭其如此雷人的质问。此言一出，"替谁说话"的逯军副局长便引来一片声讨。

2009 年 6 月 22 日下午，郑州市人民政府新闻办公室发布消息称，郑州市规划局副局长逯军已被停止工作，深刻反思、接受调查。

逯军的话之所以雷人，在于他的言外之意就是中国共产党和老百姓的关系是对立的，替中国共产党说话了就不能替老百姓说话。其实，问题的严重性不在于逯军个人，而在于逯军的言行透露出的一些让人深思的东西。

中国共产党的宗旨就是全心全意为人民服务，并没有自己的特殊利益。中国共产党的利益从根本上是和人民群众的利益一致的。从此种意义上讲，根本不存在"替谁说话"的问题。因为替老百姓说话也就是替中国共产党说话，说了中国共产党的话也就说了老百姓的话。

但有些领导干部对此并不明白，他们只注重讨好上级领导，而忘记了党的宗旨，以致把党的利益与公众利益对立起来。因此，问责逯军一人可以警醒一大片，有利于提高领导干部对群众路线、群众利益的认识。

中国共产党章程的总纲明明白白地写道：中国共产党"代表中国最广大人民的根本利益"，并特别强调"发展为了人民、发展依靠人民、发展成果由人民共享"。这就是说，共产党的利益就是人民的利益，这两者是密不可分的；共产党的奋斗过程，就是保障人民利益的过程，这是任何人都毋庸置疑的。

共产党的党性和人民性的统一，是马克思主义的一个基本观点。党性和人民性关系的本质，源自党和人民的关系。马克思指出："无产阶级在反对有产阶级联合力量的斗争中，只有把自身组织成为与有产阶级建立的一切旧政党不同的、相对立的政党，才能作为一个阶级来行动。"

2013年8月19日至20日，全国宣传思想工作会议在北京召开。习近平在会议上的重要讲话中强调："党性和人民性从来都是一致的、统一的。"

但如今，还有些人认为，党是党，人民群众是人民群众。他们根本不懂得中国共产党的起码党性，不懂得党和人民关系的基本道理，不懂得列宁所说"共产党员不过是沧海一粟，不过是人民大海中的一粟而已"。

我们必须承认，在中国共产党的队伍里，确实有一些领导干部已把党性抛到了九霄云外，他们甚至千方百计地以权谋私，肆无忌惮地腐化堕落，并且相互勾结，形成体系，成了广大人民的根本利益的破坏者和吞噬者，他们已经是与广大人民群众势不两立的特权阶层。

中国共产党对此必须清醒，高度警惕，努力整治，加以改变。中国共产党的宗旨教育，必须强化；中国共产党的根本宗旨，必须得到落实。

2013年4月19日，中国共产党中央政治局召开会议，决定从2013年下半年开始，用一年左右时间，在全党自上而下分批开展党的群众路线教育实践活动。

会议指出，当前，党员干部贯彻落实党的群众路线总体是好的，在联系服务人民群众方面做了大量富有成效的工作，但也存在着不符合为民务实清廉要求的问题。特别是有的领导机关、领导班子和一些领导干部形式主义、官僚主义、享乐主义突出，奢靡之风严重，主要表现在理想信念动摇，宗旨意识淡薄，精神懈怠；贪图名利，弄虚作假，不务实效；脱离群众，脱离实际，不负责任；铺张浪费，奢靡享乐，甚至以权谋私、腐化堕落。这些问题，严重损害党在人民群众中的形象，严重损害党群干群关系，必须认真加以解决。

中央把党的群众路线视为"党的生命线和根本工作路线"，以期通过开展这一活动"照镜子、正衣冠、洗洗澡、治治病"，保持党同人民群众的血肉联系。

中国共产党90多年来的发展历程反复证明，来自人民、植根人民、服务人民，是党永远立于不败之地的根本。

立足于人民之间，勤政廉政，为人民谋利益，这是新时期中国共产党人反哺人民的最好方式。如果忘记这一点，就意味着背叛！

第二章
对权力要有敬畏之心

各级党员干部要深入学习杨善洲同志、沈浩同志的先进事迹和崇高精神,在对待党和国家事业上始终保持进取之心,在对待人民赋予权力上始终保持敬畏之心,在对待个人名利地位上始终保持平常之心,在改革发展稳定中充分发挥先锋模范作用。

——习近平 2011 年 4 月 10 日在安徽党政干部座谈会上的讲话

第一节　有权不可任性

不让权力"任性",就当明白"权乃民授,民授必须为民"的道理,权力所代表的不仅是责任和义务,更是奉献。原苏联部长会议主席雷日可夫在总结反思苏联解体教训时讲了这样一段很有哲理的话:"权力应当成为一种负担。当它是负担时,就会稳如泰山。而当权力成为一种乐趣时,那么一切也就完了。"

"大道至简,有权不可任性。"

2015年3月5日,李克强在十二届全国人大三次会议上作《政府工作报告》谈及简政放权时这样强调,言简意深,振聋发聩。

听到李克强在《政府工作报告》中的表述,台下的代表委员们先爆发出一阵笑声。随后,热烈的掌声在大会堂响起。

在会场外,公众在网络上的评论几分钟后就已铺天盖地。许多人欢乐地转发着这句鲜活的网络语言:"这句话用得好潮啊!""总理萌萌哒!"而更多人则看出了总理此番表态背后的"别有深意"。

"有权不可任性"是一句轻松幽默的网络流行语,更是建设现代政府的宣言,权力对应的是民众的期盼,更是一份沉甸甸的责任。

"有权不可任性"是说谁呢？《政府工作报告》里描述得很清晰："少数政府机关工作人员乱作为，一些腐败问题触目惊心，有的为官不为，在其位不谋其政，该办的事不办"，"对为官不为、懒政怠政的，要公开曝光、坚决追究责任"。有权在身的为政者，法定职责必须为，法无授权不可为，该干的不干是"任性"，不该干的瞎干也是"任性"。

"有权不可任性"，手里握有人民赋予权力的领导干部，有必要认真掂量掂量。

一、"叫纪委查你！"

"叫纪委查你！"

这是著名的"权钱交易所所长"、原全国政协副主席苏荣的口头禅。他经常用来恐吓、震慑那些不听话的人。苏荣对持不同意见的干部，公然打击报复，甚至擅自改变组织决定，让许多无心"攀附"他的干部，也产生了"不敢得罪他"的心理。他在"忏悔录"中透露"正常的同志关系，让我完全变成了商品交换关系。我的家成了'权钱交易所'，我是'所长'，老婆是'收款员'。"

苏荣有权果然任性，尤其是在自家的"一亩三分地"里，动辄就敢摆出一副老子天下第一、无法无天、不可一世的模样。

苏荣卖官，什么人都收，上至省级干部下至副县级干部。"我算了一下，副厅级以上干部给我送钱款和贵重物品的人数达40多人。"这是苏荣在"忏悔录"中透露的一个有关行贿人员的数据，其中就包括江西省原副省长姚木根、省人大常委会原副主任陈安众和原省委常委、秘书长赵智勇等省部级领导干部。

苏荣什么东西都要，既有巨额现金也有名贵字画、瓷器，就是价值仅千元的小摆件也来者不拒；办成的收，办不成的也收。

在这些贪腐背后，苏荣的妻子于丽芳是"贪内助"。于丽芳一次手术后在深圳疗养，许多厅级干部打"飞的"去探望，并送上红包。以至于谁送了记不清了，谁没送却清清楚楚。景德镇瓷器也成了送礼用的"土特产"，送收双方都拿"土特产"的幌子当遮羞布，心照不宣、各得其所。

于丽芳频繁插手土地出让、工程建设、招标投标，索取收受巨额财物。她成天往来江西各地，结交各色人，许多干部、商人竞相逢迎"于大姐"。其子多次插手土地、工程项目，大肆收取好处费。

苏荣在江西长达近10年的主政期间，他不仅自身腐败，还纵容家人亲属擅权干政，利用影响力寻租，搞家族式腐败，几乎把权钱交易发展到登峰造极的程度。而在他的影响下，江西干部投机钻营的有之，跑官要官的有之，做表面文章摆花架子的有之，并导致了四名省级领导因违纪违法受到党纪政纪处分，40多名省管干部被处理。

中央纪委在通报中，是这样给苏荣定性的：

苏荣身为党的高级领导干部，无视党的政治规矩，严重违反组织纪律，大肆卖官鬻爵，带坏了干部队伍，败坏了社会风气；自身严重腐败，并支持、纵容亲属利用其特殊身份擅权干政，谋取巨额非法利益，严重破坏了党内政治生活，损害了当地政治生态，性质极其严重，影响十分恶劣。

这是至今为止，中央纪委对"大老虎"的处理通报中，措辞最为严厉的一份。

有权不可任性，既是一种常识，也是一种执政理念。这个曾以"叫纪委查你"为口头禅的苏荣，最终自己被纪委查了。苏荣倒台是"有权就任性"的惨痛教训，他的忏悔是对"有权不可任性"的再次诠释。

二、"国家规定是狗屁"

"国家规定就是狗屁,我就不执行"、"我是搞法律出身的,我知道法律是干啥的,我就不讲法""我说谁是腐败就谁是腐败"……以上"惊人语录",出自山西太原古交市交通运输部门干部任长春之口。

2015年5月中旬,一段标题为"任性的领导讲话"的视频在网上热传,相关视频长2分39秒。简介称,讲话者是"古交市交通运输部门正科级干部任长春",发言是在"全体干部职工大会上"。

这段视频偷拍于一会议室内,一个身穿黑色外套的中年男子在高声训话。在其身后的宣传板上赫然写着:向人民汇报,请人民监督。

发言者端坐并高声讲道:"我们这个单位,任何一个同志,不要说什么按我们国家规定。""你录音就录音,记就记。"紧接着,发言者情绪激动,重复了两遍"国家规定是个狗屁,你们把我这个话记着",他还扬言道:"国家规定?我就不执行他国定规定,我任长春就不执行他国家规定。"同时对在场者说,"如果哪个人再给我说什么发不了工资,趁早给我滚得远远的。"

在视频中,发言者还称"我说谁是腐败谁就是腐败……古交的一些领导,我就不鸟他"。在视频末尾,发言者自称是搞法律出身的,连称"我知道法律是干啥的,我就不讲法,你们把我这个话记住"。其还对着在场人说:"闹什么东西,你们在这指手画脚的。我就不鸟你,这就是我的个性。"

2015年5月13日晚,山西省古交市政府新闻办对外通报,对发表严重违反政治纪律言论的古交市客运办主任任长春给予开除党籍、行政撤职处分。

尽管任长春这位"任性的领导"已被处分,但他在会上那几句"惊天地泣鬼神"的话，不但刺耳，亦发人深省。

任长春只是一个小小的科长，处于行政序列中的末端，却居然有这样的底气，将国家规定视为一钱不值的狗屁。马克思说过："语言是一种实践的、既为别人存在并仅仅因此也为我自己存在的、现实的意识。"粗放的话语，表现着权力的任性与骄横，而背后则是权力观的扭曲、不良作风的滋长。他敢在全体职工大会上说出这样的话，在平时的工作中有多飞扬跋扈可想而知。

在现实中，任长春这样的人不少，他们因为有了权力，就得意忘形，甚至将自己的权力置于法律、规定之上。因为在他们看来法律是死的，但是执行却是活的，权力掌握在执行者手中，所以对于规定自然可以视为"狗屁"。

2015年4月15日举行的国务院常务会议，李克强严斥一些部委和地方文件运转流程繁冗、拖沓，痛斥了"处长治国"让国家"政令出不了中南海"，如今这个科级干部又当"国家规定是狗屁"。可见，国家大政方针要顺利落地，不但会遭遇"中梗阻"，还有数量众多的"末梢梗阻"的严峻挑战。

来自2015年5月11日中国之声《新闻纵横》的报道，恰恰佐证了这点：国家规定不但遭遇"中梗阻"，还遭遇了"下梗阻"。报道称，在河南邓州市刘集镇，有村干部反映，每年社会抚养费交多少，是镇里摊派下来的任务，收不上来这么多，就要由村干部垫付。如不垫付，就勒令其辞职。

有关邓州市计生部门发"红头文件"给各乡镇下达征收社会抚养费指标的消息早在2011年就公开报道了，此举被指违规。当年，原国家人口计生委《关于进一步规范社会抚养费征收管理工作的通知》规定，不得向乡镇、村或个人下达社会抚养费征收指标。但时隔四年，当地仍不将国家规定当一回事。多名刘集镇的村干部表示,这之后,镇里分派任务都是打电话或开会口头通知。

最基层的干部掌握着国家政令的执行权,他们如果权力任性,想执行就执行,不想执行就不执行,或只按照他们所理解的意思执行,那么在国家机器中他们拥有的特殊权力,就成为了"县官不如现管"。

"国家规定是狗屁",虽然刺耳,但确实是一些党员干部的大实话。

"国家规定是狗屁"事件也再次印证了群众路线教育实践活动只有起点,没有终点,广大党员干部的思想政治建设和作风建设也并非一朝一夕之功,不是一蹴而就之事,而是一个持之以恒、不断内化、自我完善的过程。

三、仇和"落幕"的标本意义

2015年3月15日,全国两会闭幕,中央纪委官网随即放出重磅消息:云南省委副书记仇和涉嫌严重违纪,目前正接受组织调查。

顿时,舆论一片哗然。

4.4公里,10多分钟车程,这是人民大会堂到真武庙职工之家的距离。全国"两会"期间,云南团的大巴车来回十多天后,在最后一趟空出一个位置。全国人大代表仇和的政治轨迹被按下了停止键。

这位曾经在众多领导干部中个性十足的政治强人,成了继白恩培、张田欣和沈培平之后落马的"云南第四虎"。

两会期间,仇和在小组讨论会上,虽发言不多,但仍很自如。在2015年3月13日上午云南的小组讨论会上,云南省最高人民法院院长发言期间,谈及"地方政府欠钱"问题时,仇和曾回应称:"我们这种体制,从中央政府到地方政府,应该是世界上最廉政。"

"为什么？世界上有97%的国家是土地私有化，我们国家土地没有私有化，仅仅是私有使用权，30年、50年、70年，但是目前百分之百是政府所有。"仇和说。

谁也没想到，曾高调亮相在公众视野中的仇和，以同样"高调"的方式落幕。

从江苏宿迁市起步，到云南高原执政，仇和被称为"最富争议市委书记"，也是"另类官员"的代表人物。从时刻搅动舆论漩涡的明星人物，到涉嫌违法违纪的部级领导，仇和身上到底发生了什么呢？

仇和，1957年1月出生于江苏滨海。他被认为是中国为数不多的个性官员之一。他从政以来，多次施行和发布让人惊讶和意外的政治举措和命令。

1996年7月，仇和任宿迁市筹建领导小组成员，1996年9月任宿迁市副市长，1996年12月任中共宿迁市委常委、副市长、沭阳县委书记，兼任沭阳县委书记开始推行铁腕反腐。在新任沭阳县委书记时，面对脏乱环境，勒令全县5000多名机关干部放下日常管理事务，投身环境整治工程，被人争议其"不抓工，不抓商，只抓四面光"。

1998年，仇和在宿迁市下属的沭阳县，给教师下达"招商引资"任务，结果引起集体罢课，此事被央视《焦点访谈》披露；1999年，又是沭阳县，将犯有小偷小摸等行为的人，在电视上予以亮相、念检讨书，取名"沉重的忏悔"，此事被《南方周末》曝光。

2002年，宿迁推行1/3干部离岗招商、1/3干部轮岗创业，政府催生了上千"官商"，这同样引起媒体集中轰炸。2003年，宿迁强行推进教改医改，变卖幼儿园和医院，引起激烈争议。从7月12日至10月2日，短短两个半月时间，被很多领导干部视为"政治杀伤力极大"的《焦点访谈》三次聚焦宿迁。而所有这些引起争议的事件，背后都站着同一个人——仇和。2004年7月，宿迁将党政主要干部资料在《宿迁日报》上公布，由群众提出问题，干部公开"述职述廉"。这些"叛逆式"的改革虽然使宿迁经济大为改善，但随之而来的却是社会矛盾丛生。

2007年，仇和转任云南省委常委、昆明市委书记。在履新昆明市委书记后，仇和曾表示，"我到昆明工作，人地两疏，和大家无亲无故；从未共事过，与大家无恨无怨；只身一人，无牵无挂；所以，工作一定能无恃无畏。"

比起在宿迁的个性十足，仇和在昆明显得愈发"霸道"。他要求全市公务员24小时做到"办公电话、家庭电话和手机，三通必须有一通"，"周六保证不休息,周日休息不保证"……昆明官场的神经绷到了极点。他喊开会，所有人跑步下楼、出门、上车，一个都不敢迟到；没人敢关手机，一位局长睡着了，没接到市委办公厅半夜打来的电话，第二天就受到仇和批评……更有著名的"瞌睡门"，在一次招商工作会上，呈贡县投资促进局副局长蒋文辉在会上打了瞌睡，被仇和毫不客气地"揪"出来，之后该人辞职。

在云南任职时期，仇和沿袭了过往的改革措施，大力实施"仇和新政"，给"全民招商"定指标，完不成的要接受降级撤职等处理；出售公立医院和学校。这一系列作为，遭致体制内外的众多批评。

仇和曾说，"腐败我看有三种：第一种是贪污，第二种是决策失误造成经济损失，第三种是宁愿少干事，甚至不干事，保证不出事，四平八稳，按年龄大小、皱纹多少、胡子长短排队等提拔，失去机遇，影响一个区域经济社会发展。后两种比第一种造成的损失更大，更可恶。"

仇和的腐败到底属于哪一种呢？相信官方最终会给出答案。但可以肯定的是，个性变为任性，人治淹掉法治，这种以牺牲民主法治为代价的改革，"出事"必然是最终的结局。

古人说，"徒法不足以自行"，"有其法者，尤贵有其人"，也就是说，法律要靠人去执行。在"改革无禁区"的名义下，尽管以往仇和很多做法让经济增长更快，比如领导干部的政绩更突出，属下党员干部也不敢乱作为等等，但同时就是破坏法治，侵犯公民权益，同时更是为自身的腐败鸣锣开道。因为，这样的铁腕改革与整治吏治，造就了仇和本人的"一言堂"，没有人敢反对他，而他个人的私欲在无人监督和制约的环境下就会膨胀，滑向腐败的深渊。

有权不可任性，唯有真正依照法律治国理政，而不是长官意志，这样才有可能真正推动社会进步，真正为民谋福祉。从这个角度讲，仇和"落幕"，确实具有明显的标本意义。

四、畏小民，则无豪横

清代著名学者纪晓岚有一句名言：做人要记住一个"怕"字。

作为中国共产党的干部，有必要经常用"怕"字约束自己，怕违纪违法，怕有愧于党和人民。在遇到可能违反党纪政纪的时候，要有临深渊、履薄冰的心态。

邓小平在《共产党要接受监督》一文中有这样一段精彩的论述："共产党员谨小慎微不好，胆子太大也不好。一怕党，二怕群众，三怕民主党派，总是好一些。"领导干部如果无视党纪国法，不把群众放在眼里，手里的权力使用就会跑偏。

2015年中央组织部在"七一"前夕，表彰了102名全国优秀的县委书记。习近平在会见全国优秀县委书记时给广大县委书记提出了四点要求：

一是要做政治的明白人，对党绝对忠诚，始终同党中央在思想上政治上行动上保持高度一致，坚定理想信念，坚守共产党人的精神家园，自觉践行社会主义核心价值观，自觉执行党的纪律和规矩，真正做到头脑始终清醒、立场始终坚定。

二是要做发展的开路人，勇于担当、奋发有为，适应和引领经济发展新常态，把握和顺应深化改革新进程，回应人民群众新期待，坚持从实际出发，带领群众一起做好经济社会发展工作，特别是要打好扶贫开发攻坚战，让老百姓生活越来越好，真正做到为官一任，造福一方。

三是要做群众的贴心人，坚持全心全意为人民服务的根本宗旨，自觉贯彻党的群众路线，心系群众、为民造福，心中始终装着老百姓，先天下之忧而忧，后天下之乐而乐，真正做到心系群众、热爱群众、服务群众。

四是要做班子的带头人，带头讲党性、重品行、做表率，带头搞好"三严三实"专题教育，带头抓班子带队伍，带头依法办事，带头廉洁自律，带头接受党和人民监督，带头清清白白做人、干干净净做事、堂堂正正做官，真正做到率先垂范、以上率下。

常言道："官有所畏，业有所成。"广大党员干部，只有心存敬畏，才会"思"而出乎理智、"做"而有所顾忌、"行"而不忘法纪。

权力的任性与权力掌控者个人的政治、道德素养不可分割，也与公共权力过大、边界模糊不清，且权力配置不合理有关，还与监督、约束不够关系密切。记得明代洪应明在《菜根谭》里说："畏小民，则无豪横。"每个领导干部"畏小民"，才能"无豪横"，才能像这些全国优秀县委书记一样为人民用好权。

第二节　坚定理想信念不动摇

科学而崇高的理想信念,是照耀人类前进的灯塔。一个民族、一个国家、一个政党的发展壮大,无不与其具有坚定的理想信念有关。习近平指出,坚定理想信念,坚守共产党人精神追求,始终是共产党人安身立命的根本;理想信念就是共产党人精神上的"钙",没有理想信念,理想信念不坚定,精神上就会"缺钙",就会得"软骨病"。

"有的地方政治生态恶化,干部被'围猎',权权交易、权钱交易、权色交易,搞利益输送,遏制腐败蔓延的任务仍然艰巨。"

2015年1月19日下午,中央纪委研究室副主任欧召大在做客中纪委网站访谈时作出了上面的表述。欧召大在访谈中说,党的十八大后,党中央深化了对形势的认识,指出党风廉政建设和反腐败斗争形势依然严峻复杂。

"围猎"一词,如今在各类违纪违法案件中被高频使用,让人仿佛感到了黑暗处虎视眈眈和强大的杀气,令人毛骨悚然。尽管"围猎"一词有些残酷,但使用这一并不常见的词语来警示领导干部,足见有关部门的良苦用心。

领导干部怎么才能不被"围猎"？最主是要树立正确的权力观、价值观，筑牢理想信念的堤坝，坚守内心的信仰，在世事喧嚣中保持一份定力，不为外境所转，不为外物所役，经得起诱惑，才守得住担当。

一、中国共产党人精神上的"钙"

"围猎"原指设围打猎，即在打猎时，一些人持枪隐蔽在动物经常通过的地点，另外一些人按照一定方向，向猎人埋伏的地方轰赶猎物，让猎物进入埋伏圈，从而猎杀。"围猎"干部则是不法商人不用刀枪，而是用金钱美色、糖衣炮弹，将领导干部赶入"围场"，领导干部或是逃而无路，或是被动下水，或是主动参与，最终被"猎获"，成为商人谋利的工具。

"围猎"一词用在反腐上，最早是出现于习近平2015年1月12日上午同中央党校县委书记研修班学员座谈时的告诫："各种诱惑、算计都冲着你来，各种讨好、捧杀都对着你去，往往会成为'围猎'的对象。"

据统计数据显示，2008年至2012年，最高检共对19003名行贿人依法追究刑事责任；2013年，最高检对5515名行贿人依法追究刑事责任，同比上升18.6%；2014年，最高检共查办行贿犯罪7827人，同比上升37.9%。行贿犯罪数据的逐年上升，一方面说明检察机关查办行贿犯罪的力度在进一步加大；另一方面也说明干部被"围猎"的形势极其严峻。

在2015年年初中央纪委常委第五次全体会议上，王岐山在工作报告中称，当前，"四风"面上有所好转，但树倒根在，重压之下花样翻新，防止反弹任务艰巨。有的地方政治生态恶化，干部被"围猎"，权权交易、权钱交易、权色交易，搞利益输送，遏制腐败蔓延的任务仍然艰巨。中央纪委把官场比作猎场，在高压反腐的当下，可谓别有一番意味。

2015年6月，杭州市纪委还专门梳理出三种最主要的"围猎"手段：

一是直接"猎杀"。此招用于贪吃的猎物，势大力沉，投其所好，直奔命门。主要是官商勾结、权力寻租，明码标价、权力兑现，搞利益输送，双方各取所需。

二是"温水煮青蛙"。此招用来对付有一定警惕性的猎物。猎人先面带笑容，恭维之、抚摸之、喂食之，待你全身放松，毫无戒备之时，突露出狰狞，一把擒翻。平常和你勾肩搭背，给你好处，送你享受，和你称兄道弟，甚至甘心当你的"提款机"。当你深陷"安乐窝"，才发现已上了贼船，难以脱身，只能用权力给别人办事。

三是外围"猎杀"。此招用来对付警惕性较高或者不便直接下手的猎物，猎人迂回包抄，先攻老巢，拿下近亲等关系亲密之人，再来合围诱捕。不直接"围猎"干部，而是"猎杀"其家属、子女、朋友、秘书等。一旦其亲朋部属就范，领导干部也只好跟着"缴械"。

"聪明"的"围猎"者，总是千方百计试图发掘领导干部的人性弱点，从而制造出"总有一款适合你"的"围猎"手段。

干部"围猎"高手、厦门远华特大走私案主犯赖昌星就常说，"不怕领导讲原则，就怕领导没爱好"。赖昌星只要知道领导有"爱好"，就千方百计"投其所好"——爱财，他可以一次将数十万、上百万元的钞票奉上；爱色，他可以亲点美女送至身边；爱权，他则为之四处活动。

让人印象深刻的莫过于那幢位于厦门市湖里区的7层红色小楼了，在赖昌星走私"红火"的几年间，那里天天灯红酒绿、异常热闹。里面富丽堂皇，各种娱乐设施应有尽有——有豪华总统套房，有24小时循环播放的黄色影片，有可供两人同时洗浴的大浴缸——当领导干部和美女洗鸳鸯浴或上床时，赖昌星的手下会秘密用针孔录像机录下来，以备日后要挟之用。

就是使用这些伎俩，赖昌星的关系网越来越复杂，也越来越坚固，网罗的人士从政界、军方到公安、海关，无所不及。在走私犯罪分子有预谋地腐蚀拉拢下，一批国家工作人员因腐败落马，其中省部级干部3人，厅级干部8人。从新华社发布的新闻可以看出，此案中涉及的国家工作人员分布在厦门市委、市政府、公安机关、海关、银行等要害部门，而且收受贿赂的数额巨大。

"围猎"现象广泛存在，根本原因在于被"围猎"者主观上的信念缺失与党性不坚定。不法商人处心积虑、用心险恶固然可恨，但从领导干部主观上看，被"围猎"主要还是自身经不起种种诱惑，没有树立正确的权力观、价值观。

习近平反复多次指出，理想信念就是共产党人精神上的"钙"，这个形象的比喻，指出了崇高的理想信念对于共产党人的极端重要性。钙，是一种金属元素，以化合物状态存在，在工业、建筑工程和医药上用途很大。在人体中，钙的含量约占人体质量的1.4%，如果钙含量不足则会影响生长发育和健康。习近平把理想信念比作人体重要元素"钙"，具有深刻的内涵。

什么是共产党人的理想信念？

党的十八大报告指出："共产党人必须坚定理想信念，坚守共产党人精神追求。对马克思主义的信仰，对社会主义和共产主义的信念，是共产党人的政治灵魂，是共产党人经受住任何考验的精神支柱。"

"壁立千仞，无欲则刚。"如果每一位领导干部都有被"围猎"的警觉，始终保持对权力的敬畏，清醒认识到那些试图"围猎"之人所觊觎的目标，在时时自重自警、处处慎权、慎欲、慎微的同时，不断积聚养成清白做人、干净做事、坦荡为官的浩然正气，就不至于倒在"围猎"之中。

但也应当注意到，对共产主义、社会主义的精神家园在灵魂深处相信、坚信，并非每个共产党员都能做到。所以，有些共产党员甚至是领导干部深受不良思潮的影响，就做出了一些与共产党人精神家园相悖的行为。

二、"不问苍生问鬼神"是危险信号

俄国作家列夫·托尔斯泰曾说："理想是指路明星，没有理想，就没有坚定的方向，而没有方向，就没有生活。"

人只要有了崇高的理想，就会在黑暗中看到光明，在平凡中看到伟大，在遭受困难和挫折时充满信心，坚信胜利。如果一个人没有崇高理想或者缺乏理想，就会像一艘没有舵的航船，在生活的海洋里随波逐流，很难胜利地到达彼岸。但近年来，一些干部在社会变革的时代大潮中，出现了思想上的困惑与行为上的偏差，以致信念迷茫，理想淡化，价值观偏移。

丧失理想信念就意味着背叛。战争年代，丧失理想信念主要是经不起生与死的考验，有些人可能成为叛徒、逃兵。和平建设时期，丧失理想信念大都是经不起利益的考验，或见利忘义，以权敛财，贪赃枉法；或迷失政治方向，浑浑噩噩，迷信鬼神；或对社会主义道路产生怀疑，背叛党的事业。

无数事实证明，相当数量的腐败分子蜕变，都是从理想信念的丧失开始。一些机关大楼不设4、13、14层，一些办公室的桌椅摆放讲究朝向、风水，一些干部的案头上赫然摆放石兽、"转运石"等装饰物，更有甚者一些地名因"不吉利"而改，有的工程因"大师"妄议而建，一些建筑因"挡风水"而拆。其中，"不信马列信鬼神"是最主要的表征之一。

2015年4月21日，广东省揭阳市原市委书记陈弘平，因涉嫌受贿上亿元，在佛山市中级人民法院开庭审理。

然而，从陈弘平庭审的细节来看，却存在不少"亮点"。其中，陈弘平被指经常在休息日头戴草帽、手拿罗盘看风水，并号召干部带头学风水学；曾动用公款为自己建造阴宅；在揭阳楼广场规划中，花费几千万元购置泰山石头，修筑9根柱子、1个大鼎和1块泰山石，寓意"一言九鼎泰山不倒"。

近年来，长期被视为封建迷信的风水之术以各种方式开始展示它的顽强存在和蓬勃生机。在其渐成气候的背后，不难看到一个蔚为壮观的产业发展，正与现代社会发生着激烈的冲突与博弈。

在这股"风水热"中，最引人注目的还是信仰者中的"党政领导干部群体"。不少风水业界人士接待的个人客户中，除演艺人士、企业老总外，就是党政领导干部，办公风水在一些政府机关内极其流行。

一些公共预算中的"规划费""咨询费"，实际上是被一些官员用来请"风水大师"到办公室里做占卜，求"官运"、保"平安"，权力腐败之下，满足的都是"风水领导干部"们的私心，被称为"花公家的钱，请自家的神"。

比如，江西省人大常委会原副主任、省总工会原主席陈安众，在任萍乡市委书记期间，就与声名狼藉的所谓"气功大师""风水大师"王林关系密切，不但是"王府"的常客，还经常在当地设宴招待王林。

在当今中国，不少领导干部对风水抱着"宁可信其有"的心理依赖，一些政府部门每换一次领导，就要更改一次办公室的布局，部分领导干部新任后第一件事就是找风水师看看自己办公楼、办公室的坐向，有的甚至对整个部门的建筑大动干戈。但一般只有把事情弄大了，才会成为众矢之的。

领导干部信奉风水一个最著名的案例，来自山东省泰安市原市委书记胡建学。曾有人预测说胡建学可当副总理，只是命里缺一座"桥"。他因此就下令将已按计划施工的国道改道穿越一座水库，并在水库上修起一座大桥。不过，他终究与副总理无缘，倒是因贪污受贿罪行暴露，被山东省高院判处死缓。事后，胡建学东窗事发，这座桥成了"逮胡桥"。

另外，类似信奉风水的"落马"领导干部，还有在住宅内烧香念经的河北省原副省长丛福奎、用菩萨代替党组决定人事安排的海南省屯昌县工商局原局长吴岩，等等。如果说以上这些事件仅代表个人行为，那么曾轰动一时并遭到严肃查处的山西省交口县原领导"补风水"事件，则是集体信风水的典型代表，不但登堂入室，甚至成为政府的文件——

1994年初，时任山西省吕梁地区交口县县委书记房吉华、县长李来福请风水师到交口县看"风水"。一番勘察下来，对方提供了一份《交口县地理风水研究报告》，称县委大院"风水"不好，破解之道是在比县委大院低的地方重修看守所、在县城里兴修牌楼，在县委大院的中心和四角埋下"镇邪物"和"升官符"等。在风水师的指点下，一幕幕荒唐剧上演：夜深人静之时，数十名党政干部齐刷刷地跪于香案前，在县委大院内埋下桃木弓箭、铜镜、升官符等物；县里还陆续以各种借口重建看守所、新修牌楼，并在县委大院房顶上砌了一垛无用的女儿墙，以高出其他建筑物一头……

有些领导干部为何如此执着于迷信"风水"呢？原因极其复杂，除领导干部有迷信的成分外,也折射出领导干部强烈的"官本位"功利心态,暴露出中国的用人机制中,奖惩制度还存在严重的缺位。

领导干部信奉风水,都是其强烈的功利心态在作怪。首先,他们对自己的前途不是很自信,时刻担心自己已经到手的权力、财富地位会泡汤。其次,这些领导干部大多贪得无厌,梦想获得更大权力和地位。

领导干部信奉风水也暴露出中国官员奖惩制度存在严重的缺位,比如用人机制不健全,缺乏透明度等等。所以部分领导干部把不可确定的仕途寄托于风水之术,以此来弥补自己精神的虚无。

作为领导干部,希望得到重用升迁很正常,但问题是,只有当关于领导干部的奖惩制度同时又是确定、可预期的,即怎样做可以升迁,怎样做必被查处,都明确规范、公开透明,领导干部的这种理想才能纳入理性发展的轨道。

因此,对于领导干部迷信风水的现象,如果只做道德评判,是远远不够的,应透过迷信迷雾,寻找制度根源。

消除这种现象的根本措施在于,从干部任用制度建设、思想教育和整个社会风气上下功夫。领导干部要树立正确的人生观,信奉健康向上的东西;在干部任用上不能给有不良思想的人任何机会;加大思想教育,不能说一套做一套。

最关键的是,要完善选人用人机制,不能让人看见作恶的人还升官,好干部反而被冷落甚至晾在一边,要让行善者得到奖赏,作恶的受到惩罚。这样,什么迷信、风水、大师之类,自然就没那么猖獗了。

三、"软骨病"源于理想信念丧失

历史反复证明,理想信念是中国共产党人的命脉和灵魂,是中国共产党人精神上的"钙"。在艰苦的战争年代,中国共产党人之所以不怕流血牺牲、不惧千险万难,就是因为他们有理想,有马克思主义信念,有共产主义信念。

"一个人最大的破产是绝望,一个人最大的资产是希望"。理想信念之所以重要,在于它是中国共产党人的灵魂和特质,是共产党人的精气神。井冈山革命博物馆原馆长毛秉华曾在《革命理想高于天》一文中讲了这样一个故事:

秋收起义部队初上井冈山时,只有一个团,700多人。走在前面的部队高举着一面红旗,有些官兵指着它说:"这面旗能打几天哟!全国都是国民党的统治,我们只占领一个小小的井冈山有什么用呢?""别说全国其他地方,仅湖南一个省的敌军就有3个军4万多人,能打得赢他们吗?"

毛泽东听到这些议论,一方面承认敌强我弱的客观事实,但同时又感到精神不振、悲观失望是摆在部队面前的一个严重问题。

怎么回答这个问题呢?毛泽东一边行军,一边给大家讲孟夫子在《公孙丑·章句下》中的一段话:"得道者多助,失道者寡助。寡助之至,亲戚畔之。多助之至,天下顺之。"这里的"畔"与"叛"是同音同义。

那时候,革命军中的工农分子较多,文化程度很低,听不懂毛泽东讲的古文是什么意思。毛泽东就做通俗的解释。他说,别看现在全国都是国民党的统治,蒋介石是帝国主义在中国的走狗,是大地主大资本家利益的代表,一定会遭到全国人民的反对,他终究会失败;别小看我们红军只有700多人,我们是工农革命军,代表全国人民的利益,一定会得到他们的支持,终究会取得胜利。这就叫作"得道者多助,失道者寡助"。这个"道",就是革命,就是正义。凡是革命的、正义的事业,终究是会胜利的。大家一边走一边听,都觉得毛委员讲得很有道理,天下总是穷人多嘛,我们共产党和红军都是为了穷人翻身解放来干革命的。就这样,工农革命军对形势、任务、前途也就有了比较清楚的认识,心里头的包袱也渐渐减轻了许多。他们满怀信心,高举红旗,跟着毛泽东上了井冈山。

可见,有理想信念才不会得"软骨病"。在革命战争年代,正是怀着对马克思主义的信仰、对美好社会的憧憬,无数优秀中华儿女奋不顾身,融入奔腾不息、波澜壮阔的民族独立、解放、自强洪流。一批批工农群众弃家舍业,投身人民军队南征北战;一群群青年学生离开书声琅琅的课堂,走向硝烟弥漫的战场。

邓小平曾指出:"为什么我们过去能在非常困难的情况下奋斗出来,战胜千难万险使革命胜利呢?就是因为我们有理想,有马克思主义信念,有共产主义信念。"大革命失败后,在革命遭受惨重损失的危急关头,以毛泽东为代表的中国共产党人,怀着坚定的革命信念,以大无畏的革命气魄引兵井冈山,表现出"革命理想高于天"的精神境界。

正是因为坚定的理想信念,不少革命前辈出生入死,无所畏惧,理想信念成了他们能够经受包括生死考验在内的一切严酷考验的强大精神支柱。

"砍头不要紧,只要主义真。杀了夏明翰,还有后来人!"这是中国共产党党员夏明翰在被国民党反动派杀害前写的一首气壮山河的就义诗,一直为人们所传颂。1928年初,夏明翰被党调到湖北工作,任中共湖北省委常委。由于叛徒的出卖,同年3月18日他不幸在武汉被敌人逮捕。3月20日清晨,他被敌人押送到汉口余记里刑场。当敌执行官问夏明翰还有什么话要说时,他大声说:"有,给我拿纸笔来!"于是,夏明翰写下了这首大义凛然的就义诗。

在革命战争年代,中国共产党人面对生与死的考验,需要崇高的理想信念作为支撑,才会有顽强的意志,从而把生死置之度外。然后,在和平时期,尽管中国共产党人已经远离血雨腥风的残酷斗争,但面对各种诱惑,中国共产党人的理想信念能不能守住?这是一个需要面对和回答的问题。

近年来,有些领导干部丧失了理想信念,从而生了"软骨病"。比如有些人甚至包括一些高级干部,嘴上说着对党忠诚,却"不信马列信鬼神",精神空虚,信仰迷失,热衷烧香拜佛、迷信风水;有些人缺乏远大理想,嗜好吃吃喝喝,甚至在"八项规定"高压严管之下,还利用各种隐蔽的方式奢靡享乐。更有甚者,有些人入党不信党、在党不为党,对党的事业丧失信心,为所谓"留后路"、"寻退路",中饱私囊,当上了庸官、贪官、裸官……

一个中专生28岁当上省领导秘书,在7年间跃升至正厅级的省国税局局长;被"双规"时年仅38岁,一年后被依法逮捕,先后收受贿赂、贵重物品等1051.09万元。2002年8月30日,这位官员被唐山市中级人民法院一审判处死刑,剥夺政治权利终身。

这就是河北省原国税局党组书记、局长李真的人生轨迹。

李真在剖析其自己犯罪根源时写道,"我对党的理想、信念产生了动摇。认为与其一旦江山易手,自己万物皆空,不如权力在握之时及早作经济准备,如有不测也万无一失"。正是精神支柱的坍塌,理想信念的丧失，使李真对党心怀异志，在政治上投机钻营，经济上贪婪无度，为自己留"后路"作准备，最终坠入了犯罪的深渊。

只要稍微注意，我们就会发现几乎所有因贪污腐败被判刑的领导干部，在"自白"、"忏悔书"中，都把自己走上犯罪归咎于思想腐败、信仰失落、信仰错位。由此可见，防止腐败，如果不从解决信仰失落、信仰错位问题切入，就会"舍本逐末"，就可能像"割韭菜"一样，割掉一茬，又长出一茬，最终会使人民群众失去反腐败的耐心和信心。

四、让理想信念教育"硬"起来

在任何时候任何情况下，一个国家、一个民族、一个政党都有必要树立和坚持明确的理想信念。因为，理想信念是一切力量之源。

中国共产党90多年的发展历程，靠的就是对共产主义的坚定信仰，为的就是实现国家富强、民族振兴、人民幸福的伟大理想。

邓小平曾强调："我们这么大一个国家，怎样才能团结起来、组织起来呢？一靠理想，二靠纪律。组织起来就有力量。没有理想，没有纪律，就会像旧中国那样一盘散沙，那我们的革命怎么能够成功？我们的建设怎么能够成功？"习近平指出："经过几千年的沧桑岁月，把我国56个民族、13亿多人紧紧凝聚在一起的，是我们共同经历的非凡奋斗，是我们共同创造的美好家园，是我们共同培育的民族精神，而贯穿其中的、更重要的是我们共同坚守的理想信念。"

习近平还指出，如果丢失了共产党人的远大目标，就会迷失方向，变成功利主义、实用主义者，最后意志消沉，奉行及时行乐的人生哲学，甚至产生"人不为己，天诛地灭"的想法，把当干部作为一种谋取私利、巧取豪夺的手段。

必须警惕和防止理想信念的滑坡与动摇。习近平将共产党人的信仰，形象地称为"总开关"。他多次强调坚定理想信念，切实解决好世界观、人生观、价值观这个"总开关"问题，交出让人民满意的答卷。

"石可破也，而不可夺坚；丹可磨也，而不可夺赤"。只有坚定理想信念，拧紧"总开关"，才会避免"出轨越界、跑冒滴漏"的问题出现。

2014年12月，习近平首次将"从严治党"提升到"全面从严治党"的高度，使之成为"四个全面"战略布局的坚强保证。始终坚持思想建党和制度治党紧密结合，这既是一条基本原则，也是新形势下推进全面从严治党的重要要求。坚持思想建党，必须坚定理想信念，坚守共产党人精神追求。

2015年9月9日，中共中央政治局常委、中央纪委书记王岐山在人民大会堂会见出席"2015中国共产党与世界对话会"的外方代表时指出，"执政党的使命决定了必须从严治党，执政党对人民的承诺就是它的使命。要兑现承诺，执政党必须对自身严格要求。"全面从严治党，既要把理想信念宗旨这个核心价值观作为"高线"，又要守住党的纪律这条"底线"。要把纪律和规矩挺在前沿，小错提醒、动辄得咎，坚持"高线"、绝不允许突破"底线"。

殷鉴不远，切不可沉湎于"打天下就能坐天下"的陈旧观念。在王岐山的这个论述背后，显然蕴含着极其深刻的危机意识和忧患意识。

由此可见，理想信念丧失是病，这就得治！在推进全面从严治党的背景下，要抓好理想信念教育，须坚持"内容为王"，提高吸引力、增强感染力、提升说服力，让理想信念的道理"硬"起来。

首先，要引导干部把理想信念建立在对科学理论的理性认同上。理论上的清醒与坚定，是思想上清醒与坚定的前提和保证。要深入开展马克思列宁主义、毛泽东思想、邓小平理论、"三个代表"重要思想、科学发展观的教育，尤其要深入学习领会习近平系列重要讲话精神，使干部真正领会贯穿其中的马克思主义立场观点方法，坚定对马克思主义的信仰，坚定理论自信，不丢"老祖宗"，练好"看家本领"，夯实理论根基。

其次，要引导党员干部把理想信念建立在对历史规律的正确认识上。要把中国共产党领导人民的奋斗史、创业史、改革开放史作为理想信念教育的必修课，把握党的历史发展的主题和主线、主流和本质，增强历史意识和文化自觉，坚定共产主义崇高理想、坚定中国特色社会主义事业的必胜信念。

第三，要引导党员干部把理想信念建立在对基本国情的准确把握上。把握国情明道路，进一步增强中国特色社会主义的道路自信、理论自信和制度自信。

同时，充分利用现代信息技术手段和各种传媒渠道，传播正能量，弘扬主旋律，不断扩大干部理想信念教育的覆盖面。

大海航行，唯有信仰的灯塔才能穿透迷雾，指引前行的方向。因此，加强党的作风建设，保持和发扬党的优良作风，更需要突出抓好坚定理想信念这个根本，切实解决好世界观、人生观、价值观这个"总开关"问题。

第三节　严以用权才能赢得人心

全面依法治国，要抓住领导干部这个"关键少数"。领导干部的法治素养和法治能力，直接关系法治建设的总体进程和目标实现。领导干部须切实在法治之下、而不是法治之外、更不是法治之上想问题、作决策、办事情。要确保权力在法治轨道上行使，牢记法律红线不可逾越、党规党纪底线不可触碰，依法用权、严以用权，做党纪国法的"明白人"。

据《广雅·释器》的解释，"锤谓之权"，"权"指一种测定物体重量的器具。它的主要意义都与重量、度量衡相关。由于"权"字与物之重量相关联，因而它被引申，喻指"权势""权贵""权柄"等某种政治、经济方面的优势力量，并表明这种力量能够起到制约他人的作用。现代意义上的"权"，就是从衡器引申为动词并获得"在审度之后作出决定"的含义而来。

权力自产生之日起，作为社会活动的管理调节职责，是其职能本质，而作为人们利益谋取和维护手段，是其利益本质。

严以用权是中国共产党对领导干部的基本要求，是每一位领导干部掌权、用权的灵魂。严以用权，具体而言就是"依法用之、为民谋之、尽责行之"。

清朝官场曾流行过"莫用三爷，废职亡家"的劝进之言，所谓"三爷"指的是：子为少爷，婿为姑爷，妻兄弟为舅爷。这一准则，在政界，尤为重要。

在殊为重视法治原则的今天，领导干部只有自己严格遵守国家法律和党内纪律，也用廉洁从政准则严格要求家人，才能理顺为民与为己的价值排序。因此，严以用权是领导干部赢得人心的重要法宝之一。

一、严以用权的"官箴"

人不以规矩则废，党不以规矩则乱。习近平反复强调，"始终做到秉公用权、不以权谋私，依法用权、不假公济私，廉洁用权、不贪污腐败，始终保持共产党人的政治本色。"这是领导干部严以用权的"官箴"。

"严以用权"应当包含三方面的内容：一是慎于用权。权力是一把双刃剑，用好了，为民谋利，用错了，损害人民利益，用反了，危害人民利益。所以，要慎于用权。二是敢于用权。人民的权力必须为人民谋取利益，不敢负责不敢用权，不求有功，但求无过，也违背权力的本意。所以，要敢于用权。三是畏于用权。权力不是属于任何领导干部个人的，权力是公器，领导干部代表人民、代表国家行使权力。畏于用权就是分清权力与个人的关系。公权私用，与贼无异。

不可否认，中国社会是一个重视"人情"的社会，很容易碰到来自亲朋好友乃至骨肉至亲的求助请托。在这种情况下，要做到严以用权，完全是积淀于一点一滴的风纪考验，升腾于炉火纯青的党性修养。这份用权以廉、持身以正的宝贵品质，正是各级领导干部尤需补充的精神钙质。

在老一辈领导干部身上，就有不少这样的精神钙质，我们可以不断挖掘，从中汲取力量。比如周恩来就是中国共产党人的优秀代表和精神楷模，严以用权是他对人民的庄严承诺，也是他对党的责任担当。

周恩来长期担任政府总理，但越是身居高位，越怀敬畏之心。他曾说过："我身为总理，带一个好头，影响一大片；带一个坏头，也会影响一大片。"在国家经济还困难的情况下，他坚决不允许修建政府办公大楼，不允许翻修他住的西花厅。他退回家乡人送来的土特产，并附上中央关于不准请客送礼的文件。他反复要求党员干部要过"五关"，即思想关、政治关、社会关、亲属关和生活关。他给自己的亲属立下"十条家规"，不允许亲属和身边工作人员利用特殊身份谋取利益。他就是这样，坚持廉洁自律，两袖清风，一身正气。

周恩来一生严以修身、严以用权、严以律己，成为"一个高尚的人，一个纯粹的人，一个有道德的人，一个脱离了低级趣味的人，一个有益于人民的人"，为党和人民的事业奉献到最后一刻，鞠躬尽瘁，死而后已。

在共和国十位大将中，徐海东被誉为"虎将军"。从北伐战争、黄麻起义，到创建革命根据地，再到抱病率部开赴抗日前线，徐海东身经百战。他打仗10年9次负伤，全身共有17处弹痕。

美国著名记者斯诺在《西行漫记》中写道："中国共产党的军事领导人中，恐怕没有人能比徐海东更加'大名鼎鼎'的了。"毛泽东曾称赞他是"对中国革命有大功的人"。邓小平评价他"对党有一颗红心"。

就是这样一位功勋卓著的大将，徐海东对子女们的管教却很苛严，从不允许他们凭借父辈的功劳去谋求特殊。

在家中，徐海东从不让孩子们乘坐公家为他配的专车。徐海东说："这个车是党和人民给我用的，不是给你们用的。"就连公家配发的信封、信纸、墨水，徐海东也一律不许孩子们用。他还教育子女，钱分为两种，一种是公家的钱，私人是不能花的；一种是自己的钱，但也不能随便乱花。

大革命时期，徐海东家族失去了66位亲人。解放后，为了纪念他们，徐海东决定修个烈士墓。尽管亲人们都是为革命牺牲的，但徐海东认为，为他们修墓是"自己家的事"，不能占公家的便宜。他拿出自己养病和老战友送的钱，加上子女积攒的压岁钱，于1949年10月在家乡湖北大悟建成"徐海东亲属烈士墓"。

徐海东对家人"抠门"，对家乡却很慷慨。新中国成立不久，徐海东找安徽省要了40多万株茶树种到大悟，如今这些茶树成为乡亲们的"致富树"。后来，他还筹资修通了从大悟到武汉的公路，帮助家乡建起了烟厂、化肥厂、榨油厂。

"作为一个共产党员，只要你有一口气，不为党工作，就是最大的耻辱。"徐海东用毕生践行了自己的誓言。

在领导干部中，焦裕禄用自己的实际行动，为严以用权树立了典范。2009年3月31日至4月3日，时任国家副主席习近平来河南视察，专程到兰考拜谒焦陵，致敬忠魂。在全县干部群众座谈会上，习近平把焦裕禄精神概括为——"亲民爱民、艰苦奋斗、科学求实、迎难而上、无私奉献"。

习近平这样评价焦裕禄精神："无论过去、现在还是将来，都永远是亿万人们心中一座永不磨灭的丰碑，永远是鼓舞我们艰苦奋斗、执政为民的强大思想动力，永远是激励我们求真务实、开拓进取的宝贵精神财富，永远不会过时。"

焦裕禄一生严格按照一名共产党员的标准要求自己，在工作和生活等各方面从不搞特权和以权谋私。在兰考工作时，他更是身先士卒带领群众奋战在治沙防沙一线。他拒绝向组织申请救济粮票，病重住院时只选择普通病房，不吃营养餐。他不准孩子"看白戏"，要求子女绝不能搞特殊。他对大女儿说："书记的女儿不能高人一等，只能带头艰苦，不能有任何特殊。"他要求干部与群众同甘共苦，专门起草了一个《干部十不准》文件，规定任何干部在任何时候都不能搞特殊。

我们强调把权力关进制度的笼子，但自觉坚持严格用权更重要，因为制度是死的，人是活的。云南省保山原地委书记杨善洲，不为女儿用公权谋求公办教师待遇，也因严以用权而为人们所称颂。

每逢有亲朋请杨善洲办私事，他总是说："我手中是有权，但它只能老老实实用来办公事，在我这里没有后门这回事。"

杨善洲的大女儿辍学回家务农，乡卫生所、供销社让她去工作，杨善洲不同意。他的二女儿初中毕业后想去参加县上招工考试，但由于户口是农村的，不能报考，就请父亲找找人帮她转成城市户口，杨善洲不同意。后来，二女儿到乡下做了代课教师，通过考试转正，至今一直在施甸乡下小学教书。

1993年，杨善洲的孙子杨福李到大亮山林场打工，后因受不了山上的艰苦想去外地。按当初他和林场的签约，干不满5年违约要交罚金。林场的人找到杨善洲，为他孙子说情，"孩子年少，罚金就算了。"他不同意，硬是盯着场里罚了他孙子300元违约金。

对自己和家人严上加严的杨善洲，帮助干部群众解决实际困难充满热情，从不马虎。在杨善洲心中，权力是人民的，他只是为人民来行使权力。

权力是一把双刃剑，如果"剑走偏锋"，就会伤人伤己甚至祸国殃民；如果用得好可以为民造福、建功立业。谷文昌在县委书记任上，率领东山县群众苦战十几载，遍植木麻黄，治服了"神仙都难治"的风沙，去世几十年后还有大批群众自发到他墓前缅怀；高德荣长期坚守在云南省贡山县的独龙江畔，为贫困山区修通公路、发展致富产业，被当地群众亲切地称为"阿摆"（即父亲）……

领导干部只有干干净净做事，堂堂正正为官，才能严以用权，以清正廉洁的良好形象赢得人民群众的信任和支持。这一点，我们从周恩来、徐海东、焦裕禄、谷文昌、高德荣等领导干部的身上，能够深切地体会到。

二、公权不私，私用即盗

有权必有责，失责必追究。若只得意于手中的权力，淡漠或忽略自己应尽的责任，就会导致滥用职权，甚至以权谋私。不论什么人，不论职务高低，一旦权力不作为，乱作为，责任主体就必须付出相应的代价。

法国启蒙思想家孟德斯鸠有一段名言："一切有权力的人都容易滥用权力，这是万古不变的一条经验。有权力的人使用权力一直遇到有界限的地方才休止。"

从本质上讲，一切权力属于人民，为民用权，是行政机关及公职人员的天职。但在实际运行中，由于权力的边界模糊、权力运行过程不够透明、权责不对等、对权力的监督不力等因素，权力就会发生变异。

这种权力变异主要体现为，有的越位揽权，凡是有油水的事情，有关部门千方百计"横插一杠子"；有的错位乱为，一些政府工作人员不给好处不办事，给了好处乱办事，或者兜着圈子办荒唐事；一些政府工作人员缺位不为，推诿扯皮，相互踢皮球，遇到矛盾就躲，遇到困难就让，该出手时不出手，任凭不法不轨行为泛滥成灾。更有甚者，以权谋私，贪赃枉法，走上犯罪道路。

严以用权，就是不以权谋私，就是要做到用权不逾矩。但党的十八大以来，无论是落马的"老虎"，还是"苍蝇"，都是毁于权力的变异。

2010年1月21日，季建业高票当选南京市长后曾说："进了中山门就是南京人。"但几年下来，他砍伐梧桐树、拆城西干道、投巨资上马雨污分流等大量工程，南京这座古城不断被"开膛破肚"，南京城让他整得"秋叶与灰土齐飞，苍天共黄尘一色"。纯粹是，"进了中山门，祸害南京人"。

上任后，季建业立即动用3.8亿元整治市内主要道路，相关开支未经南京市人大批准。2010年7月28日，因施工挖断地下丙烯管道引发震撼全城的大爆炸。相反，他炸掉了南京核心干道之一城西干道高架桥，为建地铁3号线，将南京市主城区许多于上世纪中期栽种的梧桐树等树木砍伐、移栽。一时间，古城几乎沦为工地和机器轰鸣的海洋。

积怨已久的民众称季建业为"推土机市长"，并送外号"季挖挖"。砍伐梧桐树还曾引起一些南京市民的强烈不满。有人发起"拯救南京梧桐树"的活动，参与者过万。季建业胡乱折腾数年，原形逐步显现，他的目的是想建自己的功绩，富自家的财业。

严以用权,就是要铭记"公权不私,私用即盗",坚持执政为民、秉公用权,绝不以权谋私。人民网的报道,罕见地用了"怨声载道"这四个字,形象地表达了季建业主政时南京百姓的怨声,这当然与其不正当使用权力有关。

在如何对待、使用权力上,云南省德宏傣族景颇族自治州政协原主席、党组书记杨跃国也是一个输家。权力,不仅未能照亮杨跃国的人生之路,反而成为他腐化堕落的加速器。在担任德宏州盈江县委书记,德宏州委常委、瑞丽市委书记期间,他利用职务之便在土地使用权出让过程中"权钱交易"、在国家工作人员职务调整中"买官卖官",走上一条不归路。

杨跃国出生在德宏州陇川县的一个小山村,从县农科站的农技人员干到主政一方的一把手,他备尝艰辛。在瑞丽任职初期,杨跃国也确实做了一些实事。后来,他对自己的要求不断放松,权力在他手中已不再是为民造福的公器,而逐渐异化为谋取私利的工具。

杨跃国开始热衷于吃喝玩乐,不仅爱和老板打高尔夫,对抽烟喝酒的"档次"也越来越讲究。身边的工作人员清楚,他抽烟一定要抽高档烟,喝酒一定要喝茅台,如果喝酒时没有茅台,就会批评人。在他的公务车上,随时都准备着两三箱茅台。

与此同时,他在为人办事的过程中"胃口"大开,权钱交易肆无忌惮:收钱不分地点,家里、办公室、酒店等,都成了他以权谋私的场所;"爱好"不论对象,美元、金条、玉石等,都难以填满他心中的欲壑。

杨跃国是"典型的家长制、一言堂"。瑞丽多数干部对杨跃国的评价就是一个字:怕!杨跃国很霸道,如果不按他的意图干事,就要被他"穿小鞋"。

在瑞丽,要用谁、提拔谁都由杨跃国事先决定,会议只是走过场,就连市政府副市长的分工,都要由他来决定。少数干部为了升官争相给他送钱。吏治腐败是最大的腐败,为害最烈、遗祸最深。杨跃国利用手中职权,买官卖官,不但使自己滑向了犯罪的深渊,也给瑞丽的发展带来了难以估量的损失,严重败坏了当地政治生态。

可见,权力是把"双刃剑",可以造就人,用之成就事业,造福一方;也可以腐蚀人,使人身败名裂,倾家荡产。成功与失败、光荣与耻辱、幸福与悲哀,权力的滋味悬如霄壤,实则只在用权者一念之间。

在北宋著名文学家范仲淹千古名篇《岳阳楼记》中,有这样一句脍炙人口的名句:"居庙堂之高则忧其民,处江湖之远则忧其君"。领导干部只有珍视并善用手中的权力,才能切实做到严以用权,让权力造福人民。权力触角不随意延伸,社会和市场的活力和创造力才会充分涌流,人民才能最终得益。

三、斩断与民争利的权力之手

这是一条受到信念支撑和纪律约束的誓词,写在中国共产党党章第一章第六条上:

"我志愿加入中国共产党,拥护党的纲领,遵守党的章程,履行党员义务,执行党的决定,严守党的纪律,保守党的秘密,对党忠诚,积极工作,为共产主义奋斗终身,随时准备为党和人民牺牲一切,永不叛党。"

对照入党誓词中传承自革命年代的牺牲精神，如今和平建设时期，反倒有些党员干部与民争利，处处把自己的得失放在首位，不惜损害群众利益。

比如2011年5月19日，河北省政府派出联合调查组，对香河县用地审批使用，以及土地流转中存在的问题进行全面彻查。据查，从2008年以来，香河县以城乡统筹、建设新农村的名义，通过"以租代征"等方式，大规模"圈占"耕地达万亩以上，以高价卖给开发商。农民为了守住自己的土地，即使采用了拉横幅、放鞭炮鸣警等手段抵制政府强征，也无法抑制政府与民争利的冲动。

此前的2010年12月29日，在国务院新闻办公室就《中国反腐败和廉政建设》白皮书举行的发布会上，中央纪委常委、秘书长吴玉良说，要加强基层党风廉政建设，坚决纠正以权谋私、与民争利的问题。

政府与民争利，说到底就是领导干部与民争利。因为领导干部就是政府的"形象代言人"，是政府各项决策的制定者和实施者。有些领导干部与民争利，归根结底，还是心中那个摆放着老百姓利益与个人利益的天平，严重倾向了自己。

当前的领导干部大多数都是党员，主要责任理应是为民造福。每个领导干部，都可从入党誓词中感受自己肩负的责任。

从古至今，"不与民争利"便是最基本的执政理念。

《史记》有载，"使食禄者不得与下民争利，受大者不得取小。"《霍子列传》里说："善者因之，其次顺之，再次整齐之，最下者与之争。"

在今天，民众对于政府，对于领导干部的要求，不仅不能"与民争利"，还要积极为民众造福，展现个人风采与能力。

中国共产党成立以来，入党誓词的变化与党的历史的发展有着密切的联系，都蕴含着各个时代的印记，反映了时代的特征。

中国共产党的入党誓词共分为5个时期——

红军时期：严守秘密，服从纪律，牺牲个人，阶级斗争，努力革命，永不叛党。

抗日战争时期：我志愿加入中国共产党，坚持执行党的纪律，不怕困难，不怕牺牲，为共产主义事业奋斗到底。

解放战争时期：我志愿加入中国共产党，作如下宣誓：一、终身为共产主义事业奋斗。二、党的利益高于一切。三、遵守党的纪律。四、不怕困难，永远为党工作。五、要做群众的模范。六、要保守党的秘密。七、对党有信心。八、百折不挠永不叛党。

新中国成立初期：我志愿加入中国共产党，承认党纲党章，执行党的决议，遵守党的纪律，保守党的秘密，随时准备牺牲个人的一切，为全人类彻底解放奋斗终身。

十二大以后：我志愿加入中国共产党，拥护党的纲领，遵守党的章程，履行党员义务，执行党的决定，严守党的纪律，保守党的秘密，对党忠诚，积极工作，为共产主义奋斗终身，随时准备为党和人民牺牲一切，永不叛党。

如今的入党誓词有"随时准备为党和人民牺牲一切"的内容，比以前誓词中的"不怕牺牲"内容更充实和严谨，突出了共产党员的特殊风采。

但是，关键的不在宣誓的形式，而是要真正把誓词入脑、入心，成为刻骨铭心的执政理念，才能防止以权谋私、与民争利。

很多老一辈革命家，为了拯救国家和劳苦大众于水深火热之中，毅然放弃优越的家庭生活条件，不惜去抛头颅洒热血。与革命战争年代相比，如今党的领导干部，所面临的生命危险已大为减少，但"权为民所用、情为民所系、利为民所谋",应成为每个领导干部的崇高信仰。

通常,人们都有追求财富的愿望,领导干部也不例外。但当有些领导干部利用手中特权,以挤占其他人利益的方式来实现自己的愿望时,首先就背离了社会对公务人员的基本要求。

在领导干部支配大量资源和权力的今天,更应发扬牺牲精神,防止信仰发生偏差,杜绝与民争利,决不能让"为最广大人民谋利益"成为一句空洞口号。

事实上,与民争利的现象时有发生。从近年情况来看,政府与民争利现象,多发生在房地产、交通、教育等民生领域。

近年来,一些地方公路乱象被不断曝光——只罚款不开票,罚款进个人口袋;罚款和财政分成,请领导喝酒按摩;每辆车平均一年罚款3万元作为一种民生工程,公路异化为有关部门牟利的工具,被视为政府与民争利的一个典型。有统计显示,全国各种过路过桥费已高达运输企业成本的1/3。

上世纪90年代,因公路乱设站卡、乱罚款、乱收费现象普遍,增加了物流成本,还使民怨沸腾,因此,从1994年起,中央对公路"三乱"不断进行治理,但多年之后,公路"三乱"似乎依然严重。

令民众诟病的房地产暴利更是如此,以往每次调控措施都收效甚微,根源同样在于不少地方政府与民争利势头不减。

当前政府与民争利的现象非常普遍。比如有的地方政府为了卖地,从老百姓手里低价拿地,转手以几十倍的高价出售。贵州"瓮安事件"的背后,也是当地干部办企业现象的普遍化,矿产资源开发、移民安置、建筑拆迁、国企改制中侵犯群众利益等诸多问题的长期积累沉淀。

特别是,有些领导干部"抱团"与民争利现象令人堪忧。2010年5月,山东省日照市被曝在市区"绝版"黄金地段兴建3500套领导干部住宅。

与此同时，陕西省眉县也陷入舆论漩涡，据媒体披露，该县首个大规模经济适用住房"城市美景"小区开工，首期610套有409套分给了县委、县政府下属各部门人员。

2010年8月9日，在北京市海淀区限价商品房审核公示的名单中，188名申请人都是国家知识产权局的工作人员。在家庭年收入一栏，最少的一个4人家庭的年收入只有11.1元。这是继"山西忻州限价房成公务员小区"、"海口数千套限价房专供干部"、"农业部被曝分800套限价房"等新闻后，又一次公务员"团购"限价房引发的舆论热潮。

政府与民争利，或领导干部被利益集团挟裹与民争利，已成为威胁社会和谐稳定的主要因素之一，以往群体性事件频发，多发源于民众的利益和权益受到了侵犯。这既与体制不完善有关，也与一些领导干部的思想意识错误、工作作风不端正有关。

有些领导干部与民争利，主要是手中权力太大，而又得不到有效约束，就容易滥用权力。有些领导干部考虑自身利益过多，也使得对改革疑虑重重，担心改革碰触影响自身利益，并对改革以种种理由搪塞。即使压力太大非改不可，也往往以种种花招拖延不改，或改头换面，名改实不改。在以往的企业改制、房屋拆迁、土地征用和公共建设中，总能找到官商勾结的影子，一些领导干部往往被身边唾手可得的利益所驱使。

从历史角度来看，官与民争利，几乎是中国以前不断改朝换代的一个根本原因。当今领导干部与民争利，严重混淆公权与私利的界限，加剧了官民对立。

中国经济越发展，越要让民众享受到改革开放的成果，政府不但不应与民争利，甚至应"为民争利"。

当今政府拥有极大的配置资源和分配财富的权力，如何让政府既发挥好再分配的职能，又不要把社会财富再分配到自家的腰包中去，是一个需花大力气解决的难题。

要有效破解政府与民争利,必须依靠法治。如果政府部门与民争利,损害群众利益,那么作为政府"形象代言人"的相关领导干部,要受到民众的监督和社会舆论的批评及相应的法律制裁,从而使其付出应有的代价。

要有效破解政府与民争利,领导干部要摆正个人权力观、利益观,切实把民生当成自己的事情去办。相关权力部门则应加强监管,建立起科学的用人观和考核观,对于"与民争利"之人,应坚决惩处,决不姑息。

要有效破解政府与民争利,要尽快建立完善而健全的领导干部财产申报公示制度。因为政府与民争利的背后,不排除领导干部的私欲,而财产申报可很大程度抑制其与民争利的冲动。

要有效破解政府与民争利,应通过改革赋权于民,实现限制政府和领导干部权力的目的。让更多的民众对领导干部行使选举、弹劾、罢免、监督、质询等一系列民主手段,决定领导干部的命运。因为,有些地方政府和领导干部之所以敢与民争利,关键是领导干部的命运是掌握在"上级"手中。

要有效破解政府与民争利,党内民主和人民民主建设还需进一步完善。第一,加大党的各级代表大会代表中普通党员的比例,让占绝对多数的普通党员的意志得以切实表达,避免党的权力脱离广大普通党员的危险;第二,党内选举中直接选举范围有待扩大;第三,差额选举的差额比例和竞争性应进一步提高。

要有效破解政府与民争利,要充分发挥党的各级代表大会的作用,切实保障广大普通党员民主权利,须加快党代表任期制、常任制试点改革,提高党的各级代表大会的影响力,使其履行对各级党委的监督制约。

要有效破解政府与民争利,应以党内民主带动人民民主。宪法规定,人民通过人民代表大会制度行使当家做主的权力。人大在代表人民的意志，维护人民的利益中，应当通过宪法规定的途径，质询政府，问责政府，监督政府。甄别"政府与民争利"的行为，并且行之有效地进行阻止。

要有效破解政府与民争利，需要改进舆论监督机制，维护网民的充分议政权力，来有效增加民众权力，以形成对领导干部权力的有效制约，进而建立完善的社会利益协商机制。

要有效破解政府与民争利，党员干部要以党的宗旨和入党誓词中的"牺牲精神"来对照，理当按照中央要求的"以无私无畏的勇气和魄力"，在社会利益的分配和调整中，"为民谋利，造福人民"。

四、法无授权不可为

明朝开国皇帝朱元璋，是继汉王刘邦之后又一位贫农出生的皇帝。《明史·杂俎》里有这样一则杂记：

一日早朝，朱元璋突然问群臣这样一个问题："天下何人最快活？"有言金榜题名最快活，有言富甲天下最快活，有言功成名就最快活……朱元璋听后颇为不悦。沉默片刻，一个名叫万钢的答道："畏法度者最快活。"朱元璋顿时大悦，夸其见解"甚独"。

"畏法度者最快活"，道理浅显。大凡畏法者，必尊法守法，不会去干见不得人的事，也用不着每天提心吊胆过日子，没有这份忧虑，自然活得洒脱快活。所谓法度，从大的方面讲，就是法律法规，从小的方面讲，就是纪律以及具体化的的规章制度。

在中国，随着依法治国理念不断深入人心，已经不可能有凌驾于党纪国法之上而绝对自由的特殊人物。每一名干部都有必要牢记权力是党和人民赋予的，干部手中的权力作用在于为民服务，为民造福。

严以用权是党员干部从政为官的核心。要想通过严以用权这门"专业课"，必须树立正确的权力观，牢记"权乃民所赋"。只有搞清楚了权力的来源，才会更加自觉地对人民负责，为人民用权，才能赢得人心。

严以用权，关键就是要打破"人治思维"，让领导干部敬畏人民、敬畏权力、敬畏法制，内省于思，勇于自我批评，才不会让特权思想和特权现象滋长蔓延，真正做到严以用权，做到"法无授权不可为"。

"法无授权不可为，法不禁止即自由"是一句法谚，源于17、18世纪的西方，是卢梭《社会契约论》、孟德斯鸠《论法的精神》的相关表述与延伸。所谓的法无授权不可为，指国家公权力的行使必须经过法律授权。

要做到"法无授权不可为"，既要树立"严以用权"的观念意识，更要建立健全规范约束用权的规则制度，让规则制度成为"严以用权"的刚性保障。

首先，"严以用权"要求厘清政府的权力清单。党的十八大强调要提高领导干部运用法治思维和法治方式深化改革、推动发展、化解矛盾、维护稳定的能力。十八届四中全会《决定》提出推进各级政府事权规范化、法律化，推行政府权力清单制度，坚持法定职责必须为、法无授权不可为。

其次，"严以用权"要求建立依法决策的规则制度。十八届四中全会《决定》提出行政机关"法无授权不可为"，新修改的《行政诉讼法》将红头文件等抽象行政行为列为司法审查对象，让红头文件不再是权威，给行政权力这匹脱缰的"野马"套上了"马鞍"。《决定》提出，要健全依法决策机制，把公众参与、专家论证、风险评估、合法性审查、集体讨论确定为重大行政决策法定程序，同时建立重大行政决策责任追究制度和责任倒查机制。

第三，"严以用权"要求完善行政执法体制机制。确保在权力行使上变"自由裁量"为"规范运行"：一是建立全面履行事中事后监管职责制度，依法惩处各类违法行为，加大关系群众切身利益的重点领域执法力度。二是建立严格规范公正文明执法制度。三是建立行政裁量权基准制度，细化、量化行政裁量标准，规范裁量范围、种类、幅度。四是建立健全行政执法和刑事司法衔接机制，完善案件移送标准和程序，建立行政执法机关、公安机关、检察机关、审判机关信息共享、案情通报、案件移送制度，坚决克服有案不移、有案难移、以罚代刑现象，实现行政处罚和刑事处罚无缝对接。

第四，"严以用权"要求推进政务公开强化制约监督。2008年5月1日实施的《中华人民共和国政府信息公开条例》规定："各级人民政府应当加强对政府信息公开工作的组织领导。"各地宜全面贯彻落实，切实推进了包括决策公开、执行公开、管理公开、服务公开、结果公开等政务公开内容。

在推进政务公开的基础上，加强对政府内部权力的制约，是强化对行政权力制约的重点。

第三章
让人民监督权力

　　我们都知道，1945年，毛泽东同志在回答黄炎培提出中国共产党如何跳出中国历代王朝兴亡的历史周期律时说：只有让人民来监督政府，政府才不敢松懈；只有人人起来负责，才不会人亡政息。我们党是中国工人阶级的先锋队，同时是中国人民和中华民族的先锋队，我们党的宗旨是全心全意为人民服务。只要我们始终坚持党的性质和宗旨，不变色，不变质，就一定能够跳出这个历史周期律。

　　——习近平2013年4月19日在十八届中央政治局第五次集体学习时的讲话

第一节　要创造条件让人民监督政府

> 接受人民批评和监督,不是政府对人民的"恩赐",而是权力的题中应有之义。人民也应该在积极争取和大胆行使自己的批评、监督权的过程中,为自己的权利实现拓展空间,使人民对政府监督权尽快走向"必然"。

2010年3月5日,十一届全国人大三次会议开幕,温家宝在《政府工作报告》中指出,要"努力建设人民满意的服务型政府。努力提高执行力和公信力。""创造条件让人民批评政府、监督政府,同时充分发挥新闻舆论的监督作用,让权力在阳光下运行。"此言一出,人民大会堂内掌声响起。

此前的2009年2月1日,温家宝在伦敦接受英国《金融时报》主编巴伯的专访也说道:"只有人民信任你,人民才能让你坐在台上。一个政府不应该怕人民,应该创造机会让人民监督和批评政府。"

政府权力来自民众,民众批评政府、监督政府是正当的权利。"创造条件"是一种对批评和监督的开放精神和勇气胆识。对政府来说,就是"创造"宽容和支持的环境和制度,而不是阻挠、打压对自己的批评和监督。

一、"窑洞对"的历史回音

1945年7月4日，陕北古城延安。

在杨家岭一孔普通的窑洞中，毛泽东正与一位来自大后方的民主人士谈论一个颇为沉重的话题。

黄炎培，这位民盟、民建两大民主党派创始人之一的爱国民主人士，对谙熟中国历史和哲学的毛泽东说："我生60余年，耳闻的不说，所亲眼见到的，真所谓'其兴也勃焉，其亡也忽焉'，一人，一家，一团体，一地方，乃至一国，不少单位都没有能跳出这周期律的支配力。大凡初时聚精会神，没有一事不用心，没有一人不卖力，也许那时艰难困苦，只有从万死中觅取一生。继而环境渐渐好转了，精神也就渐渐放下了。有的因为历时长久，自然地惰性发作，由少数演为多数，到风气养成，虽有大力，无法扭转，并且无法补救。也有为了区域一步步扩大了，它的扩大，有的出于自然发展，有的为功业欲所驱使，强求发展，到干部人才渐见竭蹶，艰于应付的时候，环境倒越加复杂起来了，控制力不免趋于薄弱了。一部历史，'政怠宦成'的也有，'人亡政息'的也有，'求荣取辱'的也有。总之没有能跳出这周期律。"

黄炎培问毛泽东："共产党能不能跳出这个周期律呢？"

此时，离抗战胜利指日可待，中国上空正悬着一个"向何处去"的巨大问号。

黄炎培问得很坦率，毛泽东回答得也很干脆。他思索一下，从容地说："我们已经找到新路，我们能跳出这周期律。这条新路，就是民主。只有让人民来监督政府，政府才不敢松懈。只有人人起来负责，才不会人亡政息。"

这段著名的谈话，史称"窑洞对"。

毛泽东的这个回答是中国共产党人关于民主执政的警世名言。而这样的民主言论，在延安时期毛泽东的谈话和文章中随处可见。1944年6月，他在会见中外记者西北参观团时指出，"中国是有缺点的，而且是很大的缺点，这种缺点，一言以蔽之，就是缺乏民主。中国人民非常需要民主"，"民主必须是各方面的，是政治上的、军事上的、经济上的、文化上的、党务上的以及国际关系上的，一切这些，都需要民主。"他还指出，国事是国家的公事，"不是一党一派的私事"，因此，共产党"应该受人民的监督，而不应该违背人民的意愿。它的党员应该站在民众之中，而决不该站在民众之上"。

中国共产党人这样说，也这样做。在陕甘宁边区和各抗日根据地，中国共产党依靠民众，通过民主普选制、参议会制、"三三制"等制度和方式，构建人民参政议政的平台，保证人民当家做主。仅以普选制为例，陕甘宁边区于1937年、1941年、1946年进行了三次民主选举，参加的选民占总选民比例分别是70%、80%、82.5%。民主普选制激发了边区人民参政议政的热情。

其中，人们津津乐道的"投豆选举"，就充分说明延安民主的发展程度——

延安革命纪念馆展厅，有一幅老照片让人印象深刻：一张长桌上，放着8只碗，农民们争相向自己看好的候选人碗里扔黄豆，投上神圣的"一票"。

陕甘宁边区是全国实行民主政治的模范。1937年2月，党中央就酝酿在这里实施普选制度，并于当年5月颁布了选举条例。"由于文盲众多，投豆就成为不识字选民行使选举权的一种方式。"

从1937年5月至1946年3月，陕甘宁边区共进行了三次民主选举。

发表竞选演说、看政绩、无记名、罢免制、新闻舆论监督……边区人民以"一颗豆豆要顶一颗豆豆事哩"的严肃态度，选出自己信任的"官"和政府，领悟到"民主就是咱大家来当家"的真谛。

当时流传的一首《乡选歌》，就反映了群众的心声："男女都来到，会议开热闹，检讨工作真不少，全要转变好；边区要发展，选举要广泛，选举好人把事办，生活能改善……"

对于权力，中国共产党人并不忌讳。从成为执政党开始，中国共产党就强调党的权力来自人民。在理念层面上，认识到权力监督的重要性，但由于权力过于集中，缺乏监督与制约，有时给党和国家带来了严重灾难。

在经历了"文化大革命"的浩劫之后，邓小平更加重视权力监督问题："要有群众监督制度，让群众和党员监督干部，特别是领导干部"（《邓小平文选》第1卷，第332页），"要坚持共产党的领导，当然也要有监督，有制约"（《邓小平文选》第3卷，第256页）。

1993年3月，江泽民在八届全国人大一次会议党员负责人会议上指出："在我们国家，任何人都要接受监督。掌握权力而不接受监督，必将导致腐败。"十五大把完善民主监督制度作为政治体制改革的五大任务之一，提出"要深化改革，完善监督法制，建立健全依法行使权力的制约机制"。

2004年9月，胡锦涛在首都各界纪念全国人民代表大会成立50周年大会上指出："权力不受制约和监督，必然导致滥用和腐败。"

2012年12月24日，在寒风扑面的北京。刚刚当选为中共中央总书记不久的习近平冒着零下十几度的严寒走访八个民主党派中央和全国工商联驻地。在民建中央，也就是黄炎培先生参与发起成立的民主党派，习近平语重心长地重提旧事：毛泽东同志和黄炎培先生当年在延安窑洞关于历史周期律的一段对话，至今对中国共产党都是很好的鞭策和警示。

习近平重提"窑洞对"，意在告诫履新不久的党中央领导集体，务必牢记"大凡初时聚精会神，没有一事不用心，没有一人不卖力……继而环境渐渐好转了，精神也就渐渐放下了"，"环境倒越加复杂起来了，控制力不免趋于薄弱了"的忠告。党的最大政治优势是密切联系群众，执政后的最大危险是脱离群众。

如今，中国共产党只有居安思危，增强忧患意识，自觉接受人民监督，常听、爱听、细听真话、诤言、逆耳言，克服脱离群众的危险，始终代表人民群众的利益，才能确保党的事业生机勃勃，党的执政地位坚如磐石。

二、人民监督难在何处

2013年2月6日下午，习近平在中南海邀请各民主党派中央、全国工商联新老领导人和无党派人士代表欢聚一堂，共迎新春。他指出："要继续加强民主监督。对中国共产党而言，要容得下尖锐批评，做到有则改之、无则加勉。"

此前的各届政府，高层也有曾表示"创造条件让人民批评政府、监督政府"，这些表述，一度在公众中引起强烈反响，而多位地方领导干部，更是在不同场合做出积极回应，并表示欢迎媒体监督和批评。

从现实状况来看，如果要把"创造条件让人民批评政府、监督政府"落到实处，就要从制度上保障负责任的公民能够安全地监督、批评政府及领导干部，尤其是法律不能苛求公民对政府及领导干部的批评百分之百准确，要在制度上剔除"诽谤官员"之类的荒唐逻辑。

中国古代不少官员能开门纳谏，最早可追溯到原始社会末期的尧舜时代。据《史记·文帝本纪》记载：

古之治天下，朝有进善之旌、诽谤之木，所以通治道而来谏者。今法有诽谤妖言之罪，是使众臣不敢尽情，而上无由闻过失也。

这里所说的"古之治天下"，指的就是尧舜治理天下的时代。所谓"进善之旌"，乃是尧在位的时候在朝廷前设置的一面旗帜，它的作用就是让老百姓站于这面旗帜下向他直陈对政事的意见、建议和批评，只要是站在这面旗帜下说的话，不管内容对错，也不管语言是否尖锐，一律不追究责任。

古人尚且能如此，而今天的领导干部，更应该有这样的度量。正因为如此，近年来，中国公民因以发短信、发帖等方式批评一些地方领导干部，被冠以"诽谤罪"而遭牢狱之灾的个案一直在重复上演。

2008年1月1日出版的《法人》杂志（法制日报社主办）刊发了记者朱文娜采写的《辽宁西丰：一场官商较量》。因为该篇报道涉及时任辽宁省铁岭市西丰县县委书记的张志国，1月4日，西丰县公安局多名干警赶到法制日报社对该记者进行拘传，未果。

"西丰警察进京抓记者事件"一时成为全国性大新闻。

2008年2月4日，铁岭市委召开常委会议，认为张志国在进京拘传记者事件中负有不可推卸的直接领导责任，决定责令张引咎辞职，并向市委写出深刻检查。张志国深刻认识了错误，并于当日向组织上递交了书面检查和辞职报告。2月5日，市委到西丰县宣布了免去张志国西丰县委书记的决定。

最鲜活的事例，还包括"彭水诗案"、"志丹诽谤案"、"稷山诽谤案"、"灵宝帖案"等,这些案例经常被作为反面典型引用。

以往舆论就这些个案对法盲领导干部"教育""引导"过多次,诽谤案属于自诉案件,公权力不能介入。但有些地方却明目张胆地给网民扣上"诽谤官员"或"诽谤政府"的罪名,甚至对批评者公诉。

2015年1月,浙江省宁波市78岁老人谢阿四被鄞州区人民检察院提起公诉,称其两年间叫他人帮忙发帖举报当地数名领导干部,捏造虚假事实、破坏多人名誉,以诽谤罪追究其刑事责任。

起诉书称,经审查查明,2012至2014年,被告人谢阿四在微博、天涯等处,叫他人帮忙发布《六根金条案为何消踪灭迹》等博文、帖子。起诉书认为,谢阿四"捏造官员褚某受贿6根金条、6000美元、6000元人民币、6条大中华,郑某私卖土地、账本不移交等虚假事实,破坏褚某、郑某等人的名誉。"

根据刑法,诽谤罪属于自诉案件,但同时规定,"严重危害社会秩序和国家利益的"等七种情形,应由公安机关立案侦查,由检察院来公诉。这给一些领导干部可操作的空间,权力的"任性"令人感到恐惧和无奈。

从迄今曝光的"诽谤官员"案件分析,这类案件发生规律大都这样——先是由警方追究"诽谤者",然后激起媒体与公众群起鸣不平,最后是警方或撤案,或道歉,或赔偿,为"诽谤者"洗刷"罪名",直至追究办案者责任。

按理说,公民批评和监督政府,是宪法赋予的正当权利。采用匿名举报也好,发短信、发帖公开批评也好,都是可行的方式。公开批评势必影响地方政府,尤其是直接责任领导干部的声誉和利益,所以一些领导干部就会利用手中的权力,甚至动用国家机器来限制和剥夺公民自由批评的权利。

以遭到"诽谤"为名,动用公检法机关对批评者进行关押、审判,是一些问题领导干部的常用方法。而未查清事实真相,就对公民采取强制措施与审判,不排除背后是受问题领导干部的权力驱使,把"诽谤"当成掩盖问题领导干部腐败真相、打击报复异己者的幌子。

唐代贤臣魏徵在《谏太宗十思疏》中说:

凡百元首,承天景命,善始者实繁,克终者盖寡。岂取之易守之难乎?盖在殷忧必竭诚以待下,既得志则纵情以傲物;竭诚则胡越为一体,傲物则骨肉为行路。虽董之以为严刑,振之以威怒,终苟免而不怀仁,貌恭而不心服。怨不在大,可畏惟人;载舟覆舟,所宜深慎。

这里阐明了一个政权在"守成"之中最容易出现的问题及其深刻原因,任何执政者值得以此为鉴。在中国现实环境中,执政者最大的危险就在于脱离群众。把群众的批评、质疑、指责轻易地说成是诽谤,其危险性就在于不明白"载舟覆舟,所宜深慎"的道理,与群众的关系出现渐行渐远的倾向。

公民批评监督政府的问题,是当前社会比较关注的问题,尤其是随着网络监督异军突起,这种问题就尤显重要。这几年网络事件经常发生,比如周老虎案、躲猫猫案、邓玉娇案等等,公民都通过网络对政府进行了有效的监督。这有其深层次的背景——除网络技术快速发展外,中央对网络监督,包括公民监督批评政府的态度,都传递出明确肯定的信息。

但遗憾的是,领导干部打击报复批评者的案件,还是不断发生,由此反映出来的问题也非常深刻。首先，有些领导干部心态没有摆正，"皇权思想"作怪，一挨公众批评，就受不了；其次，有些领导干部位置没有摆正，以前习惯高高在上，当网络时代导致这种权威逐渐丧失后，还一时无法适应，容易与公众产生对峙心理；再有，制度法制不完善不健全，除政府信息公开条例外，没有制度来保障公民能安全地监督和批评政府及领导干部。

此外，领导干部打击报复批评者的案件不断出现，也同以前对这样的违纪违法领导干部处置太轻，缺乏必要的威慑力有关。

"诽谤罪"是一项很古老的罪名。据清末法学家沈家本的观点，诽谤罪入法始于秦，为远古所无。先秦时尽管发生过"周厉王止谤"之事，但一直被当成反面教材。

最近几年，中国出现的"诽谤官员"案件，大多出现在县区一级的政府领导干部身上，尽管是以"诽谤官员"的罪名对公民追责，却基本是公诉案件，极少见"被诽谤"的领导干部作为原告出现。被认定的"诽谤者"，几乎没有机会与自己"诽谤"的领导干部对簿公堂。

诽谤罪是指故意捏造并散布虚构的事实，损害他人人格和名誉，情节严重的行为。根据中国刑法第246条第2款的规定，诽谤罪属于告诉才处理的案件，但是"严重危害社会秩序和国家利益的除外"。

还有，根据中国法律规定，诽谤罪是以自诉为原则，以公诉为例外的罪名。只有诽谤行为"严重危害社会秩序和国家利益"时，才不受被害人"告诉才处理"的限制，可由公安机关立案侦查、检察机关提起公诉。

可现实的情况是，以往这些"诽谤案"一旦发生，有关部门不是尽快查清事实，核查帖子内容真伪，而是按"有罪推断"的方式把矛头对准批评者，迅速地作出了公民诽谤罪成立的相关决定。

这样的结果，就是问题领导干部往往利用其掌握的公权力，将公民的行为上纲上线，归入"严重危害社会秩序和国家利益"之列，以打击"诽谤罪"为掩护，从而控制和消除对其不利言论的扩散，监督和批评政府的公民，反而成为受害者。这种做法不但严重破坏法治建设，而且在权力驱使下违法办案，以至人为制造冤假错案，肆意侵犯公民合法权益。

更为严重的是，这使本来的个人与个人之诉，变成个人与政府和国家司法公器的对垒，扩大激化矛盾的范围，不但严重损害了法律的尊严和政府的公信力，也使公民的合法权益失去司法公平的保护。

这些危害性也曾经引起了高层的警惕。公安部 2009 年下发的《关于严格依法办理侮辱诽谤案件的通知》指出："近年来，少数地方公安机关在办理侮辱、诽谤案件过程中，不能严格、准确依法办案，引起了新闻媒体和社会各界的广泛关注，产生了不良的社会影响，损害了公安机关形象和执法公信力。"

这一通知还指出，"一些群众从不同角度提出批评、建议，是行使民主权利的表现。如果将群众的批评、牢骚以及一些偏激言论视作侮辱、诽谤，使用刑罚或治安处罚的方式解决，不仅于法无据，而且可能激化矛盾。"

从公安部下发的这个通知来看，比较正面地肯定了公民的批评监督权利，而对以侮辱、诽谤的司法罪名控制言论的危害性有了清醒的认识。这个通知针对某些地方领导干部的这种"治人"手段提出了严厉批评，并强调了要严格依法办理案件。不论收效如何，其人性化意见以及规劝意图非常明显。

尽管以往的"诽谤官员"案中，也存在个别公民过当或批评举报与事实有出入的问题。但理性地讲，在现代法治社会，公民与政府掌握的信息很难完全对等，因此法律的设计上必须容忍公民对政府错误的、不公平的批评，否则只会从根本上将公民的监督权、批评权取消。

在法治发达的国家，政府不存在被公民"诽谤"的问题，因为政府的形象建立在法治与公信基础之上，而不会因为公民批评而严重受损。按这种理念，法国上世纪60年代就从刑法中删去了诽谤条款。需要指出的是，许多国家不再通过刑事立法保护名誉权，并非这些国家不认为名誉权重要，而是把救济方式转向了私法责任，这样既可对被害人给予有效赔偿，同时又可在很大程度上避免拥有权力者以公权打击报复批评者。

现在有些地方政府及领导干部听不得公众的任何批评，这是一种不正常现象。公民对政府及领导干部具有监督权和批评权，这是宪法赋予公民的基本权利。

根据《宪法》第41条规定："中华人民共和国公民对于任何国家机关和国家工作人员，有提出批评和建议的权利；对于任何国家机关和国家工作人员的违法失职行为，有向有关国家机关提出申诉、控告或者检举的权利。"

在中国社会转型的情况下，政府及领导干部应拓展多种民意表达渠道，自觉接受公民监督和批评。不能把公权作为个人谋私利的工具，更不能作为打压公民言论自由的工具。政府只有在公民的监督下，才能少走弯路，所以即使有时公民批评得不完全准确，领导干部也应抱"有则改之，无则加勉"的态度面对。

要根除公民"因言获罪"现象，政府要有勇气反思地方行政体制、司法运作模式，以及权利救济渠道等存在的问题，并做出深层次改革，这也是建设法治社会、建设和谐社会应有之义。

在法治社会里，言论自由与公正审判，构成国民共同的根本价值观。公权机关必须置于公民的监督之下，公民对政府的批评可能有不准确的情况，但这种不准确并不能随意被认定为犯罪。公民有言论自由，有批评政府的自由，只要不是恶意捏造事实，就不应被追责。

要有制度保障公民的监督权、批评权，至少要做到公民批评政府及领导干部后，不会受到追究。一方面，政府及领导干部应采取积极主动的态度，通过多种渠道，向社会和公众阐述政府的执政理念和观点，以促进双方更多的互信；另一方面，要改进网络管理方式，摈弃传统上"捂"的做法，对于政务信息要尽量公开，不能公开的，要对公众作必要解释，以消除不必要的误会。

在诽谤罪中，"严重破坏社会秩序和国家利益"还缺乏细化的司法标准，为公权力的滥用留下了制度上的缺口。有必要以立法或司法解释的形式，对诽谤罪"严重破坏社会秩序和国家利益"做出明确的限制性解释，或者规定特殊的排除犯罪事由，从而防止"诽谤罪"被扩大适用，以增加言论自由的空间，保障公民的监督权和批评权不受侵犯，使社会"泄压阀"保持畅通，以赢得社会的和谐与政权根基的稳定。

同时，应从国家立法层面进行统一，废止此类案件的公诉条款，在刑法中规定其全部为自诉案件。领导干部如果觉得自己是"受害人"，比如针对所举报和批评的事件及时进行信息公开，通过新闻发言人及时消除公民的误解，或者通过个别的解释来消除误会等。也可以自行向法院提起刑事自诉，以此避免个别领导干部公器私用、打击正常的舆论监督和批评。

在追究违法执法人员责任的同时，对背后发号施令的"权力魅影"，更应严厉问责，让其付出沉重代价，给予警告、记过、记大过、降级、撤职、开除处分，情节严重的应追究相应的刑事责任。

作为具有现代执政理念和执政能力的领导干部，面对群众的批评、质疑、指责，应该首先反省自己的工作中是否有缺点、表明党和政府的积极态度、抓紧解决群众所反映的问题，这才是人民公仆应有的态度。

三、人大代表要"代表人民"

铁飞燕，出生于云南省昭通市的一个回族农村家庭。她是云南省普洱渡收费站一名收费员，但她还有另一个令人瞩目的身份——"90后"全国人大代表。

2013年当选十二届全国人大代表，她在两会上提出了两份议案，一份是关于学前教育的议案，另一份是关于留守儿童的议案。2014年两会，她的议案都与农村有关，包括留守儿童教育，还有地方经济发展。

2014年3月，人民网报道了铁飞燕的履职情况：

对于过去一年身为人大代表履职的情况，铁飞燕表示主要是参与调研，她告诉记者，此前云南省人大组织的两次调研，她都因在北京开全国妇女代表大会没有参加。"我这一年基本都是自己去调研，主题是农村留守儿童、农村边远山区及城中村流动儿童的义务教育情况。"

……

铁飞燕表示，要让更多的人知道边远山区最真实的教育情况，去帮助解决这些孩子的教育问题。"这是身为人大代表履职的责任和使命"。

除了上述调研活动，铁飞燕这一年来还进行了其他调研活动，包括农村低保问题、学前教育问题、城市流动儿童的就学、未成年人犯罪率、未成年人保护等，"总体侧重农村教育"。

有关铁飞燕调研的消息也屡见报端，2015年2月11日，她前往彝良县海子乡骑龙小学调研。她此行的主要目的调研农村留守儿童的生活和学习状况，并为那里的留守儿童送去了价值5000元的图书。2013年2月到5月，她3次进入昆明市外来人口聚集的船房村调研，了解村里孩子的生活和学习。在向当地政府提交的报告中，她提出了加强城市学校建设力度的若干建议。

当上全国人大代表后，铁飞燕觉得，人大代表是人民选出来的代表就要为人民说话，要多为弱者说话。"不是简单地去听别人说、而自己什么都不说,应该踊跃地发表自己的意见,多谈谈自己调研的实际情况。"

铁飞燕总结了当好人大代表的"秘诀"：

"多练练腿功，多到基层走走，深入到群众之中；多练练耳功，听人民群众反映他们的所思所想；多练练脑功，认真研究想出可行的建议反映到相关部门；还要多练练嘴功，就是能够代表民声说出民意。"

这是一位"90后"全国人大代表的履职之路，给我们留下诸多启示。

全国人民代表大会代表是最高国家权力机关组成人员，地方各级人民代表大会代表是地方各级国家权力机关组成人员。人大代表经过民主选举方式产生，代表人民行使国家权力，具有广泛性、代表性、先进性。

人大代表依法履行职责所享有的特定的行为权，包括代表在人大会议期间、闭会期间的权利以及代表执行代表职务的保障。根据宪法和有关法律规定，人大代表主要享有审议权，表决权，提名权，选举权，提出议案权，质询权，提出罢免案权，提出建议、批评、意见权，提议权，言论表决免究权，人身特别保护权，执行代表职务保障权等。

可见，人大代表是一种政治身份，这一身份具有人民授予性，因为他是人民选举的参与管理国家事务的"代言人"。

人大代表如何履职,使这项制度能取得良好的成效呢?

首先,要有"民本"情怀,倾听群众呼声。中国宪法明确规定:"中华人民共和国的一切权力属于人民。人民行使国家权力的机关是全国人民代表大会和地方各级人民代表大会。"

人大代表来自人民群众,分布在各条战线、各个阶层以及社会各个方面,只有经常保持与选民和群众的联系,自觉接受选民和群众的监督,才能在执行代表职务时真正代表人民群众的意愿和要求。

人大代表不仅是一种政治荣誉,更是一个神圣的职务。人大代表在行使监督职能过程中,要做到准确而有效,就必须强化民主意识,密切联系群众。经常到群众中去广交朋友,交挚友,交诤友,让人民群众把代表真正当成自己的贴心人,树立权威,形成凝聚力、号召力。不断了解群众的所急所需,了解社会的热点问题,以便上情下达及时反映他们的意见和建议。

其次,准确"定位"自身,工作积极到位。身为人大代表应责无旁贷地积极进入"角色",努力践行"人民选我当代表,我当代表为人民"的庄严承诺,努力在有限的任期内,积极主动地履行代表职责,做个名符其实的人大代表,不负重托,不辱使命。

也就是说,人大代表须有角色意识,时刻记住要为人民说话,要敢于行使自己手中那一票的权利。人民选举人大代表,不是要他来"打酱油"的。如果人大代表不敢说不,或者不愿说不,就辜负了人民的信托,就是不称职。

人大代表履行职责,既要积极主动,又要讲求实效,正确处理好"在位"与"有为"的辩证关系,认识到要想"有位"必须"有为",在任期内尽心尽力地要"去为",要"有所为"。

第三，要有好学之心，不断提高履职能力。人大代表多为某个行业的专家，但并不等于就有参政议政的能力。人大代表只有不断加强学习，提高自身素质，才能高水平地履行代表人民行使国家权力、管理国家事务的职责。

作为一名人大代表，既要加强对宪法、各级组织法、选举法等与人大代表有关的法律法规的学习，也要对党在各个时期的大政方针、国内外形势有所了解。新形势下，人大代表必须不断更新知识，提高辨别与判断是非的能力，才能对新时期人大代表的地位和作用有正确的认识和深刻的理解，才能保证在参与国家管理、行使人大职权中，做到准确、有效。

第四，调研求真务实，敢于直言不讳。人大代表要多搞调查研究，立足实际，切实抓好每一件事情，深刻体会"群众利益无小事"的含义，做公民忠实的"代言人"，做到"情为民所系、权为民所用、利为民所谋"。

《代表法》规定："人大代表在人民代表大会各种会议上的发言和表决，不受法律追究。"敢言、不怕得罪人，是一个人大代表最起码的行为准则，也是一项最基本的职责。人大代表无论身份高低、职务大小，都应该讲实话、说真话，否则就愧对人民群众的信任和重托。

第五，要做到一身正气，两袖清风。人大代表必须把人民利益高于一切作为自己的行为准则，严格要求自己，成为两袖清风、脚踏实地、廉政为民的典范。

每位代表都应该认识到，人大代表的权力都是人民群众赋予的，要廉洁自律，坚持操守，要代表人民群众管理好国家事务，不能以权谋私。决不能干明里一套、暗里一套的勾当，要维护好人民群众的信任，履行好代表职务。

在人大监督的历史上，有许多故事让人记忆犹新。

1986年1月10日，六届全国人大常委会举行第十四次会议，57位常委会委员提出了"国家应增拨专项经费用于加强师范教育的议案"，其中心内容是，要求国家财政划拨15亿元专款加强师范教育，培养合格师资。57位委员就增加教育经费问题共同提出议案，在人大历史上是没有先例的大动作。之后，又有49位全国人大代表提出了类似建议。

一时间，这件事成了代表、委员直到委员长会议关注和热议的焦点。在财政收入不高的现实状况下，应不应增加财政对教育的投入？用什么办法增加投入？各种想法都提了出来。经过一番调研，国务院决定当年3月即增拨6.5亿元教育经费，决定在"七五"期间中央财政安排补助地方发展师范教育、义务教育的专款，再增拨6.5亿元，合计共增拨13亿元。常委会组成人员听后，感到满意。

人大代表在其位就要谋其政、尽其责，要敢于担当。但现实中却有一些人大代表，仅仅将这个头衔看成是个人的一种荣誉。疏远群众、脱离群众，与选民没有联系，说话做事与人民群众的愿望相差甚远等等，这些现象在各级人大代表中不同程度地存在。

有些人大代表开会、座谈满足于坐坐听听，走访、视察更流于走走看看，别人鼓掌便跟着鼓掌，别人举手便跟着举手，别人谈问题便"就是就是"，别人讲成绩便"当然当然"。有的当一届人大代表5年时间，最多只是在选举前与选民见一面，事后就不与选民们联系见面了。选民们提起这些人大代表怨声载道、悔不当初。这样的代表称不上是人民的"代言人"。

人大代表履职要"接地气"，要代表人民，这不仅是时代的要求，人民的要求，人大代表履行职责的法定要求，更是坚持党的执政为民宗旨的本质要求。

2015年全国"两会"召开进入分组讨论阶段，《人民日报》官微十分罕见地以连续9篇微博，并连用9个"请记得"来提醒广大代表委员，认真履行好代表委员职责，不负人民重托——

一、请记得，今天你来到这里，是一种荣誉，更是一种责任；

二、如果你只知道热烈鼓掌，点头称是，人民民主就无法体现，质询政府，请动真格，会场讨论，莫惧交锋；

三、政府工作报告，是用来审议的，不是用来"学习领会"的；

四、你来北京，是来监督政府，参政议政的，不是来聆听指示，汇报心得的；

五、赞成是你的权利，反对也是你的权利，这权利，来自委托于你的人民；

六、从自己做起，拒绝"三手代表"：见面握手，表决举手，通过拍手；

七、少些空话套话，多些诤言良言，少些雷言雷语，多些常识之论，少些土豪左派，多些谦抑之分；

八、你的所作所为，影响着中国民主政治的走向，你怎样，中国就怎样，代表委员，请拿出你的智慧勇气和担当；

九、你不称职，就意味着人民的缺席，你的失语，就意味着人民的沉默。今天，中国进入"两会"时间，转发！一起见证，一起监督！

这9项"请记得"，实可谓字字千钧，句句如雷贯耳，含义厚重其掷地有声，既是对参加两会代表委员的高度信任，更有谆谆的教诲和不失辛辣的批评；很显然，9项"请记得"中每一项，都是对过去两会中存在某种弊端现象的"揭露"，并直指这些不良风气和现象对两会成果的消磨，郑重提醒广大代表切实履行好自己的神圣职责，代表人民向国家建言献策，不要做一个"僵尸"代表。

只要是来自背后人民群众的心声，代表人民说话，就不存在对错，惧于交锋保持沉默，才有愧于人民，才是让人民群众无法谅解的失职，正如党报"请记得"最后一项所言：**你的所作所为，影响着中国政治的走向，你怎样，中国就怎样。**对此，人民代表还应拿出更多的智慧、勇气与担当。

人民选代表是来监督政府的，人民更有权监督人大代表。

四、做好调研是政协委员的基本功

这是历史的脚步，这是民主的声音——

1949年9月21日，中国人民政治协商会议第一届全体会议召开，标志着中国共产党领导的多党合作和政治协商制度（简称中国多党合作制度）正式确立，各民主党派、无党派民主人士郑重地选择了中国共产党的领导。

政治协商、民主监督、参政议政是人民政协三大主要职能。协商会、座谈会、情况通报会、书面建议……从中国共产党全国代表大会、中央委员会重要文件到宪法和重要法律修改建议，从国家领导人建议人选到推进改革开放的重要决定，从国民经济和社会发展中长期规划到关系国家全局的重大问题，中共中央与民主党派进行协商和听取建议的形式丰富多样。

60多年肝胆相照。中国共产党执政，中国国民党革命委员会、中国民主同盟、中国民主建国会、中国民主促进会、中国农工民主党、中国致公党、九三学社、台湾民主自治同盟参政议政的中国多党合作制度，在中国的政治和社会生活中显示出独特的政治优势和强大的生命力,在政治参与、利益表达、社会整合、民主监督、维护稳定等方面发挥了不可替代的重大作用。

1956年,中国共产党提出了与民主党派"长期合作、互相监督"的方针。毛泽东在阐述这一方针时指出:打倒一切,把其他党派搞得光光的,只剩下共产党的办法,使同志们很少听到不同意见,弄得大家无所顾忌,这样做很不好。我们有意识保留民主党派,就是要听不同意见。

毛泽东还说:各党派互相监督的事实早已存在,就是各党派互相提意见,作批评。所谓互相监督,当然不是单方面的,共产党可以监督民主党派,民主党派也可以监督共产党。为什么要让民主党派监督共产党?这是因为一个党同一个人一样,耳边很需要听到不同的声音。大家知道,主要监督共产党的是劳动人民和党员群众,但有了民主党派,对我们更有益。

1978年12月,邓小平在中央工作会议上指出:"切实保障工人、农民个人的民主权利,包括民主选举、民主管理和民主监督",这是首次提出中国共产党的民主监督概念。此后,邓小平在全国政协五届二次会议开幕式中,首次明确把人民政协与人民民主联系起来,提出人民政协是发扬人民民主的重要组织,具有相互监督的功能。邓小平的讲话依然给人民政协定位为互相监督,但拓宽了互相监督内涵,并把人民政协放在人民民主的政治视野中,使互相监督成了人民民主制度的重要表现形式。

把民主监督作为人民政协的主要职能完整地提出来,是在1982年12月11日全国政协五届五次会议通过的第三部《中国人民政治协商会议章程》中完成的,这部章程明确提出"民主监督是对国家宪法、法律和法规的实施,重大方针政策的贯彻执行、国家机关及其工作人员的工作，通过建议和批评进行监督。"

1989年1月，全国政协七届四次常委会通过《政协全国委员会关于政治协商、民主监督的暂行规定》，明确提出新时期民主监督的内容和形式。

1994年3月全国政协八届二次会议通过的《中国人民政治协商会议章程》（修正案）中，进一步阐明政治协商、民主监督以国家和地方的大政方针、重大问题为中心议题，以各级领导机关为具体对象，以会议为主要形式，并依据一定的程序和规则进行。

2004年3月，全国政协十届二次会议通过的《中国人民政治协商会议章程》（修正案），进一步提出"民主监督是对国家宪法、法律和法规的实施，重大方针政策的贯彻执行、国家机关及其工作人员的工作，通过建议和批评进行监督。"

2006年2月颁发的《中共中央关于加强人民政协工作的意见》首次明确指出："人民政协的民主监督是我国社会主义监督体系的重要组成部分，是在坚持四项基本原则的基础上通过提出意见、批评、建议的方式进行的政治监督。"同时对民主监督的主要内容和主要形式作出明确规范，并要求"各级党委和政府要认真倾听来自人民政协的批评和建议，自觉接受民主监督。"

这样，人民政协的民主监督既纳入中国社会主义监督体系的重要组成部分，也上升为政治监督，内涵更丰富，覆盖面更广，层次更高。

中国共产党在人民政协同各民主党派、无党派人士和各界代表人士的协商，是政治协商的另一重要方式。各民主党派在政协各种会议上以本党派名义发表意见、开展视察、提出提案、举报、反映社情民意以及参与调查和检查活动的权利得到充分尊重和保障。如全国政协十一届一次会议时，非中共人士担任政协委员的有1345人，占委员总数的

60.1％；担任政协常委的有195人，占常委总数的65.4％；担任全国政协副主席的有13人，占副主席总数的52％。政协委员中民主党派成员669名，占29.9％。在省、市、县各级人民政协中，共有37.8万名党外人士担任政协委员。

在人民政协三大主要职能中，民主监督作为"自下而上"的非权力性监督，主要是通过提出建议和批评协助党和国家机关改进工作，提高工作效率，克服官僚主义。发挥民主党派的民主监督作用，是中国共产党领导的多党合作和政治协商制度的必然要求。中国共产党与各民主党派在为实现共同目标而奋斗的过程中团结合作，同时又实行互相监督。

实践证明，人民政协的民主监督，是靠政协委员来完成的，而政协委员的民主监督主要通过五个方面来实现：一是参加政治协商会议提出意见；二是在政协全委会期间讨论发言；三是参加政协组织的调研视察评议；四是积极撰写提案；五是反映社情民意信息。

人民政协的民主监督是中国社会主义监督体系的重要组成部分。但与政治协商、参政议政的职能相比较，民主监督一直是政协三大职能中的短板。

"全国腐败分子，快100个吧，哦，82个，哪一个是民主党派监督出来的？政协强调'长期共存'、'互相监督'，如何监督，责任很大啊！"

2015年3月4日下午，全国政协委员、黑龙江省政协副主席陶夏新，面对在场数十位政协委员，发出如此感慨。

在陶夏新看来，老政协委员杨维骏是一个表率。年过九旬的杨维骏原是民盟副主委，曾实名举报云南省原省委书记白恩培，最终导致白恩培在2014年落马。陶夏新说，"老杨监督了，跟省委书记硬磕。我看很英雄！"

2014年8月29日，中央纪委发布消息，白恩培落马。在大同小异的报道里，云南省政协原副主席杨维骏被视为"凭借一己之力拉下大贪官"的斗士。而老人只是淡淡地表示乐观其成，"这才开始"。

在过去几年里，杨维骏一直坚持实名举报当地官场的各种贪腐和官僚问题。这一位云南省政协副主席坐着公家配备给他的奥迪汽车，为12名失去土地的上访农民代表开道，带他们到云南省政协反映问题而扬名。后来，省政协一名处长找到杨维骏说，你开着政府配车带农民上访，不太合适，杨维骏反问："难道政府配车只能用于游山玩水，不能为民请命？"

2013年，杨维骏实名举报白恩培再度引起舆论关注。直到2014年白恩培的落马，成为他举报生涯里的"最大成就"。为此事，中央纪委的工作人员给他总结为三个"最"：在许多上访者之中年龄最大，职务最高，反映的问题不为自己而最为群众着想。

杨维骏1922年3月生，云南昆明人，1945年毕业于云南大学政治系，同年加入中国民主同盟，民盟云南省临时工委副主任委员，云南大学学生自治会主席，新中国成立后历任民盟云南省委秘书长、副主任委员和中央委员，云南省第五、六届政协副主席，第六届全国人大代表。

"以丹心照万民，甘造坎坷不甘驯"，不惜招人嫉恨为民请命。让杨维骏没有想到的是，自己的行为虽然赢得了老百姓的心，但却招致了一些人的不痛快，甚至有人传书带信吓唬他，"再瞎管闲事小心灭口"。

多位云南老干部谈及杨维骏，尽是溢美之词：执着，有勇气，"身上有革命年代过来的老干部的硬朗、直接的风格"。

近年来，各级政协委员提出了一大批反腐倡廉制度建设提案，得到了中央、中央纪委和各级党委、纪委的重视采纳，推进了反腐倡廉建设制度化进程。但其民主监督作用并没有得到充分发挥。其中既有认识不到位的原因，也有制度不健全的因素。比如有些政协领导和委员对开展民主监督存在畏难情绪，觉得可有可无，作用不大；还有人担心搞民主监督就是"找茬儿"、"添乱"，甚至"干扰一线工作"；另一些人则对民主监督抱有过高的期望值，认为凡是政协提出的意见、建议，党政部门就一定要落实，否则就是不民主等。

要发挥好政协委员的民主监督作用，须在敢于监督和善于监督两个方面下功夫。《中国共产党党内监督条例（试行）》对党内监督和党外监督做出了明确规定，要求通过全党和全社会的共同努力，使党内监督与国家专门机关监督、民主党派监督、群众监督、舆论监督等监督形式紧密结合，形成监督的整体合力。

《党内监督条例》赋予了政协委员民主监督的权力，这就要求政协委员要站位求高，排除干扰，摒弃私念，敢于监督，知无不言，言无不尽。民主监督更要言出有据，善于监督。监督者要做到知情，通过自己的调查研究，广泛收集信息，去伪存真，保证不放"空炮"、"马后炮"，真正把民主监督作为反映社情民意，化解社会矛盾，扶正祛邪，激浊扬清的重要渠道。

在这方面，杨维骏显然已成为政协委员的一个标杆。

当然，现实中不可能每个政协委员都能像杨维骏，毕竟政协委员履职的途径很多。比如座谈交流、会议发言、调查研究与提案等都是政协委员履行职责的实践活动。其中，做好调研、写好提案是政协委员的基本功。

根据《中国人民政治协商会议全国委员会提案工作条例》规定，提案是履行人民政协职能的重要方式，是坚持和完善中国共产党领导的多党合作和政治协商制度的重要载体，是发扬中国特色社会主义民主的重要形式,是协助中国共产党和国家机关实现决策民主化、科学化的重要渠道。

这说明政协委员在履行职能层面,深入调研、写好提案是"一种重要方式"。只有理解了提案的重要作用,政协委员才能从思想上提高对写好提案的认识,并下功夫调研写好提案,切实履行人民赋予的监督权。

当前,不少政协委员并没有真正理解掌握写提案的规范,一些人"喜欢东一枪西一枪,哪个'热'写哪个";另一些人则会写出"一句话提案",整篇提案只有一句话"加强什么什么建设"。

如何才能写好提案呢?

首先要选好题,即"发现问题"。从自己最熟悉的专业出发,做一个扎实调研,提出具体问题。这就要求要围绕中心、服务大局。然而不同发展阶段面临的问题不同,不同的地方面临的情况也不同,这需要具体情况具体分析。在围绕中心、服务大局的同时,还要代表民意、独立思考。

从以往不少政协委员的经验来看,提案选题还有一些需要遵循的基本原则:一是虽然重要但领导机关还没有发觉的问题;二是领导机关虽然已经发现,但还没有提上日程的问题;三是领导机关已经提上日程,但还没有好的解决办法的问题;四是相关部门已有对策,但还不够完善,或者还没有付诸行动的问题;五是相关部门已经采取了一些措施,但措施还不到位的问题;六是某些只有专业人士才能发现并提出解决方案的问题。

有了好选题,接下来就是提出"解决问题"的办法。而懂一些专业的调研方法,掌握一些科学分析的技术手段,可以提高调研质量,使提案提出的解决办法具"准确性、重要性、建设性、可行性、规范性"。

但无论如何,政协委员的调研都应当重分析,献真言,谋良策,出实招。要做到这些，一可借助外脑，邀请专家学者及政府部门的有关专门人士，深入研讨，凝聚智慧。二可通过问卷方式和互联网查询等手段，征求更多政协委员及有关人士的意见和建议，不断丰富调研成果，努力提高建言献策的质量。三可发动参与调研的人员一起分析，剖析原因，集思广益，敢于谏言，提出合理中肯的对策和建议。

如果没有一手资料，还可以通过二手资料来做提案，即公开发布、发表的一些数据信息。因为资料的分析研究，也是一种文献调研。

政协委员有了前期的深入调研，就可以进入撰写提案的环节。一般来说，提案均由标题和正文两部分组成。其中，标题可有两种方式，一种是规范化的标题格式，即"主题"加"文种"，基本格式为"关于××××的调查报告"。另一种是自由式标题，包括陈述式、提问式和正副题结合使用等三类。

至于正文，包括前言、主体、结尾三部分。

关于前言的写法，第一种是写明调研的起因或目的、时间和地点、对象或范围、经过与方法，以及人员组成等调查本身的情况，从中引出中心问题或基本结论来；第二种是写明调研对象的历史背景、大致发展经过、现实状况、主要成绩、突出问题等基本情况，进而提出中心问题或主要观点来；第三种是开门见山，直接概括出调研的结果，如肯定做法、指出问题、提示影响、说明中心内容等。前言起到画龙点睛的作用，要精练概括，直切主题。

关于主体的写法，要详述调查研究的基本情况、做法、经验，以及分析调查研究得出的各种具体认识、观点和基本结论。

关于结尾的写法，可以提出解决问题的方法、对策或下一步改进工作的建议；或总结全文的主要观点，进一步深化主题；或提出问题，引发人们的进一步思考；或展望前景，发出鼓舞和号召。政协的调研报告一般是提出对策建议即结束。

此外，在提案的表述方面，文字宜尽量做到叙述冷静而平衡，有争议的内容不使用指责性词语，以防误导决策。还有一点是不要长篇大论，2000字内观点鲜明、建议清晰，便于办理者办理，决策者研究采纳。

对于政协委员来说，有必要重视调研成果的转化。可以加强与党政机关的沟通和联系，对反映和报送的意见建议采纳、领导批示情况进行及时跟踪；可以与大会发言、反映社情民意等工作结合起来，根据调研成果的不同特点和实际需要，以适当形式反映或报送；可以利用新闻宣传手段和渠道，加大调研成果宣传，扩大社会影响和民众支持关注；对有些一时未获采纳的调研成果，可以结集汇编，建言立论，分送有关单位研究参考，以扩大调研成果的社会影响。

事实证明，做好调研、写好提案是政协委员应练好的一个"基本功"。唯此，政协委员才不至于发出一些违背常识、违背事实、令人匪夷所思的"雷言雷语"，从而真正能肩负起人民的重托，履行其神圣的职责。

五、有效监督要有机制保障

历史总是惊人地重复着，执政者从历史中可以洞察现实。"让人民来监督政府"是走出历史周期律的必然路径。

《国语·周语上》记载，邵公曰：

"防民之口，甚于防川。川壅必溃，伤人必多，民亦如之，是故为川者，决之使导，为民者，宣之使言。"

这是邵公对周厉王的进谏。成语故事"国人莫敢言，道路以目"则表述得更清楚。残暴统治民怨沸腾的周厉王被当众指责，大怒后派卫巫去监督那些说他坏话的人，发现有就立即杀头。老百姓在路上相见不敢交谈，只好用交换眼色来交谈。暴戾的周王朝不久即被推翻。

周厉王的故事让后人明白：民言如水，易疏不易堵。其上为"言能听，道乃进"。此言乃商代贤臣伊尹对商汤所言，意为只有听纳各方意见，才能使治国之道不断完善。很多明君贤臣铭记为治国准则，备受推崇。

人民，在毛泽东的心里，有着不可替代的地位。人民主体观是毛泽东"让人民来监督政府"思想的逻辑基础。所谓人民主体，就是以人民为本位，以人民群众为最高价值主体和评价主体。

在七大的政治报告中，毛泽东指出："人民，只有人民，才是创造世界历史的动力。"在这里，"创造世界历史"就是创造价值，"动力"就是主体的创造力，"只有"不仅对创造主体的唯一性做出了不容置疑的规定，明确地肯定了人民群众的历史地位，而且具有严格的排他性。

人民利益观是毛泽东"让人民来监督政府"思想的价值基础。毛泽东历来十分重视人民利益的实现，把全心全意为人民服务作为党的宗旨，并多次强调，所有的共产党员都应把个人利益服从于民族和人民利益。

七大通过的党章明确宣布："中国共产党代表中国民族与中国人民的利益。"毛泽东在七大政治报告中也指出："中国共产党是中国人民最忠实的代言人。"共产党领导人民革命的最直接的目的就是要实现人民的最大愿望："将中国建设成为一个独立、自由、民主、统一和富强的新国家。"

在人民利益与人民监督的关系上，毛泽东始终认为，实现人民利益与让人民来监督政府在初衷上是相通的，"全心全意地为人民服务，一刻也不脱离群众；一切从人民的利益出发，而不是从个人或小集团的利益出发；向人民负责和向党的领导机关负责的一致性。这就是我们的出发点。"

由此可见，毛泽东"让人民来监督政府"思想的本质，就是真正实现人民当家做主，即人民真正享有管理国家事务和社会事务的一切权力。毛泽东认为破解历史周期律的方法是民主，这才能避免历史周期律。

只有让国家主人充分享有、行使对公仆的管理权、监督权，一旦觉得公仆不尽责、不忠诚、不老实，主人可以随即令其下岗，公仆才不敢偷懒、越权、以权谋私、贪污腐化。鞋子好不好，唯有脚知道；公仆好不好，主人最清楚。

人民监督的优势在于，这种监督主体具有广泛性。工人、农民、军人、知识分子、个体工商业者等，遍布各个地区、行业，无处不在、无时不有，任何腐败现象都难以逃过群众的眼睛。

同时，这种监督可以通过多种渠道，采用不同形式，行使宪法和法律赋予的监督权，如发表评论、写信、面谈、打电话、网上举报以及民主评议等形式。

实现"人民监督政府"，十七大报告也指明了路径：一是通过人大、政协以及工会、共青团、妇联等人民团体密切联系人民群众，汇集、反映广大人民的意见，切实依法履行监督职能，忠实代表人民监督党和政府；二是发展基层民主，保障人民享有更多更切实的民主权利，让人民依法直接行使民主权利，管理基层公共事务和公益事业，对干部实行民主监督；三是让权力在阳光下运行，包括提高政府工作透明度和公信力，重点加强对领导干部特别是主要领导干部、人财物管理使用、关键岗位的监督，健全质询、问责、经济责任审计、引咎辞职、罢免等制度；四是发挥好舆论监督作用，让人民通过各种媒体充分享有知情权、参与权、表达权、监督权。

在法律上，宪法为公民行使对政府的监督权提供了根本的法律依据和法律保障。中国现行的《宪法》第三条规定:"全国人民代表大会和地方各级人民代表大会都由民主选举产生,对人民负责,受人民监督。国家行政机关、审判机关、检察机关都由人民代表大会产生,对它负责,受它监督。"第四十一条规定:"中华人民共和国公民对于任何国家机关和国家工作人员,有提出批评和建议的权利;对于任何国家机关和国家工作人员的违法失职行为,有向有关国家机关提出申诉、控告或者检举的权利,但是不得捏造或者歪曲事实进行诬告陷害。对于公民的申诉、控告或者检举,有关国家机关必须查清事实,负责处理。任何人不得压制和打击报复。"

可见,中国共产党不但为构建"让人民监督执政党和政府"的实现形式指明了方向,提供了政治保障,也在法律方面,有着充分的依据。但要真正实现"让人民监督执政党和政府",还有必要厘清以下三个问题:

一是认识问题。一些领导干部在思想认识上有误区,认为监督是对自己的一种不信任,一种限制,于是乎,在工作中不欢迎人民群众的监督,害怕监督,甚至千方百计地逃避监督。其实,有人监督并不是坏事,相反,监督是一种爱护。监督可以让人不犯错误,少犯错误,犯了小错及时纠正过来。缺少监督,就会让权力任意妄为,偏离正确的方向后得不到及时纠正,最终导致越行越远,最终酿成大错。领导干部只有厘清这个认识问题,才会真心实意欢迎人民群众监督,才会想方设法创造条件让人民群众监督。

二是考核问题。按理说,政府是人民的政府,干部是人民的公仆,他们所做的一切工作都应该是为群众谋福利的。干部是否真正做到了全心全意为人民服务,群众自然心中有数,也最有发言权。

然而,多年以来,干部干得好坏,完全由上级领导说了算,群众简直就是戏院里的观众——只能看,不能演,这就使得有些领导干部是唯上、还是唯下有了纠结。因此,要把干部的考核权力交给人民群众,让群众说了算,这样,干部才会真正重视民意,重视老百姓的监督,才会真心实意为人民群众办实事,办好事。

三是环节问题。创造条件让人民群众监督政府,就必须让人民群众能方便快捷地监督。然而,在一些地方,却人为地设计很多程序,提高一些"门槛",让人民群众对监督政府望而生畏。因此,要创造条件让人民群众监督政府,就必须搭建多种平台,畅通各种渠道,减少繁琐的程序,让政务公开做到"零障碍"。

与此同时,对人民群众举报、社会舆论和新闻媒体反映的问题,宜及时回应,认真调查核实,依法处理,结果要反馈或向社会公布。

接受人民批评和监督,政府不能被动应付,而要积极主动地创造各种条件,切实改变长期以来人民批评、监督政府条件一直比较欠缺的情形。人民也应该在积极争取和大胆行使自己的批评、监督权的过程中,为自己的权利实现拓展空间、"创造条件",形成批评与被批评、监督与被监督的良性互动,使人民对政府的批评、监督权尽快从"应然"走向"实然"和"必然"。

第二节　中国共产党要容得下尖锐批评

批评与自我批评是中国共产党的优良传统,是纠正缺点和失误、保持头脑清醒、促进事业健康持续发展的一大法宝。随着社会民主程度加深,群众的参与权、监督权得到保障和体现,其批评的声音也越加尖锐。这些"尖锐的批评"里面包含着最真实、最迫切的声音和问题,是广大党员干部改进工作作风、密切联系群众的基础和根据。

2013年2月6日下午,习近平在中南海邀请各民主党派中央、全国工商联新老领导人和无党派人士代表欢聚一堂,共迎新春。

在座谈会上,习近平指出,对中国共产党而言,要容得下尖锐批评,做到有则改之、无则加勉;对党外人士而言,要敢于讲真话,敢于讲逆耳之言,真实反映群众心声,做到知无不言、言无不尽。希望同志们积极建诤言、作批评,帮助我们查找问题、分析问题、解决问题,帮助我们克服工作中的不足。中共各级党委要主动接受、真心欢迎民主党派和无党派人士监督,切实改进工作作风,不断提高工作水平。

习近平的讲话经各大媒体传播后,在人民群众中引起了强烈反响。

习近平开诚布公地希望党外人士积极为党建诤言、作批评,帮助党查找问题、分析问题、解决问题，克服工作中的不足，确实体现了中国共产党善纳群言、广聚群智、闻过则喜、求同存异的胸怀。

一、批评与自我批评的力量

"批评和自我批评是一剂良药，是对同志、对自己的真正爱护。开展批评和自我批评需要勇气和党性，不能把我们防身治病的武器给丢掉了。忠言逆耳，良药苦口。作为共产党人，有话要放到桌面上来讲。批评要出以公心、态度诚恳、讲究方法，要实事求是、分清是非、辨别真假，切忌从个人恩怨、得失、利害、亲疏出发看事待人。"

2013年9月25日，习近平在河北省委常委班子专题民主生活会上如此告诫领导干部。

党的十八大以来，习近平多次强调坚持党要管党、从严治党，明确提出要严肃党内政治生活。群众路线教育实践活动，中央明确提出要以整治"四风"问题为切入点，对作风之弊、行为之垢来一次大排查、大检修、大扫除，说到底还是要用好批评和自我批评这个"利器"。批评与自我批评这一"利器"之"利"，"利"在时时砥砺，"利"在不断交锋，在砥砺中清除思想上的污垢和灰尘，在交锋中锉除行为上的懈怠和散漫。

批评与自我批评是中国共产党的三大作风之一。什么是批评与自我批评？1945年2月15日，毛泽东作"时局问题及其他"的报告时解释说："我们分析一个事物，首先加以分解，分成两个方面，找出哪些是正确的，哪些是不正确的，哪些是应该发扬的，哪些是应该丢掉的，这就是批评。对自己的工作、自己的历史加以分析，这是自我批评；对别人进行分析，就是批评别人。"

早在 1941 年 7 月，《中共中央关于增强党性的决定》指出，"要用自我批评的武器和加强学习的方法，来改造自己使适合于党与革命的需要。"

延安时期，中国共产党采取"惩前毖后，治病救人"和"团结—批评—团结"的方针，提倡民主，鼓励一切同志大胆说话，相互批评；对犯错误的同志不着重追究个人责任，而着重分析其犯错误的环境和原因，达到了"既要弄清思想，又要团结同志；既要总结经验教训，又要提高思想认识"的目的。

在此期间，中国共产党还不断提醒广大党员干部不能一见成绩就自满自足，即便是取得了突出业绩的劳动英雄，毛泽东也要求他们"时时批评自己的缺点，好像我们为了清洁，为了去掉灰尘，天天要洗脸，天天要扫地一样"。

毛泽东不仅严格要求别人，自己也带头开展批评与自我批评。

1942 年至 1945 年，中国共产党展开了整风学习运动，这是一次全党范围内的普遍的马克思列宁主义教育运动，这次整风运动取得了伟大的胜利。

但是，在整风后期，当运动转入审干阶段以后，曾经一度出现过偏差，主要表现在错误地估计形势，夸大敌情，将来自白区的同志列为"特嫌"进行审查。特别是当时具体负责审干工作的社会部负责人康生在延安搞的"抢救失足者"运动中，大搞逼、供、信，制造了许多冤假错案。毛泽东及时发现了这种"左"的倾向，亲自起草了《关于审查干部的决定》，对受迫害的同志进行了彻底平反。不仅如此，毛泽东还亲自出面，向被整错的同志赔礼道歉。

1945年8月的一天，在延安党校礼堂开会，毛泽东说："这个党校犯了许多错误，谁人负责？我负责。我是校长嘛！整个延安犯了这许多错误，谁人负责？我负责。我是负责人嘛！""我们共产党人是革命者，但不是神仙。我们也吃五谷杂粮，也会犯错误。我们的高明之处就在于犯了错误就检讨，就立即改正。今天，我就是特意来向大家检讨错误的，向大家赔个不是，向大家赔个礼。"

说到这里，毛泽东恭恭敬敬地把手举在帽檐下，向被整错了的同志赔礼道歉，毛泽东还诙谐地说："我向你们赔礼，你们也该还我一个礼吧？你们不还礼，我这手就放不下来了。"大家以长时间的热烈鼓掌向毛泽东答礼，许多同志感动得流下了热泪。

上世纪60年代初期，针对过去工作特别是"大跃进"工作中所出现的失误，毛泽东先后几次作自我批评，为当时国家采取紧急措施，上下齐心合力渡过难关起了至关重要的作用。

"大跃进"运动中急躁冒进的"左"倾错误，使遭遇天灾和苏联逼债双重压力的国民经济雪上加霜，人民生活受到很大的影响。1959年7月，在庐山会议期间，毛泽东几次约见周小舟、李锐、田家英、周惠等人，听取他们的意见。当这些人批评搞"钢铁元帅升帐，使工业内部比例失调"和"相信亩产万斤粮"等问题时，他很坦然地讲："五八年有些事，我有责任。提倡敢想敢干，八大二次会议达到高峰。其中也有些胡思乱想，唯心主义。因此，不能全怪下面和各个部门。"

庐山会议后，经济形势进一步恶化。到1959年底，中国进入了经济极度困难的时期。城市粮食供应紧缺，农村出现了大量的因饥饿导致的各种疾病和非正常死亡。中共中央对工作中的失误再一次进行了思索。1960年6月，中央政治局在上海开了一个扩大会议，

这次会议的一个重要议题，就是要调整第二个五年计划的指标。在

会议结束那天，也就是6月18日，毛泽东大清早起来，花了两个钟头的时间，写了一篇《十年总结》，对新中国成立后10年间的社会主义革命和社会主义建设，作了一个轮廓式、提纲式的总结，对一些史实做出判断，再次肯定周恩来主持制定的第二个五年计划。他批评了一些同志，说"管农业的同志，和管工业的同志、管商业的同志，在这一段时间内，思想方法有一些不对头，忘记了实事求是的原则"。

毛泽东自己也作了自我批评："我本人也有过许多错误。有些是和当事人一同犯的。例如，我在北戴河同意1959年完成3000万吨钢。"他承："我们对于社会主义时期的革命和建设，还有一个很大的盲目性，还有一个很大的未被认识的必然王国，我们还不深刻地认识它。我们要以第二个10年时间去调查它，去研究它，从其中找出它的固有的规律，以便利用这些规律为社会主义的革命和建设服务。"

更令人动容的是，毛泽东在七千人大会纠正大跃进错误时的自我检讨。在尹家民著、当代中国出版社2009年10月出版的《红墙见证录：共和国风云人物留给后世的真相（二）》一书中，详细记录了这一事件。

七千人大会是1962年1月11日至2月7日中共中央在北京召开的扩大的工作会议。出席会议的有中央、中央局、省、地、县（包括重要厂矿）五级领导干部，共7118人。人们习惯地称这次会议为"七千人大会"。这是中国共产党在执政后召开的一次空前规模的总结经验大会。

毛泽东联系自己自我批评："去年6月12号，在中央北京工作会议的最后一天，我讲了自己的缺点和错误（毛泽东当时讲，1959年不该把反右倾斗争搞到群众中去。提出要对几年来批判错了的干部、党员甄别平反，要重新教育干部，并要求把他的讲话传达到各省各地方）。我说，请同志们传达到各省、各地方去。事后知道，许多地方没有传达，似乎我的错误就可以隐瞒。同志们，不能隐瞒。凡是中央犯的错误，直接的归我负责，间接的我也有份，因为我是中央主席。我不是要别人推卸责任，其他一些同志也有责任，但是第一个负责的应是我。"

毛泽东诚恳地说："在社会主义建设上，我们还有很大的盲目性。社会主义经济，对于我们来说，还有许多未被认识的必然王国。拿我来说，经济建设工作中间的许多问题，还不懂得。工业、商业，我就不大懂。别人比我懂，少奇同志比我懂，恩来同志比我懂，小平同志比我懂。陈云同志，特别是他，懂得较多。对于农业，我懂得一点。但是也只是比较地懂得，还是懂得不多。我注意得较多的是制度方面的问题，生产关系方面的问题。至于生产力方面，我的知识很少。社会主义建设，从我们全党来说，知识都非常不够。我们应当在今后一段时间内，积累经验，努力学习，在实践中间逐步加深对它的认识，弄清楚它的规律。"

毛泽东的检讨不仅使党内人士，也使党外人士感动和钦佩。张治中在听过刘少奇的传达后，当即说："我当过十几年国民党的中央常委，从来没有听到蒋介石讲过自己的缺点、错误。蒋介石不论在大会、小会上，都是骂这个，骂那个，从来不骂自己。"

执政党的地位，特别是改革开放的新形势，对党员和党的各级组织提出了更高的要求，更加需要发扬党的批评与自我批评的优良传统，鼓励和支持党内的自下而上的批评和来自人民群众的批评，上级领导机关和领导者对于工作中的缺点和错误，要向下级组织和群众进行认真而诚恳的自我批评。只有不断消除任何政治的灰尘和微生物侵蚀党的肌体，才能永葆党的先进性。

二、"中国共产党是不怕批评的"

习近平提出的"容得下尖锐批评"与中国共产党三大作风之一的"批评与自我批评"一脉相承,赋予了党内监督、党外监督、社会监督、百姓监督、舆论监督的核心基本精神、根本方法和正能量。

历史反复证明,作为一个执政党,只有具备"胸纳百川"的气度和"闻过则喜"的风度,才能赢得广大人民群众的拥护,打牢执政之基。

而事实上,自中国共产党成立以来,不仅强调"批评与自我批评",也一直注意接受党外的批评与监督。

1944年9月8日,毛泽东在为中央警卫团战士张思德烈士举行追悼会的讲话中,特别讲了一段与批评有关的话:

"因为我们是为人民服务的,所以,我们如果有缺点,就不怕别人批评指出。不管是什么人,谁向我们指出都行。只要你说得对,我们就改正。你说的办法对人民有好处,我们就照你的办。'精兵简政'这一条意见,就是党外人士李鼎铭先生提出来的;他提得好,对人民有好处,我们就采用了。只要我们为人民的利益坚持好的,为人民的利益改正错的,我们这个队伍就一定会兴旺起来。"

毛泽东为什么要讲这段话,李鼎铭又是何许人也?李鼎铭,出身农家,曾从事教育事业十余年,并开办医馆,治病救人,群众颇多赞誉。1941年上半年,陕甘宁边区为了加强根据地民主政权的建设,实行"三三制",开展普选运动,李鼎铭代表开明绅士被选为米脂县参议会议长、陕甘宁边区参议会参议员、副议长。

同年11月6日,陕甘宁边区参议会二届一次会议开幕,李鼎铭聆听毛泽东在开幕式上的演说中批评一部分共产党员，不善于同党外人士实行民主合作，还存在一种狭隘的关门主义或宗派主义的作风。毛泽东特别强调："共产党员必须倾听党外人士的意见，给别人以说话的机会。别人说得对的，我们应该欢迎，并要跟别人的长处学习；别人说得不对，也应该让别人说完，然后慢慢加以解释。共产党员决不可以自以为是，盛气凌人，以为自己是什么都好，别人是什么都不好；决不可以把自己关在小房子里，自吹自擂，称王称霸。"

李鼎铭听后非常感动，会议期间就联络姬伯雄等11名参议员，提出了《政府应彻底计划经济，实行精兵简政主义，避免入不敷出、经济紊乱之现象案》。

中共中央和毛泽东十分重视这一提案。毛泽东将提案的内容逐字逐句地抄在笔记本上，当即写了批语："这个办法很好，恰恰是改造我们的机关主义、官僚主义、形式主义的对症药。"

在毛泽东的支持下，经过议员们充分讨论，最后通过了精兵简政的决议。从此，精兵简政就在各抗日根据地包括党政军机关学校团体中普遍实行起来，成为中国共产党在抗日战争时期的十大政策之一。

由于实行了精兵简政政策，克服了根据地"鱼大水少"的矛盾，减轻了人民群众的负担，增强了部队的战斗力，提高了机关的工作效率，对渡过难关，巩固革命根据地，坚持长期抗战，夺取最后胜利，起了重要的历史作用。

1944年12月，在陕甘宁边区二届二次参议会上，李鼎铭作了关于《文教工作的方向》的专题发言，对边区消灭文盲、培养知识分子、普及卫生常识等提出了许多有益的改进意见，也被陕甘宁边区政府采纳。

李鼎铭一次次向中共中央和陕甘宁边区政府提意见和建议，有时甚至是对有些不良现象提出了批评，毛泽东等中央领导和陕甘宁边区政府不仅虚心接受了他的正确意见和建议,还与他建立了个人深厚友谊。

"一个共产党,一个国民党,这两个党比较起来,谁怕批评呢?国民党害怕批评。它禁止批评,结果并没有能够挽救它的失败。共产党是不怕批评的,因为我们是马克思主义者,真理是在我们方面,工农基本群众是在我们方面。"

1957年3月12日,毛泽东在中国共产党全国宣传工作会议上指出:"我们希望一切同我们共同奋斗的人能够勇敢地负起责任,克服困难,不要怕挫折,不要怕有人议论讥笑,也不要怕向我们共产党人提批评建议。'舍得一身剐,敢把皇帝拉下马',我们在为社会主义共产主义而斗争的时候,必须有这种大无畏的精神。在共产党人方面,我们要给这些合作者创造有利的条件,要同他们建立同志式的良好的共同工作关系,要团结他们一起奋斗。"

1961年,周恩来赴河北省邯郸进行深入调查研究。在伯延公社,周恩来同一个叫张二廷的社员拉家常。张二廷见国家领导人一点都不端架子,平易近人地问长问短,就直率地说出了自己的心里话:"这两年生活一年不如一年。"又说:"如果再这样下去两年,连你也会没有吃的。"张二廷的话可谓是刺耳不过的了,但对周恩来触动很大。他在后来提到:"这句话对我教育很大,我很受感动。这是我在调查中所听到的最生动的一句话。"这是容得下尖锐批评的一个好例子。

1978年12月,邓小平在中央工作会议闭幕会上讲过这样一番话:"要相信绝大多数群众有判断是非的能力。一个革命政党,就怕听不到人民的声音,最可怕的是鸦雀无声。"邓小平之所以讲这番话有着深刻的背景,此时"文革"刚刚结束,这次中央工作会议为随即召开的十一届三中全会作了充分准备。

邓小平认为领导干部去倾听民众的声音,是和广大群众面对面、心贴心的交流思想的过程,这样我们才能纠正错误,真正维护群众利益。

邓小平对于那种"一听到群众有一点议论,尤其是尖锐一点的议论,就要追查所谓'政治背景'、所谓'政治谣言',就要立案,进行打击压制"的做法,认为"是软弱的表现,是神经衰弱的表现"。他更进一步要求:"群众有气就要出,我们的办法就是使群众有出气的地方,有说话的地方","使他们有意见就能提,有气就能出"。邓小平曾多次强调:"要重申'三不主义':不抓辫子,不扣帽子,不打棍子。"

在新的历史时期,习近平提出"要容得下尖锐批评",这一要求有很强的现实性和针对性。可不是?有的干部尤其是党员领导干部,一见有人批评、指责,便暴跳如雷,大有"老虎屁股摸不得"之嫌。有的虽然态度相对"温和",但总是竭力推卸责任——或找理由搪塞,或寻原因逃避,或觅别人"垫背"。更有甚者,皮里阳秋,表面上"虚心接受",可一转身便撇在脑后。

这里有一个典型的案例。

来自重庆綦江区的农民工杨凤强没有想到,他和工友给河南平顶山市两个政府部门各送了一面"不作为奖"锦旗之后,自己被行政拘留了10天。

2015年5月19日,因与一家建筑公司产生劳动纠纷迟迟未得到解决,杨凤强等人先后到平顶山湛河区政府和市公安局反映诉求,并向该市人社局、公安局各送了一面"不作为奖"锦旗。随后,杨凤强等4人被警方以涉嫌扰乱单位秩序为由行政拘留。其中,杨凤强、张蓬冲、毛伟富等3名工人因"扰乱单位秩序"被平顶山市公安局光明路分局处以行政拘留10天，杨凤强所在公司经理谢金红则因"聚众扰乱单位秩序"被行政拘留15天。

自从在江苏省无锡市打工的男子周力向当地劳动部门送了一面写着"不为人民服务"的锦旗之后，这种批评政府的行为艺术就被多次复制。此前，送批评锦旗者常被政府拒绝，但却没有被拘留的事情发生。

农民工送"不作为"锦旗被拘，其间夹杂着公安部门可能涉嫌的"不作为"，倘若公安部门对农民工的行政拘留被认定违法，其行为不仅是"不作为"，更是"乱作为"。当农民工遭遇这样的权益维护部门时，其权益被漠视的情况恐难在短时间内改善。公安部门对"不作为"锦旗的态度，恰恰印证了其为民执法的成色。

按理说，农民工向政府送批评锦旗，就是对政府某方面工作的批评。而劳动纠纷迟迟得不到解决，也说明相关部门的工作没有做到位。农民工批评有关单位"不作为"也不为过，因为他们有监督政府的权利。

政府机关是为人民服务的，欢迎一切批评，即使批评失当，或者言过其实，政府部门也应该有"有则改之，无则加勉"的雅量。当然，被批评的领导干部收下批评锦旗，并且挂上墙的事情，也不是没有。

2011年1月份中旬，因土地纠纷久拖不决，海南文昌市东郊镇村民向镇政府赠送"村民心中最不作为奖"锦旗，镇政府接受了这面锦旗并挂在办公室的墙上。镇政府表示，镇政府把村民送的锦旗挂出来，目的是为起警示作用，提醒干部今后无论处理问题也好，处理其他工作也好，都要提高工作效率。

说到底，"容得下尖锐批评"是中国共产党人的一种思想情操、精神境界。一个情为民所系、权为民所用、利为民所谋的领导干部，必定会"容得下尖锐批评"，因为这是与自己肩负的责任、追求的理想相一致的。

三、让批评与自我批评更有辣味

"又要开民主生活会了，又得说一些违心的话，听一些无关痛痒的话。"在现实生活中，我们会经常听到有党员干部如此抱怨。

根据中共中央1990年印发的《关于县以上党和国家机关党员领导干部民主生活的若干规定》，县以上党和国家机关党员领导干部的民主生活会，每半年至少召开一次。一般来说，上半年的民主生活会应在7月底以前召开，下半年的民主生活会应在翌年1月底召开。

民主生活会，是指党员领导干部召开的旨在开展批评与自我批评的组织活动制度。民主生活会制度是中国共产党在长期的革命和建设实践中形成的优良作风，是增强党的生机与活力的一大法宝。

但近年来不少部门和单位领导班子的民主生活会质量并不高。只谈成绩、不谈问题，或者大张旗鼓谈成绩、轻描淡写谈问题，把批评与自我批评变成了表扬与自我表扬。甚至不管班子问题有多严重，相互之间总是讳言批评，最多是"提点希望"，偏离了民主生活会的本意。

比如，在有些民主生活会上，也有人提意见，但多无关痛痒，或明贬实褒，往往是批评工作业务上的问题多，批评思想作风上的问题少；对一般现象的批评多，对具体问题的批评少；搞浮光掠影的批评多，能直击要害的批评少……甚至"自我批评谈情况，相互批评谈希望"、"表扬和自我表扬相结合"，以致"批评"领导"有时对同志要求太严"、"干工作不注意身体"、"忙工作不顾家"，等等。

在这些人的眼中,批评与自我批评,就像"烫手的山芋",看着熏人,用起来伤人,能不碰就别碰。

无论不敢还是不愿,都反映出人们讲私情不讲党性,讲关系不讲原则。说到底,是个"私"字在作怪。"心底无私天地宽",只有无私,才能无畏,才能正视自己身上的毛病,才能勇于指出别人的不足,揭露矛盾,解决问题。

由于部分领导干部对民主生活会重要性认识不足,往往是在制度的约束下才开。有时就是以提高认识为名,找几个文件,轮流念念,自我总结,没有触及灵魂的批评与自我批评,最后安排人写个材料上交了事。

更有甚者,一些民主生活会被开成了"牢骚会"、"诉苦会",领导班子成员不愿敞开思想剖析自己,在这样的民主生活会上,能听到的就是发牢骚、诉苦恼,找客观原因,唯独不讲自己存在的问题。

此外,有些民主生活会并不民主。我们常常会看见这样的现象——会议一开始,"一把手"就抢先发言作报告,讲得天马行空,容不得别人插话,更不给别人留发言时间,活生生一个"报告会"、"家长会"。

按照上级党委(党组)成员参加下一级党委(党组)领导班子民主生活会的要求,有些单位和部门的民主生活会上,虽有上级领导参加,但这些领导通常只说些"取长补短"、"共同提高"、"有则改之、无则加勉"之类官话套话。

早在上世纪80年代,中央就以成文规定的形式,首次建立全党统一的民主生活会制度。1992年10月18日经党的十四大通过,在党章中首次载明领导干部必须参加党委、党组的民主生活会,并沿袭至今。

而事实上,民主生活会是专为担任一定职务的领导干部所设置的,即领导干部在参加党的支部、小组生活之外,还必须定期参加党委、党组的民主生活会。但近年来民主生活会病象滋生,有些人对此颇多针砭,有"渐流形式"之危险。

民主生活会需要有真诚、深刻的批评与自我批评，如果不能营造开展积极思想斗争的良好氛围，变成相互评功摆好的"集体按摩会"，暴露出动机不纯、思想不纯、党风不纯，是新形势下作风腐败的一种具体表现。

对于民主生活会质量下降，主要是这样的心理在作怪——批评领导怕被报复，批评同级怕伤和气，批评下级怕丢选票，批评自己怕失威信。批评别人很难，批评自己更难。

此外，民主生活会中"好人主义"盛行，还与社会利益分配格局发生深刻变化有关。随着改革的深入，个人利益逐渐变得稳定和可预见，有些领导干部明哲保身观念有所增强，党性比以前弱了，私心比以前显性化了，结果导致民主生活会开得"你好我好大家好"，和气一团，应付了事。

不可忽视的是，还有一些党员干部对领导唯命是从，形成一种人身依附关系，即便有不同想法和观点，在公开场合也不敢说、不愿说。这种缺乏民主修养和实行民主能力的现象，严重制约了党内的民主进步。

民主生活会上"好人主义"盛行，很大程度上因为少数领导干部喜欢搞"一言堂"和"家长制"，忽视党员参与党的决策的权利，使党内的一些决策，很难建立在真正民主基础上。这就使得很多人不想说、懒得说，也就不能出现畅所欲言地进行真正的思想交流的局面。

有些单位和部门民主生活会质量不高，主要是"一把手"不重视，为走形式应付上级检查。有些班子主要领导怕暴露问题，以致"家丑外扬"，影响班子形象，所以很难形成批评与自我批评的氛围。

这些原因导致民主生活会流于形式，如果有些民主生活会的简报和整改措施上报多了粉饰成分，上级再官僚一些，看到的就是个假象。

比如，2008年10月6日，湖南株洲市粮食局原党组书记、局长何智，因涉嫌贪污、受贿、私分国有资产等罪受审。据媒体报道，在其任职期间的一次民主生活会上，数名党组成员公开揭露何智涉嫌腐败，此后又联名上书有关部门，强烈要求对其采取相应措施。此后何智被当地纪委"双规"并进一步掌握证据。

中央有关领导获悉此事后专门作出批示，表示湖南株洲粮食局召开民主生活会揭露"一把手"问题，核查属实很不容易，并要求进一步汇报了解。

可遗憾的是，在民主生活会上能把问题揭露出来的，目前现实中少之又少。

在现实中，要通过民主生活会公开挑战本部门"一把手"的权威，甚至揭开存在的严重问题，这简直就是奇迹。这也许是何智一案引起高层关注的原因所在。

民主生活会本是大家交心、互相提高的民主形态，但目前有些民主生活会并不能真正发挥坚持真理、广开言路的作用，也失去了领导干部之间相互监督约束、培养同志式的健康感情的功能。变味的民主生活会，不可能触及灵魂的震颤，更不能通过激烈的思想交锋而达到共同提高的作用，反而在一定程度上会毒化人的灵魂，误导人的价值取向，恶化权力生态环境。

社会在快速发展，党的建设也应与时俱进，各级党组织应在民主生活会方面进行制度创新，不能总在原有模式上兜圈子、打转转。

民主生活会开得好不好，关键在"一把手"。因此，"一把手"必须树立起民主意识，要把民主生活会真正作为更好地解决工作中存在问题的平台，看作集合广大党员干部智慧的平台。此外还应通过一定的制度，把党内外干部群众的意见、建议反映在民主生活会中。

要使民主生活会开得更有辣味,需要进一步提高民主生活会的信息公开程度,建立民主生活会的信息公开机制。首先要提高对广大党员的信息公开程度;其次对于和广大群众相关的问题,也要对非党员公开。只要不涉及机密,越是公开越有利于问题的解决,越能体现民主生活会的价值。建立民主生活会群众评议制度,或吸取群众参与民主生活会。

开民主生活会的目的是解决问题,这需要"一把手"平时就营造一种让下属敢于说话的氛围,加强科学和民主建设,使问题和矛盾一出现就能得到及时化解,而并非一定要积攒到民主生活会上解决。民主生活会可以探索逐步扩大参会人员和征求意见的范围,在解决班子和班子成员问题时,也使与会者受到党内民主的教育和影响,进而带动推进社会民主建设。

开好民主生活会,要紧密结合先进性教育活动的有关规定及本单位、本部门的具体实际,讲求实效,做好工作。党委或党组的主要领导人,是民主生活会第一责任人,更要严于律己,以模范的行动带动其他同志,提高民主生活会的质量。关键是要从制度上进一步规范干部民主选拔机制,对"一把手"的权力进行有效制约,杜绝民主生活的"形式化、过场化",这样才能让其他人敢于发表不同观点和意见,敢于揭短。

由于客观存在着下级命运被上级掌握、同级命运被"一把手"掌握的现象,要让民主生活会真正发挥作用,就要杜绝下级盲目对上级忠诚而忘记忠诚于真理的现象,健全对敢于坚持真理讲真话的人的保护机制。

对说真话的人进行打击报复的领导干部,应进行严厉的问责。对领导班子成员存在违纪、违法问题,本人不自省,领导班子主要负责人知情,但在民主生活会上不指出、不批评的,一经发现,应该切实地、严肃地追究本人及主要负责人的责任。

在继续运用好面对面的形式的同时,可考虑拓宽渠道,尝试利用互联网的优势。可建立若干个类似网络聊天室或微信群的小范围的"民主生活会室"或"民主生活会群"进行思想交流，或开展批评。这样既可免去面对面的尴尬而畅所欲言，还便于上级部门和领导检查监督。

四、善意的批评也是主旋律

"以铜为镜，可以正衣冠；以古为镜，可以知兴替；以人为镜，可以观得失。"唐太宗李世民先后接受了魏徵200多次批评和规劝，他"广开言路，虚心纳谏"的风范不仅为他赢得了天下，还开创了贞观之治，盛世之典。

容得下尖锐批评，对于个人来说，是一种度量；对于一个执政党来说，则是一种政治气度；对于一国的政治体制来说，更是民主政治得以健全完善的基石。无论从历史或现实的角度，从国内或国际的经验来看，容得下尖锐批评是中国共产党在十八大后加强民主监督，改进工作作风的迫切需要。

人民群众是实践的主体，是历史的创造者。"脱离群众的危险"是中国共产党所面临的"四大危险"之一。因此，在长期革命建设实践中，不少领导干部对批评和自我批评的优良作风有着深刻的理解和认识。

但是，随着执政时间的推移，打天下时密切联系群众的最大优势，开始向脱离群众的最大危险演变；批评与自我批评这一起家的法宝，有人开始担心而束之高阁，有人出于害怕而压制打击。曾几何时，首先在主旋律中不见了批评的踪迹，接着批评被划入负面行列，再后来连自我批评也异化为自我表扬。

对于党内民主中批评与自我批评风气的式微，对于主旋律中批评与自我批评的降调或删除，一些掌权者由违纪而违法，由腐化而腐败。没有批评，监督则是无源之水；没有自我批评，自律则成无本之木。

中国共产党对此保持着高度的警觉。2008年12月18日，胡锦涛在纪念中共十一届三中全会召开三十周年大会上告诫全党："党的先进性和党的执政地位都不是一劳永逸、一成不变的，过去先进不等于现在先进，现在先进不等于永远先进；过去拥有不等于现在拥有，现在拥有不等于永远拥有。"

中国共产党作为执政党，只有容得下民间、草野尖锐的批评乃至骂声，才能在群众中立足、在群众中扎根，保持先进性。因此，从某种意义上讲，批评也是一种主旋律。批评作为力量之基，进步之源，成熟之师，则古往今来，概莫能外。回避批评，缺点就会在熟视无睹中变成问题；拒绝批评，问题就会在延时误事中变成难题；压制批评，难题就会在积重难返中变成老大难题。

要让一个政党以及数以万计的党政领导干部都能容得下尖锐批评，需要党和政府在思想认识、制度设计、法制保障和舆论氛围上多维度给力。

容得下尖锐批评，需要党员领导干部切实变"官本位"的执政理念为"民本位"的执政理念，坚持以人为本、执政为民，始终把人民群众的需求作为第一选择，把人民群众的满意作为第一标准。

容得下尖锐批评，需要中国共产党进一步健全完善党内监督、党外监督、社会监督、舆论监督等规章制度，积极推行政务公开，畅通民意诉求表达渠道，让党务政务活动在阳光下运行，创造条件让民众能够"零距离"监督政府，能够"赤裸裸"批评政府，能够参与政府的每一项重大决策。

容得下尖锐批评，需要党员领导干部真正贯彻依法治国的基本方略，严格按照宪法和法律的规定来办事，严守"法无明文规定不为罪，法无明文规定不处罚"的法治底线，保障公民"依法讲话"和"言论自由"的权利，从根本上杜绝"因言获罪"、跨省围堵上访等滥用公权进行打击报复违法行为的发生。

容得下尖锐批评，需要中国共产党在全社会营造氛围、创造条件让人们讲真话、讲实话，愿意听不同的声音，甚至是逆耳之言。尤其要允许并鼓励新闻媒体作为执政机关的"挑刺者"存在，帮助公众了解政府事务、社会事务和一切涉及公共利益的事务。同时，促使执政机关沿着法制和社会生活公共准则的方向运作。

习近平提出的"中国共产党要容得下尖锐批评"，振聋发聩，发人深省。"知屋漏者在宇下，知政失者在草野。""善听批评乐被监督"要成为各级党委政府和领导干部的指导思想，让"容得下尖锐批评"成为行事的座右铭。

当然，在批评别人时也要本着出于"公心"、互求"交心"、充满"诚心"的善言。如果真有人借题发挥，不着边际地批评别人，甚至说些打击报复的过激言辞，那我们也要拿起批评的武器，帮助他树立正确的态度和科学的方法，做到批评出于公心、有的放矢。

中国古人提倡"闻过则喜"，懂得"过而能改，善莫大焉"。西谚亦云："批评如同你忠实的门警，你若把它一脚踢开，你的一切就会被错误偷尽。"只有我们正确对待善意的批评，才能以镜为鉴正衣冠，以人为鉴明得失。开展批评与自我批评，还需要进一步提起神、动真格。

一个人，或一个执政党，身上有这样那样的不足或缺点实属正常，对其直言不讳的批评，是一针及时的清醒剂。相反，如果对其不足或缺点视而不见，出于私利一味吹捧，让其一路走到尽头，则是一种居心险恶的"高级黑"。从这个意义上讲，善意的批评也是一种"主旋律"。

五、要善于从批评声中了解民意

民意是什么？

民意似水，可以温柔安静，滋生万物，也可以惊涛骇浪，无坚不摧。

当然，这是比较文学化的解释。如果从学术的角度讲，民意就是人民群众共同的、普遍的思想或意愿。

在中国古代社会，每一个朝代的命运都与民意密切相关，或是重视民意、顺应民意，推动经济社会的不断发展；或是严重违背民意、压制民意，不自觉地推动改朝换代，在对民意的运用上留下了沉重教训。

民意不可欺，更不可违反。中国古代执政者重视民意运用，主要源于对人民价值的认识，即重民思想，又称民本思想。

民贵君轻的观点，由具有"亚圣"之称的孟子正式提出，孟子在《孟子·尽心下》一书中说："民为贵，社稷次之，君为轻。是故得乎丘民而为天子，得乎天子为诸侯，得乎诸侯为大夫。"人民、国家和君主按照尊贵排序，人民居首，国家居中，君主居尾。民贵君轻思想肯定了人民的地位和作用，为统治者提供了价值标准，也为人民评判统治者的优劣提供了参照标准。

君与民的关系从尊贵的角度看是民贵君轻，从依存的角度看，则可以把民与君分别比喻成"水"和"舟"。人民的力量是无穷的，君主的上下台是由人民决定的，正所谓"得民心者得天下"。

中国共产党对这个问题的认识，可谓极其深刻。群众路线是中国共产党的根本工作路线，重视社情民意是中国共产党的一贯传统。中国共产党的很多领导人，也很善于从批评声中了解民意。

毛泽东非常重视向群众学习，他曾指出，"没有眼睛向下的兴趣和决心，是一辈子也不会真正懂得中国的事情的"、"群众是真正的英雄，而我们自己则往往是幼稚可笑的，不了解这一点，就不能得到起码的知识。"

邓小平同样高度重视群众意见，他指出："群众是我们力量的源泉，群众路线和群众观点是我们的传家宝"、"离开群众经验和群众意见的调查研究，那么，任何天才的领导者也不可能进行正确的领导。"

1950年7月，邓小平在谈到工作态度问题时说："我们很希望同志们研究各种问题，多提意见，哪怕是一个片面的意见，也比没有意见好。现在我们就是苦于没有意见。"邓小平曾提醒全党："这几年在我们党内滋长了一种不如实反映情况，不讲老实话，怕讲老实话的坏风气……这是值得全党严重注意的。"

1961年4月，邓小平在北京顺义县搞公共食堂调研时召开了由几个大队支书和生产队长参加的座谈会，他反复询问："公共食堂是吃好，还是不吃好？"多数人都不敢说不吃好，相反却违心地说吃食堂也不错。邓小平在一位农户家里住了一个星期，最终了解到真实情况，这位农民告诉邓小平："吃食堂是假的，由食堂分粮食，社员自己回家做饭吃才是真的。"几天后，邓小平在深入农户访问时，看到一位老大娘喂羊，猪圈却空着。他问老大娘："你养羊，为什么不养猪？"老大娘说了真话："还养猪，人还没吃的呢！"邓小平经过深入了解后，觉得问题严重，他明确表态："吃食堂是社会主义，不吃食堂也是社会主义。要根据群众的意愿，决定食堂的去留。"

江泽民提出的"三个代表"重要思想以及胡锦涛倡导的"权为民所用、利为民所谋、情为民所系"主张进一步坚持与发展了党的群众路线。

中国共产党十六大则明确提出要"建立社情民意反映制度"，而十七大报告提出的切实保障和改善民生要求，给新时期民意调查工作带来了新的机遇。

1988 年至 2002 年，是中国民意研究发展重要的 14 年。这期间，中国政府进行民意测验的数量大量增加，同时允许民间独立市场研究与民意测验机构合法注册，允许民间组织从事民意调查工作。

2014 年 9 月 21 日，习近平在"庆祝中国人民政治协商会议成立 65 周年大会"上指出，"要坚持工作重心下移，深入实际、深入基层、深入群众，做到知民情、解民忧、纾民怨、暖民心，多干让人民满意的好事实事，充分调动人民群众的积极性、主动性、创造性。"

目前，中国民意调查在推动社会进步和民主政治建设中发挥着越来越重要的作用，与此同时也存在着一些值得思考和关注的问题。

比较典型的是，党的十八大以来，被舆论视为反腐败主战场之一的北方某省，从 2014 年 2 月份该省人大常委会副主任被调查开始，一年内已至少有 8 位在该省工作过的省级干部被调查，11 个地市均有领导干部落马。更甚的是，该省三创"一日打两虎"纪录，更创下"半年内，4 位省委常委、7 名省部级干部相继因涉嫌严重违纪被调查"的"坍塌式落马"纪录。

但令人惊讶的是，2011 年全国民意调查的数据显示，该省选人用人公信度得分 77.72 分，高于全国平均分值 1.62 分，比 2008 年提高 6.72 分。组织工作满意度为 80.29 分，高于全国平均分值 1.76 分，比 2008 年提高了 2.74 分。综合组织工作满意度为 80.29 分，高于全国平均分值 1.76 分，比 2008 年提高 2.74 分。

作为一种全新的社情民意的传达机制，中国各级政府或部门的有些民意调查结果，却为何与现实大相径庭呢？

这并不难找到答案。比如，2013 年 9 月中旬，南方某市的很多市民接到了一条该市相关部门发来的短信称，接到省里民意调查电话，同时给出了客观公正、积极评价的市民，凭通话记录可领取误工补贴。除短信外，也有街道、社区工作人员或民警入户登记，让群众在调查时"说一些好的方面"。完成省里电话民调，凭通话记录可领取 300 元补贴。

有些民意调查结果"失真"，显示了个别地方政府和领导干部存在扭曲的政绩观。用来反映民意、发现问题的民意调查，在一些领导干部看来，也可以成为体现个别部门政绩、给领导脸上贴金的好机会。在这种心理的作用下，在民意调查中出现造假行为，就成为了可能。

美国民主之父杰斐逊说，"民主政府是建立在民意基础之上的。"虚假的民意，只会剥夺公民对政府的监督权利，导致腐败丛生。

从这个角度讲，民意调查是了解真实民意的过程，而不应是应付决策公众参与要求的形式，更不能成为操纵民意的手段，这样只能使得民意调查的公信力下降，民众不愿意参与调查，民意调查的真实性也就无从谈起。

在民意型决策时代，政府的第一要务已经不是要解决决策者脑子里有没有民意的问题，而是要解决民意如何进入决策的问题。因此，就中国目前而言，民意调查行业的健康发展，起着十分关键性的作用。

当前，规范中国的民意调查还有很多工作要做。首先，政府要对调查机构资质进行审查，对调查委托对象实行公开招标，鼓励民众积极参与民意调查，保证调查程序的公开、透明，切实保证调查数据的真实性，并如实发布民意调查结果，对于民意调查结果在决策中的采纳情况向社会反馈。

其次，目前中国不少民调机构与委托方之间还缺乏有效的约束机制。要想提高民意调查的科学性、真实性和公信力，必须规范民意调查委托方和执行方的行为。

第三，在委托方通过媒体公布结果时，不论是全部公布，还是选择性地公布一部分，调查机构应该要求委托方完全忠于调查结果。对于调查结果，委托方可决定是否不公布，民意调查机构无权干涉。

第四，建立民意调查的行业标准和基本规范，并要给予独立的第三方研究机构足够的发展空间。同时，对于市场上不规范的调查机构，以及一些个别有失偏颇的民意调查和影响到决策者正确决策的机构等，需要行业协会等进行相应的处理。

最后，民意调查涉及的领域和内容很广泛，因此，民调行业需要加大人才培训，同时还需要深入的研究互联网，提高对互联网上大数据舆情的解读能力。

中国共产党只要摆正与人民群众的"仆主"关系，通过科学的民意调查，及时、准确、全面地收集各个社会群体的利益诉求，始终注重民意采纳，不忌讳善意的批评，就能跳出历代执政者无法克服的历史周期律。

第三节 让权力在阳光下运行

阳光具有除菌、消毒的功能，它能增强人体免疫力，让万物充满勃勃生机，是最好的防腐剂。让权力在阳光下运行，意味着权力公开、透明、公正、合理地行使，防止权力行使者滋长贪欲、越轨行权、腐败变质。

"确保权力正确行使，必须让权力在阳光下运行。"

18世纪，法国启蒙运动的先驱、西方著名思想家孟德斯鸠在其主要代表作《论法的精神》中说了上面这句名言。他还说："不受约束的权力，必然产生腐败，要防止滥用权力，就必须以权力约束权力。"

如果把腐败称为病菌，那么阳光就是杀菌剂。阳光可以杀菌，也可以增强人体免疫力。同样，人民群众的有效监督正是防止公共权力偏离为人民服务的轨道、提高干部拒腐防变能力的阳光，能从源头上防止腐败现象的滋生。

把"必须让权力在阳光下运行"写入十七大报告，是集中民智、倾听民声的结果，充分表现出中国共产党在坚决惩治腐败的同时，更加注重治本，更加注重预防，更加注重制度建设。在这样坚实的基础上，我们有理由相信,"必须让权力在阳光下运行"最终会成为全党和全国人民的共识。

一、政府信息以不公开为例外

"原告于2014年9月25日向被告申请环境信息公开,被告收到原告的书面申请后没有按法律规定向原告公开有关信息,现公开期限已届满,依据有关法律规定,原告依法提起诉讼。"

2015年1月19日,在河北省武邑县人民法院,一场"民告官"的审判正在进行。武邑县环保局因未按法律规定向申请人公开环境信息被告上法庭。

如果政府不按法律规定向申请人公开政府信息,就有可能吃官司,不少地方政府或部门,可能还不习惯这样的事情发生。

自2008年5月1日,中国一部备受瞩目的行政法规——《政府信息公开条例》正式开始实施。没有多少人能预料到,《政府信息公开条例》已成为一个中国历史性的拐点,将倒逼中国政府迈向一个信息公开的新时代。

这部于2007年4月颁布的行政法规,明确规定了公民的知情权和政府的信息公开义务。而当信息公开时代来临时,无论是政府还是民众,无论是在实践层面还是立法层面,并还没有完全做好准备。

2008年5月5日,湖南省汝城县黄由俭、邓柏松等5位市民引爆了一起特别诉讼——因向县政府申请公开有关政府部门的调查材料遭到拒绝,汝城县人民政府便被他们告上了郴州市中级人民法院。这是条例正式实施以来,中国首例市民状告"政府信息不公开"的行政诉讼案。

这是中国第一次国家级政府信息公开立法,把信息公开变成了政府的法定义务,也是政府执政理念转变的一个历史性突破,彻底颠覆中国执政者以往的工作思路和方法,简直就是一场执政理念的革命。

政府信息公开在全世界都是认同的,公开是原则,不公开是例外。据相关数据显示,美国对1975年以前的档案实行95%对外开放,俄罗斯的开放率80%至90%,而日本已经分13批对1979年以前的档案采取了开放措施。

从上世纪90年代末期起,政府信息公开就在中国政府、学术界和普通民众中形成共识。从1998年作为立法研究课题立项,到2007年4月公布,再到2008年5月正式实施,条例走过了"十年破冰"的漫长历程,仅法律实施准备期就长达一年。

但是,这一漫长的立法进程,始终伴随着中国政府的变革和成长,也从另外一个侧面见证了中国社会主义民主政治的递进——

2006年1月1日,中央政府门户网站正式开通,至今全国县级以上政府和政府部门已建立了门户网站。国家发改委、教育部、卫生部、审计署等国家部委还在官方网站开设了信息公开的专栏。点击进入后,可看到这些部门信息公开的目录、公民申请信息公开的路径、指南等。

政府新闻发言人制度也在中央各部委和31个省、自治区、直辖市基本建立起来。另外,有些地方政府还纷纷在图书馆、档案馆、行政审批大厅等公共服务场所,专门配置了微机查询终端、电子显示屏、文件阅览室等设施,进一步方便公众查询政府信息。

在保障公民权益、建设和谐社会和廉洁政府方面,信息公开的意义显而易见。

政府掌握着一个国家的大量信息，信息公开与否、公开的程度高低都对社会的进步起着直接的推动作用。多年来，中国公众有了问题往往找不到诉求的渠道，致使一些很普通的问题因信息不畅演化为误解，无形中加剧了社会的隐性矛盾。而条例的实施，有助于保障公众权益，加速民主政治建设进程。

由于信息不公开带给中国政府的惨痛教训不少，除在一些项目决策上暗箱操作造成腐败大案频发外，在"非典"灾难之初、松花江污染等突发公共事件中，一些部门领导干部认为公众知道的信息越多，越会引起社会恐慌，便千方百计遮盖事实，结果适得其反。

吸取这些教训之后，每当禽流感疫情、药品中毒、食品安全、地震等危机发生，有关政府都会通过政府公报、政府网站、新闻发布会、传统媒体等各种渠道不间断地公布事实真相和事态进展，并向公众提供安全防范等信息。

政府需要在大灾大难中学会危机的有效处理，而坦诚的信息公开是基础，这不但可以让公众更加理性和沉着，也让政府得到民众最大程度的理解和支持，为顺利化解危机打下基础。条例实施，有力地保障了公民知情权，更好地实现公民的参与权、表达权、监督权，很大程度上杜绝了政府决策方面的失误，拉近了政府和民众的感情，是促进社会和谐的有效途径。

以往滋生的领导干部渎职、滥用职权、政令不通等腐败现象，基本都是暗箱操作的产物。为此，政府信息公开能更好地预防腐败。政府越垄断信息，秘密越多，那么权力寻租的空间就越大。在现实生活中，诸如高考成绩、气象预报等信息，往往被有关部门通过声讯台等渠道高价出售。这些权钱交易、欺诈失信等腐败现象，大都是暗箱操作所导致。根据条例，这些原则上都应向社会免费公开。

而事实上，条例实施后，中国政府已经不断向开放型、服务型、民主型政府转型。同时，条例也不断在唤起更多公民参政议政、监督政府的民主意识和政治热情，激活、加速整个社会的民主进程。

这种不可逆转的双向演进，终将会重构政府与公众的关系，最终催生一个有限政府、公民本位的现代公民社会。

近年来，随着条例的实施，与公众的热情形成对比的是，还有一些政府部门的表现不尽如人意。从信息公开的情况来看，也还存在着公开不规范、不全面的问题，有些信息的掌控权，还基本取决于政府的单方意志。

更为极端的是，有些政府部门、政府领导干部出于自身利益的需要，还有垄断、封锁信息的"工作习惯"。

主要原因是，政府信息一旦与领导干部政绩、考核指标乃至"乌纱帽"挂钩时，有些领导干部必然会产生封锁消息、隐瞒真相乃至编造谎言的本能冲动。有些政府在行政用度、项目审批状况等各种与民生有关的统计调查数据不愿意公开，主要是这些公共信息与部门利益、领导干部政绩密切相关。

从条例实施至今，还存在有些地方政府服务不到位的现象。比如公众提交申请途径不畅，咨询电话无人接听，有的明确表示不接待来访，甚至直接将申请者拒之门外。更有甚者，一些部门在条例实施后表现得措手不及，有的连本部门的工作人员都不知道应由谁来公开信息。

尽管各级政府已普遍建立了网站，但有些并未承担起发布政府信息的功能，而是异化成转载媒体报道的网站，有些甚至变身为营利性的商业网站，角色定位发生了严重错位。更有不少基层的政府网站长时间得不到更新，有的根本无法打开，成为"死网"。

同样，公众一直寄予厚望的新闻发言人制度，在有些地方和部门也成为一种摆设，甚至成为"统一宣传口径"，对付媒体对当地政府负面报道的工具。不少单位还明文严格规定"除了新闻发言人，严禁工作人员私自接受记者采访"。有些新闻发言人，要么联系不上，要么联系上了，每每被问及一些"敏感问题"时，却顾左右而言他或干脆"无可奉告"。一项初衷良好的制度创新，反而成了一些领导干部手中的"挡箭牌"。

政府信息公开遇到的诸多问题，除与政府理念、领导干部心态有关外，还与我们的法规设计有关。比如根据条例规定，行政机关公开政府信息前，应当按照保密法等相关法律、法规、规定对拟公开的政府信息进行审查，不得公开涉及国家秘密的政府信息。这就令有些政府部门和领导干部有可能以"保密审查机制"为借口压缩公民知情权。

举一个比较典型的例证：房地产信息长期不透明，为开发商操纵房价、腐败领导干部以地寻租提供了巨大空间，使各地房价节节攀升，已演变成殃及民生的严重社会问题。正因此，近年来不断有民众要求公开房地产成本，但一些地方政府部门却以这是"开发商的商业秘密"为由不予公开。

更具争议的话题是，尽管社会普遍认为，掌握公权的领导干部理应公开其财产状况，接受社会监督。但"个人隐私说"却在领导干部阶层大有市场，直到现在，领导干部财产申报制度也只是"海市蜃楼"。

目前条例有些规定过于宽泛，如何界定信息是否可以公布或将成为条例实施过程中面临的主要难题。条例第九条和第十三条分别规定了信息的主动公开与依申请公开，但是从中很难把握这两者的界限，信息主动公开很可能因政府及其工作人员观念转变得不够及时和其他相关保障机制的欠缺而流于形式。

另外，从条例可以看出，信息公开与否的决定权和执行权基本上都是由政府把握。但没有政府以外的第三者予以监督，这种封闭式的信息公开模式很可能引发公众对信息公开程度的怀疑。可以预见的是，这些问题容易引发大量的行政纠纷，最终可能导致行政机关和司法机关对此类纠纷不堪重负。

现阶段存在政务信息公开偏窄而保密信息范围偏宽的现象。目前几乎各级行政机关都有定密权，从自己的立场确定应该保密的范围，导致定密过于普遍。有的在执行具体保密范围时，随意扩大范围，把不应当确定的事项确定为国家秘密。有的部门对具体保密范围修订不及时，一些明显不属于国家秘密的信息，仍然在保密，给保密工作增加了难度，提高了保密成本。

面对构建政府信息公开体系这样一个革命性和颠覆性的系统工程，因某些现实的因素，还有许多配套政策需要完善。

社会信息的公开化必须以法律法规的形式加以制度化，使之成为一种可以操作，可以审查，透明度很高的程序，使政府行政处于社会公众有效的监督之中。它使政府行政在信息发布的内容、性质、时间成为一种承担法律义务的强制性行为。重大社会信息的发布因此而不会因人、因时而具有随意性。

现在条例仅仅是一部由国务院制定的行政法规，而不是由全国人大制定的、更高层级的法律。正因为如此，使得其主要适用于行政机关，还无法涵盖人大、政协、法院、检察院等国家机构的信息公开，也无法规制遍布社会基层的村务公开、校务公开，等等。为此，希望有关部门不断总结经验，把更多主体纳入到信息公开的范围，使条例逐步上升为法律，以便更好地推进整个公共领域、公权领域的透明化，更为全面地保障公民的知情权。

二、简政放权让权力回归本位

2015年5月6日,在国务院常务会议讨论确定进一步简政放权、取消非行政许可审批类别时,李克强一连讲了三个故事,痛斥某些政府办事机构为人民办事设多道"障碍"。

"我看到有家媒体报道,一个公民要出国旅游,需要填写'紧急联系人',他写了他母亲的名字,结果有关部门要求他提供材料,证明'你妈是你妈'!"总理的话音刚落,会场顿时笑声一片。

"这怎么证明呢?简直是天大的笑话!人家本来是想出去旅游,放松放松,结果呢?"李克强说,"这些办事机构到底是出于对老百姓负责的态度,还是在故意给老百姓设置障碍?"

李克强讲述的第二个故事,发生在海南:一位基层优秀工作者参与评选全国劳模时,仅报送材料就需要盖8个章,结果他跑了几天也没盖全,最后还是省领导特批才得到解决。

"盖完章他当场就哭了。"李克强讲到这儿费解地发问,"老百姓办个事咋就这么难?政府给老百姓办事为啥要设这么多道'障碍'?"

李克强因此总结道,近两年来,简政放权、放管结合、转变政府职能的改革虽然取得了明显成效,但必须看到,现有成果与人民群众的期盼还有不小距离,需要进一步深化改革。

李克强讲的第三个故事,发生在两星期前的福建考察期间。当时,李克强在厦门主持召开部分台资企业负责人座谈会,一位台商代表告诉总理,他在大陆营商最大的困难,不是优惠政策不够,而是知识产权得不到足够保护。

"研究出来一个东西,马上就有人模仿,打官司、找政府,没人给解决！"在2015年5月6日的常务会议上,李克强说,"我们现在的确存在这样的问题:政府一些'该管的事'没有管到位,但对一些'不该管的事',手却'伸得特别长'!"

李克强讲这三个故事,在社会上引发了热议。

当前,社会上下已形成一个共识:厘清政府和市场的界限是经济体制改革的关键,简政放权是"牵一发而动全身"的改革。同时,公众也对政府提出了更高的"监管"和"服务"要求。

就此类证明而言,一方面是政府仍存在"该放的权没放"、"手伸得还是太长",另一方面也存在部分已出台的简政放权措施没有落实到位,"中梗阻现象大量存在"、"最后一公里没有完全打通"。

奇葩证明也好,证明过多也罢,说到底还是权力任性。一些部门和工作人员审批过多,自由裁量空间过大,没有根据法律和制度的规定来操作,有的甚至吃拿卡要、寻租牟利,这种顽疾亟须治理。

多年来,公众常用"公章四面围城、审批长途旅行"来形容审批之难,不仅私企小老板叫苦不迭,就连很多大型集团企业的老板也想不明白,政府部门并不在市场一线,却喜欢对企业的经营管得如此之细。

这些烦琐的行政审批手续背后,到底又藏着怎样的秘密呢?

2015年5月27日,河北省保定市人民检察院决定,依法对国家能源局煤炭司原副司长魏鹏远以涉嫌受贿、巨额财产来源不明罪向河北省保定市中级人民法院提起公诉。

魏鹏远,国家能源局煤炭司正处级副司长,主要负责煤矿基建的审批和项目改造核准工作,2014年5月被有关部门带走调查时,其家中发现了2亿多元的现金,执法人员调去16台点钞机清点,当场烧坏了4台。

魏鹏远这起小官巨贪案件，让世人惊愕无比。有人计算，魏鹏远在国家能源局工作的近6年时间里，平均每天挣10万元。由此可见，这些惊人的巨款与官员手中的审批权有直接关系。然而许多行政审批并非来自法律的授权，而是部门自己给自己封的管理权力。

所谓行政审批，是指行政机关（包括有行政审批权的其他组织）根据自然人、法人或者其他组织提出的申请，经过依法审查，采取"批准"、"同意"、"年检"发放证照等方式，准予其从事特定活动、认可其资格资质、确认特定民事关系或者特定民事权利能力和行为能力的行为。

新中国成立之初，在计划经济体制下，政府以万能管理者身份出现，而法律的真空状态又导致许多领域缺乏管理的标准和依据，于是行政审批作为法律替代物在各领域广泛适用，行政审批制度初步形成。

上世纪80年代是行政审批的持续强化时期。计划经济向市场经济转轨，社会利益结果逐步分化和调整，只有强化审批才能控制分化的局面。于是审批范围越来越广、种类越来越多。

行政审批过度的弊端在推进建立市场经济体制的过程中日渐显现，行政审批制度改革开始提上日程，初始阶段主要围绕政府机构改革以及行政审批进行改革。1997年开始在深圳试点行政审批制度改革。

为保证行政审批改革的推进，两年来相关的督促、检查不断。早在2013年5月13日，国务院召开全国电视电话会议，李克强就强调："既要把该放的权力放开放到位，又要把该管的事务管住管好。"

2014年6月到7月，国务院组织了一场规模空前的督查，对27个部门和16个省份的政策落实情况进行督查，19个督查项目中"简政放权"位列第一。

简政放权全程贯穿李克强施政过程。2014年、2015年的第一次国务院常务会议，都研究了简政放权。2014年共开了40次常务会议，有21次部署了"简政放权"。简政放权作为"开门第一件大事"，而行政审批改革则是突破口。

国务院2014年7月首次使用第三方评估检验政策落实情况，委托了国家行政学院对简政放权进行评估，不仅"原汁原味"地了解了简政放权的效果，还发现了各地、各部门执行过程中的问题，及时进行了纠正。

李克强的目标是，将政府部门手中的行政审批权砍去1/3，他当时给出的时间节点是本届任期结束，也即要花5年时间完成这一任务。

2014年8月19日，李克强主持召开国务院常务会议，决定推出进一步简政放权新措施，持续扩大改革成效。会议决定，再取消下放87项审批事项；将90项工商登记前置审批事项改为后置审批，实行先照后证；取消19个评比达标表彰项目；同时，再取消一批部门和行业协会自行设置、法律法规依据不足的职业资格许可和认定事项。

多管齐下之下，国务院行政审批"削减1/3"的目标初步实现。简政放权包括向市场、向社会放权，对政府部门是一个自我革命的过程。

权力意味着管理，权力意味着资源，权力也意味着责任。简政放权的目的是为了厘清权力边界，让权力行使更加规范，让权力运行更加透明，让权力的责任意识更加强烈。

而现实是，近年来尽管有些地方或部门权力下放数字、幅度很明显，但权力"空放"现象依然较为普遍。

权力"空放"现象主要体现为：一、放权不完整。有些上级下放受理权或初审权，终审权没有下放到位，以致出现一半环节在上级，一半环节在下级的现象，给申请人造成不便。二、放权有"水分"。有些部门下放权力与地方经济社会发展不相符。尽管动辄上百项权限下放，但"凑数"之嫌明显，实质作用不大。三、权限下放不稳定。

有些上级部门下放权力一段时间后，以审核或备案为由，变相收回下放的权限。

改革贵在行动，重在落实。由于简政放权没解决"实放""真放"，完整地放，或没把权"放实"，直接导致有些下级对下放的权力没能力"接盘"。比如相应机构设置、人员、资金、硬件设施不到位，造成下级有权无法使用。

而另一种极端的情况是，有些地方在权力下放后，因权力评价与权力监督机制不完善，给受权部门或人员提供了设租、寻租的机会，使其变成了狐假虎威的"二政府"，从而使简政放权成为部分人"重收费，轻服务"的借口。

李克强对此类现象也有所耳闻，他在2015年2月9日的国务院廉政工作会议上说，"我到地方调研，听到基层反映，有的审批'明放暗不放'，名义上取消了，但换了'马甲'，又以备案的名目出现了。"

李克强接着说，还有更突出的，就是政府放权降低了门槛，但有的地方中介"高墙"依然林立，有的地方中介打着政府的旗号，被称为"二政府""红顶中介"。这次会议上，李克强要求坚决消除审批的"灰色地带"，防止改革红利被截留蚕食。

因此，简政放权迫切需要加强改革顶层设计和统筹规划，并在权力下放后，大力推进行政审批标准化建设。即对行政审批管理、质量、流程、评价等进行全面梳理和研究，制定层次分明、内容全面的标准体系，并要确保权力在可督、可评、可公开的范围内"阳光运行"。

当然，并非所有权力都该下放。对一些重要的、地方管不好、涉及面较广的权力，还要上收，比如宏观调控中金融政策、房地产政策的制定，食品安全方面的政策等。

简政放权要力戒"花架子"。这就需要在简政放权时能够更到位：

不能越位，一越位权力就可能乱作为，就可能增加社会运行成本；不能恋权，一恋权就可能出现简政放权的表面化，就可能在简政放权时犹犹豫豫、不干不净；不能缺位，一缺位权力的下放就可能伴随着责任的丢失，权力在放权的同时也导致社会秩序的失控，社会保障的失位。只有做到这些方面，简政放权才算名副其实。

只有让下放的权限真正做到权能匹配、权责对等、权属清晰，才能让服务型政府的阳光照进市场和民众，激活市场经济的活力，为社会发展创造良好环境。

行政审批改革不容易，不排除有部门利益的影响。但更难的是政府部门管理方式的转变，不审批了，如果政府还必须履行监管责任，那么配套的措施还要跟得上。取消行政审批后，事中事后监管都是新的课题。

中国改革的号角已经吹响，不管未来的阻力有多大、"骨头"有多硬，简政放权的步伐都不会停止。

三、权力清单亮出"权力家底"

权力清单制度最早见诸于中央文件中，始于 2013 年。

2013 年中共中央、国务院《关于地方政府职能转变和机构改革的意见》指出，"梳理各级政府部门的行政职权，公布权责清单，规范行政裁量权，明确责任主体和权力运行流程。"

2014 年 10 月 23 日，十八届四中全会在北京闭幕。当晚发布了 5200 余字的会议公报。全会公报提出，依法全面履行政府职能，推进机构、职能、权限、程序、责任法定化，推行政府权力清单制度。

按照进一步简政放权、深化行政审批制度改革的工作部署和 2014 年政府工作报告中"确需设置的行政审批事项，要建立权力清单制度，一律向社会公开,清单之外的,一律不得实施审批"的要求,中央政府在建立行政审批事项清单制度上做出表率。

2014年3月17日,国务院审改办在中国机构编制网公开了国务院各部门行政审批事项汇总清单。这是中央政府首次"晒"出权力清单,将权力置于阳光下运行。汇总清单涵盖了60个有行政审批事项的国务院部门。彼时各部门实施的行政审批事项共1235项。

按照中央有关部门的要求,各部门不得在公布的清单之外实施行政审批,不得对已取消和下放的审批项目以其他名目搞变相审批,坚决杜绝随意新设、边减边增、明减暗增等问题。

虽然不少公众已经渐渐感受到"权力清单"带来的"红利",但"权力清单"到底是什么,却少有人说得清。2014年9月10日,李克强在夏季达沃斯开幕式致辞中对政府"权力清单"进行解读,就是"明确政府该做什么,做到'法无授权不可为'"。

新一届中央政府成立以来,坚决把简政放权作为全面深化改革的"先手棋"和转变政府职能的"当头炮",深挖潜力,不断向纵深推进,用硬措施打掉"拦路虎",让市场主体"舒筋骨",为创业兴业开路、为企业发展松绑、为扩大就业助力,为经济社会发展增添新动力,以促改革稳增长。

而简政放权和公开权力清单,都是建立阳光政府的重要步骤。让权力真正在阳光下运行,就是要把权力关进制度的笼子,让公众知道政府的权力边界。这将有助于切实转变政府职能,处理好政府与市场、社会的关系,激发市场活力,使市场在资源配置中发挥决定性作用,同时更好发挥政府作用。

中央政府首次"晒"出权力清单、亮出"权力家底",更是推动政府职能转变,深化行政审批制度改革的重大举措。尽管这是"割自己的肉",迈出了勇敢的第一步,但从目前清单的内容来看,仍有缩减空间。

与此同时,一些地方政府及部门权力清单制度也在加快推行。

早在2011年8月,湖北省就在全国率先晒出权力清单,分部门自行清理、专班审核确认、权力流程再造、权力对外公开等阶段有序推进。2014年5月21日,广东省政府公布了该省政府各部门行政审批事项目录以及工商登记前置审批事项目录、前置改后置审批事项目录。其中,各部门行政审批事项目录涉及46个省直部门的694项行政审批事项。

可以预计,未来地方各级政府及其工作部门权力清单制度即将提速。作为一项新鲜事物,各地在推行权力清单制度的过程中,肯定会遇到这样或那样的问题。这些问题也只有通过不断的改革和探索才能破解。

推行权力清单是法治政府建设中的一项重大创新,通过梳理权力清单,对于规范政府权力、保障公民合法权益有多方面的作用。

首先,可以摸清政府手里的权力,使执法者知道自身的权力边界。推行权力清单制度,有利于政府部门及其工作人员清楚自身到底有多少职权,更好地履行职能、承担责任。有利于进一步厘清层级之间、部门之间的职责关系,突出不同层级政府的管理和服务重点,有利于根据行政职权更加科学合理地设置机构、配备人员,促进政府运行的精简统一效能。明确权力清单,就是明确非授权即禁止的原则,最大限度防止政府的越位、缺位与错位。

其次,通过向社会公示清单,让人民群众知道自身行为的边界,对自身行为的法律风险、法律后果有明确的预期。

再次,公开清单,也让政府行为受到更有力的监督,政府权力再也不能藏着掖着,不在清单内的事项,将不能用以管理社会。

长期以来,中国各级政府存在权力运行过程不够透明、权责不对等,对权力的监督不够有力等问题。尤其是一些行政审批权力多、行政执法权力多、资金资源管理权力多的部门和岗位，很容易产生暗箱操作、滋生腐败。

当然，清单对政府部门必须承担哪些责任，也不能完全涵盖，比如环保部门发布 PM2.5 指数，质监部门制定一些行业标准，这些都不是具体行政行为，不能列入权力清单，但又是这些部门必须要做的事。于是，制定责任清单提上了日程。既然明晰了权力的边界和范围，也就确定了职位的权责，也就是说，这份"权力清单"也是政府的"责任清单"，是政府对社会签订的责任书。

因此，"权力清单"要想真正发挥作用，"责任清单"还得及时跟上。既要强调权力与责任的对等性，也要有针对权力运行的问责机制。

事实证明，只要没有权力追责机制，就会出现职能退化或者胡乱作为，其给民众带来的危害同样不容小视。为此，要保证政府部门恪尽职守、阳光行政，还需要列出政府部门的"责任清单"，保证权力一旦不作为、乱作为，有关责任主体就必须为之付出相应的代价。

四、践行"八项规定"没有完成时

"八项规定改变中国""八项规定，它是新时期的'三大纪律、八项注意'"……这些具体生动又意味深长的话语，道出了公众对中央八项规定的由衷赞许。

2012 年 12 月 4 日，中共中央政治局召开会议，审议通过关于改进工作作风、密切联系群众的八项规定。

这种举措发生在中国很不寻常的时刻，当前国家综合力量强盛，但压力和挑战也前所未有。中国的前景越光明，越有各种力量试图制造它由盛转衰的变数。未来十年是对中国长远命运有关键性影响的时期。

中共中央政治局的决定是一次求真务实而又意义深远的誓师，规定所涉范围之广、内容之细，彰显力度之大、决心之坚，让人感觉非常"带劲"、"给力"。

这种"带劲"、"给力"体现在规定本身。细览这八项规定，如强调改进调查研究，"切忌走过场、搞形式主义"，"开短会、讲短话，力戒空话、套话""没有实质内容、可发可不发的文件、简报一律不发"等等，不仅具体详细，具有很强的量化性，而且便于监督和实行。

不过，这种"给力"、"带劲"，更体现在这是一次"动真格"的重大决定。与以往中央要求改变工作作风的文件不同，这次针对的不是普通领导干部，而是中央政治局委员。这次会议强调，抓作风建设"首先要从中央政治局做起，要求别人做到的自己先要做到，要求别人不做的自己坚决不做"，这种具有宣告式的政治表白，彰显的是执政党的坚强意志，是对人民的郑重承诺。

应当指出，民间舆论这些年的大量批评对中国共产党和政府产生了不少触动，国家反思的动因和渠道都比过去多了很多，也使得今天中国政府的各种承诺都成了"开弓没有回头箭"。

2013年1月22日，习近平在中国共产党第十八届中央纪律检查委员会第二次全体会议上明确提出："作风是否确实好转，要以人民满意为标准。要以踏石留印、抓铁有痕的劲头抓下去，善始善终、善做善成，防止虎头蛇尾，让全党全体人民来监督，让人民群众不断看到实实在在的成效和变化。"

"其身正，不令而行；其身不正，虽令不从。""吏不畏我严，而畏我廉；民不服我能，而服我公；公则明，廉则威。"在中央政治局示范带动下，中央和国家机关纷纷行动，各地各部门各单位积极跟进，细化措施践行八项规定。

2013年6月18日，党的群众路线教育实践活动开始，剑指党内形式主义、官僚主义、享乐主义和奢靡之风等"四风"问题。

党的群众路线教育实践活动的深入开展以来，压缩会议、精简文件，全面清理超标超配公车、超标办公用房、多占住房，整治"会所中的歪风""培训中心的腐败""裸官"……公众不断看到实实在在的成效和变化的要求，"四风"问题得到有力整治，群众反映强烈的突出问题得到有效解决。

谁乱来，谁吃不了兜着走。八项规定不是摆设，而是实打实的规定；违者必究，不留情面。中央纪委监察部网站2015年1月5日发布的数据显示，八项规定2012年12月实施以来，全国共查处违反中央八项规定精神的问题7万多起，处理党员干部近10万人，给予党纪政纪处分近3万人。

"干部离特权远了，离群众近了，党风为之一变；机关里花架子少了，干实事多了，政风为之一变；奢侈浪费少了，勤俭节约多了，民风也为之一变。"这是中央出台八项规定至今，公众对其实施效果的评价。

但是，作风问题具有顽固性和反复性，抓一抓就好转，松一松就反弹。如今，还有少数人持观望态度、抱侥幸心理，甚至有些疑虑："会不会是一阵风？"

更有甚者，有少数人视八项规定为空气，以致"不收敛不收手"——从近期各中央巡视组对部分央企巡视的结果的反馈信息来看，基本都有"违反八项规定现象依然存在"和"四风问题依然严重"等结论。

比较典型的是，国家审计署2015年6月28日发布的2014年度中央预算执行和其他财政收支审计情况显示，被审计的中国核工业集团公司、中国兵器工业集团公司等14户中央企业,除普遍存在违反财经纪律、内部管理混乱等方面的问题之外,违反廉洁从业规定方面的问题也比较突出,其中,中电投集团下属企业竟然花费1753.66万元购买高档酒。

在八项规定实施以来,至少10名领导干部酒后非正常死亡——

2015年5月7日,澎湃新闻独家报道"湖南永州女官员陪酒后醉死"一事引发广泛关注,50天后湖南省纪委通报这一事件的处理结果:包括永州市长在内的多名官员被处分,并被追缴违规超标的公务接待费用。

2014年1月8日下午,安徽省祁门县民警朱璘在陪同领导"交流学习"期间,在安排的"工作晚餐"后醉酒摔伤,经抢救无效死亡。事发当晚酒桌上,共有两个派出所13人参加,共饮白酒6瓶、啤酒11瓶。就餐结束,朱璘下楼时突然往前倒,同行的另一民警未能拉住,朱璘侧身倒下头部着地,送医后于不治身亡。朱璘所在派出所教导员康光辉与另一派出所所长郑小武被处分。

这些案例说明,作风问题具有顽固性和反复性。一些违反八项规定的行为"穿上隐身衣,进入青纱帐"。要在"狠"与"韧"这两个字上下功夫。毛泽东说过:"房子是应该经常打扫的,不打扫就会积满了灰尘;脸是应该经常洗的,不洗也就会灰尘满面。"这是一个极好的比喻,反"四风"也要如此,不长期化制度化,我们的思想上也会积满灰尘。

"欲动天下者,当动天下之心,而不徒在显见之迹。"一个人的行为选择,最终决定力量来自思想文化层面,一个政党的行动作为,最终决定力量也来自信仰信念。只要将为民、务实、清廉的价值追求在党员干部的理想信念中确立下来,就能锻造出更为坚强有力的领导核心。

五、领导干部财产申报制度在路上

2015年6月15日,中央纪委对国家工商总局原副局长、党组成员孙鸿志和中国石油天然气集团公司原总经理廖永远严重违纪问题进行了立案审查。在这两起违纪案件通报中,首次出现了"隐瞒不报个人有关事项"的表述。

中央纪委通报传递出了从严治吏的积极信号。其实,这种表述曾在地方纪委层面出现过。比如,2015年4月,河北省怀来县县委副书记、县长李玉清,因不如实申报个人有关事项等被依法罢免县长职务;2014年以来,江苏12名处级拟提拔干部瞒报被取消资格,等等。

这意味着,领导干部瞒报个人有关事项一旦败露,不仅难获提拔,还可能会被免职,甚至面临刑事责任。此次中央纪委通报更进一步说明,领导干部报告个人有关事项制度已越来越受到重视,预防和惩治腐败正悄然出现升级趋势,由严打的治标,正逐步转向制度性的治本。

党的十八大以来,中国"苍蝇"和"老虎"一起打,查处和惩治了一大批贪官,肃清了党风政风,取得了巨大成效。但必须承认,现阶段的反腐成绩,多为中央纪委巡视或公众举报后,再在各级纪委推动下进行取得的。这种反腐模式,虽取得了一定实效,但不是预防和根除腐败的长久之计。反腐只有走法治化道路,才能形成制度化反腐和长效化反腐的运作机制。

领导干部财产申报制度,是中国制度化反腐的重要一环,其中报告个人有关事项,是关键性的一步,因而被体制内外寄予厚望。但从目前来看,领导干部财产申报制度的实施效果,显然还与公众的期待有明显差距。

最早发源于1766年瑞典制定的第一部财产公示规则,此后许多国家和地区相继建立了类似制度,被誉为"反腐利器"和"阳光法案"。而中国反腐形势也日益强烈地要求尽快实施这一"终端治腐"的制度。

但是,领导干部财产申报制度在中国的立法之路并不平坦。从1987年时任全国人大常委会秘书长的王汉斌明确建议国家工作人员财产申报制度以来,中国在这方面已经探索了四分之一个世纪,至今尚未就此立法。

1988年监察部会同国务院法制局起草了《国家行政工作人员报告财产和收入的规定草案》,被视为中国构建领导干部财产申报制度的初步尝试,起草工作后来停止。1989年就有全国人大代表提出尽快制定《财产申报法》的议案。1994年全国人大常委会将《财产收入申报法》正式列入5年立法规划,但实质立法工作并未启动。1997年,中国开始实行领导干部报告个人重大事项的规定。2001年,中央纪委、中央组织部联合发布《关于省部级现职领导干部报告家庭财产的规定(试行)》。2006年9月,中央办公厅印发了《关于党员领导干部报告个人有关事项的规定》。从2010年开始,县处级以上的领导干部必须向组织申报的个人事项增至房产、投资、配偶子女工作、经商等14项内容。

2013年12月7日,中央组织部印发《关于进一步做好领导干部报告个人有关事项工作的通知》。2015年1月起实行干部选拔任用"凡提必查"制度。

而事实上,至今加快干部财产申报立法进程,仍未取得实质性进展。同时,干部财产申报制度的试点和推广效果并不理想。从目前各个试点县市分布来看,多数集中在东部沿海与长江中下游地区,未能向中西部地区快速扩散。在已试点的地区,许多仍停留在纸面的"申报"上,在"公开、监督、问责"各个环节上普遍存在着监督乏力、公示虚无、问责缺失的问题。

在当前中国社会环境下，干部财产申报制度实施、推广的制约和阻碍因素，有以下几个方面：

首先，受约束干部群体的抵制心理。受约束干部群体（即副县处级以上各类领导干部）对财产申报的心理状态直接影响领导干部财产申报制度的效用。根据当前的实证调研结果来看，目前不少人对自主申报财产的抵触心理较强，面对申报会采取积极或消极的抵制行为。

其次，制度设计层面的阻碍因素。目前中国干部财产申报制度存在一个明显缺陷，即没有形成"申报—公开—审查—监督—问责"这样一个完备的制度体系和运作模式。领导干部个人报告有关事项，主要包括两方面：一是领导干部的婚姻变化和配偶、子女移居国（境）外、从业情况等；二是领导干部收入、房产、投资等。把这两方面纳入监管视野，对于反腐而言，就是抓住了"牛鼻子"。

当然，瞒报个人事项的领导干部，不能说就一定有问题。但事实反复证明，有问题的领导干部，往往会有瞒报个人事项的情节。个别干部瞒报个人事项，有的是不重视，没把申报当回事，随便填敷衍一下；有的却是心里有鬼，因而故意而为之，让所填的内容"看上去很美"。

不论是从现行的干部财产申报制度的有关规定来看，还是从试点县市的实践来看，中国干部财产申报制度的公开皆是有限公开，即选择在一定范围内公开申报材料，并未对领导干部财产公开的时间、范围和财产拥有量的法定限度和公众心理限度做明确的强制性的规定。

当前中国干部财产申报的监督依靠的是同体内部监督，组织部门、纪检监察部门、审计部门、司法部门既是财产申报制度的执行主体，也是监察和被监察的主体，执行权、监督权交叉重叠，既不利于对监督对象的权力限制，也不能保证监督机构的权力独立行使。

目前中国干部财产申报制度实施效果不佳，还与"问责"环节的缺失有关。

干部财产申报制度有必要尽快取得突破性进展，因为作为执政者，在反腐败问题需要推出切实有效的制度体系并取得明显的成效，紧靠经济发展的红利并不能真正赢得人民长久的认同和支持，越是推迟和延缓财产申报制度，越有可能导致公众普遍怀疑、甚至否定中国共产党执政的正当性和合法性。

因为，中国共产党绝不追求"一己之私利"，始终追求"全心全意为人民服务"。如果在理论和宣传上越是"高调"和"理想"，而现实制度和行为的滞后，就越会显得"不协调"和"有落差"。

从长远来看，要发挥财产申报制度的作用，需要将这项值得提升到法律层面。不能仅靠领导干部的自觉申报及随机抽查，更要充分重视和发挥公民在干部财产公开、审查、监督、问责环节的作用，努力弥补体制内监督不力的缺陷，最终构建一个体制内反腐各机构和体制外各种反腐力量协调一致、多元互动的科学治理体系，以确保干部财产申报制度和各种反腐措施的真正贯彻落实。

可以预见，不论是在财产申报制度相关立法，还是在相关制度实际落实，一定会遇到不少阻力。但我们有理由相信，只要拿出中国共产党人的政治智慧和勇气，在民意的强大支持下，千呼万唤的干部财产申报制度一定会出来。

第四节　力促"隐性权力"显性化

　　任何公权力,都应在一种公开、透明的环境下运行。但是,在政治权力的角逐场上,博弈让很多权力的运行走向"地下",从而为权力腐败提供了滋生的土壤,权力腐败之癌细胞逐步向政治肌体转移渗透,变成更多更难根治的腐败顽疾。而这些"阳光"照耀不到的公权力,就成为了隐性权力。

　　古人云,如果没有监督和制约,一切权力都将最终走向腐败。正是这条已被中外实践反复证明的历史定律——权力腐败律要求我们给权力套上枷锁和缰绳,要给权力的运行以全方位、全过程的监督。

　　其实,对于有着五千年文明史的中国来说,权力制度和权力监督的制度设计并不缺乏。但为什么很多研究者认为,腐败问题是权力之"癌",是一种无药可治的不治之症呢?其中一个很明显的原因就是,只靠制度反腐败,是不可能成功的。

　　事实证明,中国对权力腐败的方方面面都有明文规定,但这些规定对于"隐性的权力"来说,却常常成为一纸空文。这种现象让很多政治学者深感困惑,有些学生也因此把政治学当作"伪科学"。

　　"魔高一尺,道高一丈",在政治权力的角逐场上,权力的博弈让很多腐败走向"地下",权力腐败之癌细胞逐步向政治肌体转移渗透,变成更多更难根治的腐败顽疾。

一、"二号首长"的权力延伸

近年来,在一些领导干部腐败案件的背后,有的"拔出萝卜带出泥"地牵出秘书不少肮脏的活动。秘书利用领导干部"身边人"的身份进行腐败,已逐步成为一种具有隐蔽性和欺骗性的腐败新形态。

秘书腐败与领导干部的腐败一脉相承,正视和解决秘书腐败问题,也是中国全面深入推进反腐败斗争的一个重要环节。

2008年12月8日,安徽省淮南市原市委书记陈世礼,被阜阳市中级人民法院以受贿罪一审判处死刑,缓期2年执行。据了解,在此案开庭前,陈世礼的秘书王传东也因受贿50多万元,被淮南市中级人民法院判处6年有期徒刑。

经法院查明,王传东在2001年7月至2006年5月任陈世礼的秘书期间,利用职务之便和特殊地位,安排他人与陈世礼见面,为他人在工程承包、产品推销、企业并购、项目规划、招商引资等方面提供便利,自己从中获得好处,先后七次非法收受他人人民币46.8万元、美元0.2万元、购物卡2.4万元。

在陈世礼的整个犯罪过程中,其秘书王传东成为一个重要的幕后"推手",这是陈世礼腐败案在社会上引起关注的主要原因之一。

何谓秘书?按《辞书》上解释,秘书就是协助领导干部调查研究,联系接待,办理文书和交办事项的人员。顾名思义,秘书只是领导干部的助手、参谋和事务处理者,是一般的工作人员。

按照中央的严格规定,只有副部长级以上的领导干部,才允许配专职秘书。可实际情况是，现在中国秘书配备过度，一些市县"一把手"大都配有多种名目的"秘书"，而且干部配备秘书过多的势头有增无减。

在现实中，多数秘书能够尽职尽责，兢兢业业干好分内工作。但近年来也有少数秘书利用自己的特殊身份打着领导的旗号，"拉大旗作虎皮"地做一些普通人难于做到的事情，被百姓戏称为"二号首长"。

由于秘书地位特殊，往往从属的领导干部大都是部门、地方或单位的"一把手"，经常有人有求于他们，或反映情况，或请示批复，或参加典礼仪式，或请赐墨宝题词题名，能否上达或谁先谁后大都由秘书来安排。如果对秘书管理失控，这个"安排权"很容易成为一些秘书弄权敛财的途径。

有些秘书会运用自己的特殊身份，插手一些项目、工程、企业及各种活动，有时还充当顾问。有些秘书还向当事人透露权力机构的内情，为其谋划，打通关节，获取有关方面的支持，提供方便、大开绿灯，以从中获得报酬。

在不少人眼中，秘书已成为中国公共管理事务中的腐败易发人群。除了王传东腐败案外，中共上海市委原书记陈良宇的秘书秦裕腐败案也令人关注。

2007年12月20日，吉林省高院对中共上海市委原书记陈良宇的秘书秦裕腐败案做出二审判决：维持一审原判，判处秦裕无期徒刑，该判决为终审判决。

秦裕，曾被上海一些干部群众称为"上海第一秘"。经法院审理认定：1998年4月至2006年6月，秦裕在担任上海市委办公厅秘书，上海市政府办公厅、市委办公厅副主任期间，利用职务便利，为他人谋取利益，从中索取、收受贿赂款物折合人民币682万余元。

另外，在秘书腐败案中，影响较大的还有"河北第一秘"李真收受贿赂、非法占有公私财物等共计人民币1051多万元，被判处死刑；北京市委原书记陈希同的秘书陈健，受贿人民币40.9万元，被判处有期徒刑15年；北京市原副市长黄超的秘书何世平，受贿人民币24.3万元，被判处有期徒刑16年；深圳市人大常委会原副主任王炬的秘书蔡建辉受贿港币109万元，人民币50万元，被判处有期徒刑8年；郑筱萸的两任秘书郝和平、曹文庄，也因巨额受贿分别被判刑5年和"死缓"……

为了规避腐败行为的"寻租"风险，同样在使用公共权力的秘书与上级领导干部很容易达成利益上的一致性，所以很多秘书腐败案查处起来难度相当大。可一旦查处，很多就是大案或窝案。

从不少国家官吏制度的演变来看，秘书角色由官员逐渐向职员衍变。但是，中国有些地方秘书角色仍然是官、职不分，而秘书多是分享和递延了领导干部的权力。

秘书角色的错位，容易导致公共权力分解不合理，领导干部和秘书之间的职责分界含糊，在道德力量与权力监督力量双重失效的情况下，秘书腐败在所难免。

其一，秘书和领导干部职责发生严重错位。现实中，秘书与领导干部之间往往存在着一种超乎寻常的"依赖"关系，很多秘书已经成为各级公共权力的实际运作者。

在现时体制框架下，领导干部的秘书无形中获得了两种"隐性权力"：一种是由领导干部演化而来的决策权的延伸；另一种是由于秘书处于核心权力与实施对象之间的"关节"上，由此派生出的权力。

目前有些领导干部"拐杖化生存"现象严重，他们的权力行为，相当一部分是通过秘书来实施。有些领导干部检查工作走的也是秘书和基层领导干部安排好的线路，听汇报都是秘书筛选过的内容，所作报告都在念秘书写好的稿子。如果领导干部决策能力低下、专业知识缺乏的话，工作中对秘书的依赖程度就更高。

其二，秘书选用时"人治"色彩明显。目前不少秘书的选用，基本由领导干部自己定，组织人事部门就是履行个手续。结果出现不少领导干部自选秘书不报审批，或是手续办理流于形式的情况。

领导干部自己挑选的秘书上任后，出于感情和被信任等复杂的原因，很容易形成工作关系与个人感情关系难以分开的现象，甚至由工作服务关系变成可怕的人身依附关系。这样的秘书很容易以"身边人"身份与领导干部达成默契，只要把握不住，就容易将公权私有化。

中国领导干部秘书的选拔工作不规范，法规没有对领导干部秘书的工作性质、任职资格等做出具体规定。这样导致很多秘书的选拔，基本是领导干部说了算，一般都不经民主推荐、民主评议、全面考察等严密的程序。在选用秘书时，领导干部的个人喜好占了上风。

其三，秘书监管缺乏有效机制。由于秘书不像领导干部那样拥有规定的权力，也就不像领导干部那样受到多方面的监督制约。

因为秘书是领导干部"身边人"，其他人或有关监督职能部门投鼠忌器，不能监督、不愿监督，也不敢监督。在目前体制对"一把手"的监督处于相对滞后和疲软的状态下，秘书与领导干部之间的特殊关系，就使得领导干部秘书也有了规避监督的"避风港"，形成上级监督机关不会查，同级监督机关不敢查的尴尬局面。

"河北第一秘"李真落马后，曾与新华社记者有过这样一段对话："我做秘书时，虽说有人管，但没人监督。"

多数人畏惧领导干部的秘书，原因是他们属于领导干部的"身边人"，与领导干部有一种特殊的关系，对他们宁愿退避三舍，也不会得罪。

其四，"一把手"权力过于集中。有些领导干部个人权力过大，那么与"一把手"有着特殊关系的秘书，在外人看来，权力自然也不小。

社会上一些有求于"一把手"的人，也往往总是从秘书那里打开缺口。

可以说，领导干部权力越大，其秘书"含金量"自然就越大。秘书主要是分享和递延了领导干部的权力。一些别有用心的人，将领导干部秘书当成拉拢腐蚀的对象，是因为通过秘书就可以直接找到一条"通天"的捷径。

领导干部自身不正，也很容易滋长"身边人"的权欲观念。秘书在权力的运作中极具隐蔽性和欺骗性。有的领导干部为了掩饰自己的腐败，其罪恶勾当就让秘书去做。可以说，领导干部腐败，必然会要求秘书腐败。如果没有腐败的领导干部为秘书撑腰打气做后台，无职无权的秘书不可能，也没有能力和胆量搞腐败，所以秘书腐败的根源在领导干部。

由于领导干部和秘书之间配合默契，有的秘书越来越"生活化"，照顾领导生活、帮助领导办私事。若某些秘书本身就腐败的话，很容易把领导干部拖下水，为领导干部与行贿人"牵线搭桥"，成为领导干部腐败的"策动者"。

2000年9月14日，曾任全国人大常委会副委员长、中共广西壮族自治区委员会副书记、广西壮族自治区人民政府主席的成克杰被执行死刑。记者在公诉人的公诉书和证人证言材料中发现，里面反复提到一个"小人物"——成克杰的秘书周宁邦。1993年底，成克杰和李平的奸情被成克杰的爱人发觉后，这位周秘书安排他们在自己驾驶的汽车里密谈，商量各自离婚后再结婚的问题。周宁邦为李平出谋划策道："现在结婚不现实，没有什么经济基础，不如趁成克杰在位时赚些钱，为将来的生活打好基础。"之后，成克杰和李平几年工夫就捞取了4000多万元。

秘书虽没有控制某个行业或单位的人、财、物，但处于党政机关权力运行的神经中枢，比别人更加具有得天独厚的信息资源，更加清楚涉及重大决策的核心机密。由于秘书经常参与某一项重大决策的酝酿产生过程，这就使他们有更多可以腐败的权力资本。有些秘书经常暗聚在一起，相互通风报信，相互利用，形成中国特有的'秘书部落'现象。他们的不正之风有时会直接影响某个部门决策的正确实施,影响领导之间、领导与群众之间的关系，影响领导的形象。

当秘书是一条从政捷径，这已经是公开的秘密。这些秘书大都年纪轻、有文凭、升迁快，不少人将会被培养成为各级领导干部。如果他们自身放松学习，人生观、价值观严重扭曲，理想信念丧失，一旦掌握大权后，有恃无恐，作奸犯科起来胆子特别大，胃口特别大，产生的社会危害也很大。

2004年7月，甘肃省下发了《关于领导干部身边工作人员廉洁从政的规定（试行）》，要求在职省级领导干部的秘书任期不超3年。随后，甘肃省委办公厅及相关部门开始对超期服务的秘书进行了调整。

2004年8月，四川省委组织部对领导干部的秘书使用管理做出规定,要求秘书职务应逐级提拔，秘书离任时，根据本人德才表现和工作需要，一般平级安排相应岗位，其组织、行政、工资等关系随迁，省四套班子的主要领导干部的秘书，职务配备最高不超过副厅级，等等。

另外，还有湖北、甘肃、江苏、宁夏、天津、山东、安徽等省市，也制定一些相应的措施和规范，加强了对秘书群体的管理。

但是，在中国的反腐败斗争中，很多地方对秘书腐败的预防和治理,尚未触及问题的本质。对领导干部秘书这个权位不高但能量很大的职位，还缺乏有效的监督和管理，尤其是在秘书的选拔、考核制度和制约机制等方面。

目前中国政府还是一个万能型政府。地方党政机关的主要领导干部,被太多不必要的事务累得焦头烂额,有时配秘书也就成了一种无奈的选择。应该加快服务型政府的建设进程,从根本上转变政府职能,让领导干部不再有对"拐杖"的现实需求。在此基础上控制领导干部秘书数量,才有进一步解决秘书腐败问题的现实意义。

秘书腐败的发生,与中国在渐进式改革过程中形成的特殊的转轨体制是分不开的。在加快社会主义市场化改革进程,把政府干预减少到绝对必要的程度的同时,可以从以下几方面入手治理秘书腐败。首先,建立健全政治沟通机制,保"信息优势"寻租。其次,健全政治参与和利益表达机制,大量寻租关系网络衰落,秘书的'关系优势'自然也会逐渐式微。第三,改革领导干部秘书任用制度。基本方向是加快秘书职业化进程,规范秘书和领导之间的关系,改变导致秘书身份官、职不分的用人机制,使秘书成为独立于领导干部的、具有独立的价值追求和价值实现渠道的职业。

要抑制秘书腐败,除分清领导干部和秘书的职责外,制衡领导干部的权力显得更为重要。只要领导干部没有凌驾于制度之上,让科学决策、民主决策蔚然成风,让群众的发言权、监督权见效,就能减少秘书腐败现象的发生。

应将秘书纳入治理领导干部腐败的整体棋局。选拔任用领导干部秘书时,也应同其他相同级别的干部一样执行《党政领导干部选拔任用工作暂行条例》,杜绝领导干部自己挑选秘书或先挑选再"戴帽考察"的现象。

从某种意义上讲,秘书腐败说到底还是领导干部腐败。应把治理秘书腐败寓于相关政策措施之中。一方面要建立健全对秘书的组织考核、民主评议和测评制度,推行秘书交流、岗位轮换、任职回避等制度,规范民主决策程序,健全监督机制;另一方面选配领导干部秘书或从秘书岗位调任实职时，应完全按照党的干部标准，这样才有利于把人选准用准。

二、削除领导干部的隐性利益

所谓领导干部隐性利益，既包括灰色收入，还包括隐性特权。由于制度规范的缺失，领导干部易利用手中的特权，谋求诸多显著高于社会一般成员的非正当性收益，如，各种福利、特权车牌号的获得、特供烟的占有、子女上学与就业的便利，也包括通过评选获得本不该属于自己的种种奖项和称号以及延伸的"含金"收益。

在官本位的社会背景下，领导干部易以公权力获取隐性利益，而公众的敏感反应，正折射出对社会资源遭到权力掠夺或变相寻租的担忧。

在现实中，也确有相当数量的领导干部，通过运作自身掌握的公共权力和公共资源，在法定利益之外，还享受着各种各样的隐性利益。

在健全的公务员制度环境下，领导干部以其公职为唯一职业，基于公职而取得的能维持其体面社会地位和生活的收入是其唯一收入，绝对禁止领导干部利用特权谋利，尤其是经济上的利益。作为公权人物，领导干部拥有的利益，只应有合法与非法之分。合法利益包括法定的工资、奖金、福利等。而非法利益，包括利用公权力获取的财富，如贪污、受贿所得财物等等。

值得警惕的是，随着反腐力度加大，灰色收入、隐性特权——这两种隐性利益，因其性质难以明确界定，为一些腐败的领导干部提供了逃避法律制裁的途径。特别是"说不清道不明"的灰色收入已成领导干部隐性利益的主要来源。

比如，2010年2月，文强案进入最后审判阶段。对于巨额财产来源不明罪，文强认为"灰色收入部分认定太少"。公诉方称他在担任重庆市公安局副局长和市司法局局长期间，红包收入仅有 2.4 万元。文强说"远不止这些"，全局几十个下属单位，每年春节都会给他拜年，奉上一两万元礼金。

再如，许道明是合肥市前市委副书记，江黎是合肥市商务局局长。2007 年 11 月 13 日，他们成为了安徽有史以来第一对"厅＋处"同堂受审的贪官夫妻。为了把无法说明来源的巨额家庭财产"讲清楚"，这对夫妻当庭大曝领导干部的灰色收入来源——"逢年过节几乎每个部门都能给千儿八百的"、"单位内部的'创收奖'，以工会、机关党支部名义发的钱，一概都不算，工资条上也不显示"，等等。

所谓灰色收入，既不是收受贿赂，也不是权力求租所得，有的还是披着合法外衣的"部门福利"。但仔细分析，这些收入并不是所有公务员都有的，其背后还是权力在起作用。逢年过节，部门福利，权力集中者会比一般人的多，而人情送礼，也是谁的官阶越高、权力越大，谁的节礼就会越丰厚。这是在官本位社会中"敬长尊权"规则下的必然结果。

领导干部隐性利益除灰色收入外，还包括隐性特权。其中主要是"职务消费"。比如，有些领导干部以开会、考察名义到国内外旅游，并购置价格不菲的个人或家庭生活用品，以"职务消费"名义回到单位实报实销。

同样，屡遭诟病的还有公务接待中的"招待费"。目前在有些地方，对领导干部几万元的经济问题，根本没法立案侦查——只要有人去查，领导干部弄出一堆招待费票据搪塞，就万事大吉了。

正因此，某些领导干部使用公款挥金如土。比如，原建行老总张恩照，搞一次舞会派对挥霍 115 万元；中石化原总经理陈同海，在职期间日均挥霍公款 4 万元。

而公车改革将近 20 年，却进展甚微，其深层原因，也在于触及众多领导干部的隐性利益。因此，发生辽宁省辽阳市实行"车改"的区级领导每月补贴 6600 元的事情，也就不足为奇。

在住房领域，公务员"团购"事件亦折射出其隐性利益。如，2010 年 4 月，山东省安丘市一名公务员称，其所在的单位低价团购当地某高档商品房。接着，农业部也被曝光团购定向低价房。而河北省石家庄市的网友也在网上晒出了"石家庄公务员团购低价房集锦"名单。

领导干部子女通过种种"安排"进入官场的现象也尽人皆知。从"潜规则"到给领导子女"量身定制"职位，甚至出现"交叉安排"、"考试作弊"、"公示巧合"、"提前内定"、"人才引进"等手法。

还有领导干部"依权"兼职拿钱、入股取酬等。

针对领导干部隐性利益向各个领域"扩张"，中央编译局副局长俞可平教授坦言，最担心的就是腐败向特权转化。他说："这实质上是让腐败合法化。现在领导干部的待遇已经足以保证他过体面的生活，应当减少特权，比如用车、医疗和住房等。"

领导干部隐性利益泛滥，危害极大，挑战了社会公平正义。

当前领导干部与民争利现象严重，这是超越了法律和政策界限的离轨行为。社会中一部分人利用自己在某个领域的特权优势去谋求其他社会领域的优势，是典型的社会不公和对社会正义的破坏。允许与权力相关的领导干部隐性利益存在，只会给腐败留下了制度性的"借口"。

领导干部灰色收入的主要原因，还是与权力配置的特点和崇尚权力的政治文化有关。从当前权力配置的特点来看，公权力存在暗箱操作，是领导干部灰色收入难以禁止的主要原因。

尽管信息公开条例已实施多年，但在权力内部的运行中，信息不对称、信息屏蔽现象仍较严重，这为公权滥用提供了土壤；从政治文化环境来看，领导干部的一些灰色收入则披着合法合情合理的外衣，如人情往来等的收入。

预算外收入失控，也为领导干部攫取灰色收入提供了基础条件。由于地方政府预算外收入在体制外循环，这也成为了一些领导干部获取灰色收入的主要渠道。

领导干部隐性利益实质是公权力的不正当使用，是公权人物为了私利或小集体利益而利用权力，与权力的公共性要求是相违背的。

领导干部隐性利益的危害性，主要是混淆了掌权用权的目的，模糊了权力行使的范围，扭曲了执政为民的观念，滋生了滥用权力的作风。

领导干部隐性利益的存在，使廉洁从政、严格自律的道德操守受到严重腐蚀，而且与现代社会提倡的诚实守信、公平正义、清正廉洁等道德风尚格格不入，与党的艰苦奋斗的作风和求真务实的精神直接冲突。

领导干部隐性利益是目前官本位恶俗的根源，腐败的温床。官本位的特征，是一朝当官，多方受益，且官越大，受益越大。结果是，有些人为升官，不惜跑官买官，不择手段，甚至不惜铤而走险，蜕变为贪官、腐官。

要对领导干部隐性利益保持足够的警惕，以防整个官场道德防线失守，腐朽思想滋长，腐败行为蔓延。

削除领导干部隐性利益，是一项系统工程，需要多项制度改革随之配套。当前急需在领导干部隐性利益普遍存在的公车改革、公务接待与公费出国的改革方面，取得实质性突破。

领导干部的利益应在工资中得以彻底、充分体现，实现领导干部责、权、利的统一，工资以外不应存在任何特殊权利和利益。这需要设立一套机制，来科学合理地厘定领导干部的合法利益和非法利益。

削除领导干部隐性利益，要以领导干部的灰色收入和特权利益作为突破口。要明确取消领导干部的灰色收入，领导干部的收入除法律禁止的违法收入和合法收入外，不应存在任何中间形态。同时，随着中国民主法制建设的加快，领导干部各种形式的隐性特权要逐步取消或受到限制。

要给权力运行谋求一个阳光空间。各地政务信息公开要落实到位，尤其是政府机关、政府领导干部以及广大公务员的有关情况，包括他们所使用的权力和资源，都应在社会公众的监督下运行。只有充分保障公民的知情权，公众才能有效监督。同时，需加强社会舆论及新闻媒体对政府的监督。

对于防止预算外收入成为领导干部隐性利益的主要渠道，应建立政府行为预算硬约束的制度框架，让人大可以通过预算制约、监督政府开支。

建立健全完善的领导干部财产申报制度，是减少领导干部隐性利益的必然途径。

1995年5月，中共中央办公厅和国务院办公厅联合发布《关于党政机关县（处）级以上领导干部收入申报的规定》，但因申报内容完全不公开而效果欠佳。2001年6月，中央纪委、中央组织部又联合发布了《关于省部级现职领导干部报告家庭财产的规定（试行）》，但据说因阻力大，也不见踪影。

推行领导干部收入申报制度之所以乏力，主因是由于缺乏必要配套制度，如金融实名制、客户身份识别、客户身份资料和交易记录保存、大额交易和可疑交易报告等等。

而事实上，领导干部财产申报制度难以建立的最大症结，还是受阻于利益群体。领导干部财产申报制度的推行，不是时机不成熟，而是决心不够。因为，领导干部财产申报所需要的配套制度，只有在切实推行领导干部财产申报制度的实践中，才能够不断在探索中完善起来。

三、"萝卜招聘"暗流涌动

"鲤鱼跳龙门"曾经是民间对向上流动现象的生动比喻。如今，这道"龙门"却被一些类似"萝卜招聘"的造假堵塞了。

2015年3月，武汉市2015年事业单位招考工作进入缴费复核阶段，有网友质疑汉口医院招考宣传干事一职，要求应聘者所学专业必须为哲学。

我们必须承认，院方设定招聘门槛本无可非议，可招聘宣传干事限定哲学专业，把汉语言文学、新闻传播学、秘书学等比较适合宣传干事岗位的专业排除在外，难免让人产生"私人定制"萝卜招聘的质疑。

事业单位招聘中存在凭关系"萝卜招聘"、"绕道进人"等乱象，早已为人们所诟病。这种乱象的泛滥直接带来的结果是，阶层向上流动受阻现象日益严重，其对中国社会的稳定与和谐带来的危害也与日俱增。

多年来，由于公务员"逢进必考"被执行得比较到位，于是，有些人不惜公权私用、为一己之私，把事业单位视为安排子女和亲属的后花园。按照国家规定，不仅是公务员，就是一般事业性的单位，要进人都必须要进行严格的考试。在用人单位组织实施的专业测试操作过程中，或多或少存在打"人情分"的现象。

一个萝卜一个坑，本来比喻每个人有每个位置，没有多余，也形容做事踏实。而所谓"萝卜招聘"，即指为有关系的候选人量身定制的招聘条件或者职位，来达到让关系户成功应聘的目的。

比较典型的有，工商局下属事业单位招聘，须具备篮球、羽毛球、乒乓球、网球国家二级及以上运动员资格；招聘保卫处工作人员，要考察"论文科研情况"；招聘收费员需获得国外学士学位，等等。这些招聘中与岗位无关的"奇葩条件"，难脱"萝卜招聘"的嫌疑。

尽管"萝卜招聘"的手段和用意全社会人人心知肚明，但是当事单位解释和回应起来都还是"理直气壮"，不是巧合就是程序合法。有的还因为"人才匮乏，急需人才"，甚至"当地收入低很多人不愿来"也成了理由。

在中国古代，许多权贵者的富贵延续，却不止三代。这是因为中国自汉代起就有荫补制度。荫补，又称恩荫，指由于封建制度下，祖辈、父辈的地位而使得子孙后辈在入学、入仕等方面享受特殊待遇。

在从荫补官员入仕的政治前途上来看，以宋朝为分界，宋以前荫补官员多有至宰相、大将军者，宋以后，科举逐渐发展，荫补官员的政治地位下降，明代文职荫补官员甚至要考取进士，方能入仕为官。

从荫补官员的素质和对国家的影响上来看，历代则相差不多，历代有作为的荫补官员都是绝对少数，大多碌碌无为，尸位素餐。这其中以宋朝所受消极影响为最大，这与宋代荫补之滥，冗官问题严重是分不开的。

荫补制度，制造了一些地方严重的社会不公，阻塞了寒门子弟上升路径，形成社会阶层板结、政治家族化。如今，这种翻版的现代荫补须引起警觉。

比如，原北京大学社会学系博士生冯军旗曾在中部某县挂职两年，写出了《中县干部》一书。他整理出了这个小县里的21家政治"大家族"、140家政治"小家族"，他们共同形成了县政中的"政治家族"——在仕途上，干部子弟占尽优势，进入官场后，主要通过"小步快跑"的方式向核心关键部门聚集,等待进一步上位。

再比如,在广东兴宁市,就曾有所谓"凡是乡镇党委书记和局一把手,均可向上级提出要求,解决一名子女的工作问题"的不成文规定。领导子女先被安排到事业单位,绕过公务员招录考试,然后再从事业单位调到政府机关,成功实现"子承父业"。

一些地方之所以出现"倔强的萝卜",甚至被揭出后还强词夺理,就是因为他们把国家的人才选拔当成了自己可以世袭的一种私有资源,让自己的子女走上仕途的捷径。而这些通过歪门邪道踏上仕途的"人才",即便成为坑里的"倔强萝卜",也不会有益于社会和国家。

在当今中国,如此"招聘"的结果将会是权力被世袭,公共资源被侵蚀,绝大多数求职者只是去当"炮灰",不仅损害了政府的公信力,还严重挑战了社会公平正义,导致社会活力不足,进一步加剧阶层固化。

从中国当前阶层流动的现状来看,阶层向上流动受阻现象已经日益严重,其对中国社会的稳定与和谐带来的危害也与日俱增。

首先,阶层之间互相被"污名化"。"内局群体"与"外局群体"之间不断地互相贴标签,两者之间形成了一种难以消除的刻板印象。比如,穷人给富人贴上"为富不仁"、"生活奢靡"等标签,加重了社会对富人的仇富心态;而富人给穷人贴上"人穷志短"、"低等公民"等标签,强化了社会对穷人的歧视与冷漠。

其次,"橄榄型"社会结构难以形成。阶层流动受阻加剧了社会阶层之间的封闭性,无法对社会贫富分化起到调节功能和对社会利益冲突起到缓冲功能,不利于社会的和谐稳定。

第三,上层社会"安全感"缺失。当前,以"富人"、"官员"为代表的上层社会中的人们缺乏"安全感",如一些领导干部把家人和子女都送到国外,自己当起了"裸官",一些富人向国外转移财产或者加入了外国籍。

第四,"愤怒的一代"正在形成。底层社会人们不仅没有进入中间阶层的希望,更加没有进入上层社会的希望。如果没有相应的能够释放这些"愤怒"的"社会安全阀"机制,就容易出现社会动荡。

比如,2005年法国骚乱发生前,法国政府明显忽视了移民群体长期积怨所显露的种种爆炸性迹象,更低估了个别冲突事件给法国社会带来重大失稳后果的可能性。由于种族、宗教、教育、就业等多重因素,聚居于市郊廉租区内的大量移民无法真正融入法国社会,且缺乏正当、有效的利益表达渠道。

从以往情况来看,中国各地"萝卜招聘"事件主要发生在基层事业单位。这与基层的特殊情况不无关系。因为基层单位人多、摊子大,熟人关系比较复杂,所以违纪违规进人的情况,发生几率就大得多。

相较比较规范的国家公务员考试,事业单位招考没有全国统一的法律规定,各地各部门的自由度更大,更容易在这方面出台"土政策",把事业单位当"自留地"。进入招考环节后,相较于标准化打分的笔试,面试的可操控性更大,更容易打人情分。

但是,更深层次的原因还在于,一些基层人社部门没能有效地履行事业单位人事综合管理部门的职责,存在明显的缺位现象。因此,解决事业单位招聘中存在的违纪违规问题,是一场提升政府公信力的硬仗。

一个成熟的就业市场秩序,应以法律为底线。这些"因人画像"、"绕道进人"的"萝卜招聘",说白了就是"拼爹游戏","近亲繁殖",有关部门应将事情的真相公之于众,方能打消公众的疑虑。

当然,"萝卜招聘"在一些国家也存在,但造假者往往会付出沉重的代价。

以柳明桓"特招"事件为例。2010年9月4日，韩国外交通商部长官柳明桓表示，他为女儿"特招"事件引起的争议负责，并决定辞职。

当年，柳明桓女儿35岁，7月初看到外交通商部招录公务员的公告后报名。外交通商部7月16日先是以"没有合适人选"为由，将包括她在内的8名申请者全部淘汰，随即再次发布招录公告，所列条件和第一次完全相同。第二次公告发布后，柳明桓女儿再次报名，并和另外两人初步入选。随后，外交通商部面试3人，最终录取了柳明桓女儿。

随后，这起疑似"开后门"事件在韩国引起强烈争议和舆论批评。柳明桓就此向国民道歉，并主动取消了女儿的录取资格。

尽管对于中国以往发生的多起"萝卜招聘"事件，当地党委政府虽然都做了事后补救和处置，启动问责机制，但往往大棒"高高抬起，轻轻放下"，甚至采用"重新招聘"等做法作为"免责挡箭牌"，或是"问责障眼法"。

要杜绝事业单位违纪违规招聘现象，必须制度立威，既要事后整治，更要事前防范。一方面，堵住制度漏洞。有针对性地在招聘制度设计上下功夫，扎紧制度的"篱笆"。比如，在制度设计上不妨借鉴、效仿公务员招考模式，在坚持"凡进必考"的基础上，从发布招聘信息到录用，做到过程公开透明。而且由人社部门主导招聘过程，减少招聘单位的参与度。

2014年4月25日，国务院颁布《事业单位人事管理条例》，明确要求建立公开招聘制度，标志着中国事业单位人事管理步入新阶段。

接下来，就是要着力完善制度。必须加大推行力度，加快实现公开招聘制度全覆盖；对已经建立公开招聘制度的地区和单位，在规范管理的基础上,要继续扩大制度的推行面。制度建立之后如果不完善,没有相关配套,很容易就会流于形式,执行效力也会大大降低。

制度建设的重点是针对专项行动中普遍性的问题,着力完善配套政策、管理办法、工作流程,特别是规范公开招聘范围、招聘条件设置、招聘工作程序等重点环节,切实堵住制度漏洞。

另一方面,加强对权力的监管。进一步完善常态化、立体式的监督检查机制。

同时,加大违纪违规成本。一经发现招聘"猫腻",要立即责令纠正,不但要拔出"萝卜"清退违规进入者,而且要"带出泥"严厉问责相关责任人,"板子"也要打到具体人。

每一个生命的成长和前行,都离不开公平阳光的照耀。只有公平,才能托起梦的翅膀自由飞翔。所以,公众值得期待这场整治行动全面提速!

四、堵住"吃空饷"的制度黑洞

"光拿钱不做事"对许多人来说,简直无异于天方夜谭。然而,这种不劳而获的事情,却真实地存在于一些党政及事业单位中。

2015年4月3日,人社部党组成员、中央纪委驻部纪检组组长袁彦鹏在2015年全国人社系统党风廉政建设工作座谈会上提出,把机关事业单位"吃空饷"问题治理列为今年的五项重点工作之一。

多年来,"吃空饷"现象一直为社会所诟病,这源于其不但极大地浪费了财政资金,而且严重违背了社会的公平原则。

当然,中国古代地方政府里"吃空饷"现象也很严重。宋朝一开始,干部队伍还比较精干,仅为200多人;20年后就翻了一番,达到400多人,再过20年就超过了1000人。又过了20年,人数突破了万人大关。

由于干部的数量越来越多，实际职务和工作内容又有限，于是这些干部中有很多都成了虚职。正如《宋史·职官志》中描写的："居其官，不知其职者，十常八九。"意思就是说，占着官位，却整天没事干的，十人里面就有八九个。与今天的"吃空饷"没有任何区别。

到公元1071年，也就是宋朝开国110年后，朝廷供养的干部更是超过了50万，干部数量竟然增加了2500倍。公务员数量越来越多，于是就有了"吏政之患"，这是大一统制度与生俱来的遗传病。

清朝时候，吃空饷司空见惯。比如嘉庆十四年，工部书吏蔡泳受、王书常等人，采取假印舞弊、捏造大员姓名等手段共冒领银物14次，共计价值7万余两。又比如民国时江西大余县警察局，本来有正式人员123人，却上报了255人，空饷发到警局，被局长郭琰一人贪占。

在当今中国，"吃空饷"要成为公共话题，唯有两种可能：或至少是县一级领导带头吃空饷，或上百人如吃大锅饭一样共同吃空饷。

2014年1月3日，陕西省渭南市委全会通报说，大荔县副县长任教训在其他县任副县长期间，利用职务之便，为正在上学的儿子办理了工资关系，从2011年11月至2013年5月累计领取财政资金4.5万余元。事件最终处理结果是，违规领取的工资全额上缴，任教训被给予党内警告处分。

山西省静乐县委书记杨存虎之女王烨，2011年7月从山西中医学院本科毕业、当年10月第一次到省疾控中心上班，却从5年前入读大学时，就每月领取由财政全额拨付的基础薪、生活补贴及住房公积金等，5年的学费亦由省疾控中心承担。王烨被指连续5年"吃空饷"累计10余万元。2012年1月15日，山西省委常委会作出决定，免去杨存虎静乐县委书记职务。

早在2005年，中编办就在全国开展清理"吃空饷"工作。2006年3月，当时的人事部也出台了《关于加强机关事业单位人员工资管理防范虚报冒领工资问题的通知》。但从各项整治措施取得的效果来看，总体并不尽如人意，"吃空饷"犹如割韭菜，割了一茬又很快冒出一茬。

仅仅从2013年，河南、河北、安徽、广西、广东等省区交出清理"成绩单"，就足以令人触目惊心——

河北省清理"吃空饷"2.76万人，涉及金额1.3亿元；安徽省清理"吃空饷"，查处相关问题642个，清退人员248人，给予党纪政纪处分和组织处理48人；湖南省清查出各类"吃空饷"人员4262名，等等。

从以往披露情况来看，"吃空饷"现象尤其在一些基层县、乡镇一级较突显，且呈现人数多、范围广的特征。

"吃空饷"者主要有以下几种表现形式：

一是"冒名饷"。一些本不属于财政供养的人员，冒用他人名义领取财政工资；

二是"旷工饷"。长期不上班，仍足额领取工资；

三是"病假饷"。长期病事假或超假不归，仍领取足额工资；

四是"多头饷"。未经组织人事部门批准，擅自经商办企业或在企业兼职，一人领取双份工资；

五是"违纪违法犯罪人员饷"。一些受到党纪政纪处理的人没有相应地降低其工资，或受到司法处理的人仍领取原工资；

六是"死人饷"。已亡故多年，仍由家属继续领取工资或离退休费和补助，等等。

在中国当今的现实社会中，"吃空饷"者多数是属于有背景、有门路、有关系的人，这也无形中增加了清理的难度。

作为一种屡禁不止的违法行为，"吃空饷"从大的方面讲，不仅造成人力资源浪费、损害了社会公平，而且还严重侵蚀了公共财政资源，这虚耗了国家财政资源，也间接侵害了纳税人的权益，损害了政府形象。

从单位管理的角度来看，"吃空饷"危及单位在岗人员的工作积极性，影响到整个单位的工作绩效。"吃空饷"者占着编制、占着位子，但又不干事。在同一个单位上班，有的人一天忙到黑，工资不见得多，而"吃空饷"者一年不见人影，工资还不少领，这种不平等，不仅于法不容，也于情不合、于理不通，往往会对在职的同事和单位工作的积极性带来负面影响。

目前查处"吃空饷"，主要靠单位自查自纠和群众举报，群众监督有其身份的局限性，而单位自纠相当于自揭伤疤，阻力大于动力，必然会出现虚报或隐瞒。而且在一些地方，被查单位、被查个人形成利益共同体。即使上级想查处，也会遭到暗中抵制，以致无从下手。

"吃空饷"现象之所以普遍，与人员编制不透明、缺乏有效监督有关。一个单位的编制人数、岗位职责、考核办法、出勤状况往往只有单位领导和人事部门掌握，其他人员并不太了解。由于不公开、不透明，加上缺乏制度保障，使得群众的监督无法进行。

在一些单位里，即使有人知道有人"吃空饷"，但由于当事人普遍有背景、有来头，而知情者怕举报影响自己前程，也就选择不吭声。还有一种情况是，在一些地方和单位，领导干部就是吃空饷的直接受益者，班子成员利益均沾，因此也往往心照不宣，睁一只眼闭一只眼。

除监督严重缺失外，惩处力度不足、违法成本过低也是"吃空饷"泛滥的重要原因。

从以往情况看，即使查出了问题，对提供"吃空饷"者的惩处，也往往是"高高举起，轻轻放下"，仅是免职、警告、开除党籍等处罚。违法成本过低，必然会有一批又一批的领导干部在诱惑面前敢于铤而走险,难以消除其"法不责众"的侥幸心理,势必陷入越是治理越是泛滥的恶性循环怪圈。同时对"吃空饷"者的处理,也往往是退款了事。

最近比较常见的一种"吃空饷"是,有的领导干部滥用手中权力,提前安排还在读书的子女占用单位编制或长期不上班,仍足额领取工资。作为国家工作人员,为子女造工资单领钱属于骗取公共财物,是严重的以权谋私。

治理"吃空饷",关键还在于"对症下药",完善编制管理,提高制度执行力上下功夫,从根子上铲除其产生的土壤。

公共部门的编制规划、编制使用,以及员工的录用、升迁、离岗离职等情况,都有必要向社会公开,甚至可考虑逐步推行编制实名制,实现管理进一步规范化、科学化。只有将"吃空饷"事件公之于众,问题才能得到妥善解决,"吃空饷"者也才能得到应有惩处。

治理"吃空饷"的前提是"晒编制"、"晒考勤"。只有编制、岗位、人事信息公开、透明,才能便于公众监督。公众身为纳税人,对"吃空饷"行为有着天然的利益痛感,他们是最具监督主动性的群体。关键和难点是如何解决信息不对称问题。如果信息对称了,群众才能进行有效的监督。

治理"吃空饷"问题的关键,是要对权力进行严格的约束和有效的监督。一方面,行政领导机关要增强对本单位及下属单位的有效管理,从严管理,杜绝人浮于事,消除"吃空饷"的寄生土壤;另一方面,审计、纪检监察及司法机关应加强对行政、事业单位财政资金的审查力度,通过对财政的管理和控制,彻底地解决公务员人数不当扩张等问题。

要遏制"吃空饷",不能靠运动式的清理和整顿,而要有日常的强有力的监管和法律责任追究到位,才能有效杜绝此类现象发生。

根据《刑法》第382条规定:国家工作人员利用职务上的便利,侵吞、窃取、骗取或者以其他手段非法占有公共财物的，是贪污罪。治理"吃空饷"，按贪污罪论处不存在法律障碍。

同样，"吃空饷"以诈骗罪定罪也不为过。"吃空饷"完全符合《刑法》第266条"以非法占有为目的，用虚构事实或者隐瞒真相的方法，骗取数额较大的公私财物的行为"的"要件"。

要真正解决问题就必须"动真格"，把行政问责上升至法律层面。应依法追究"吃空饷"者和"发空饷"的单位及主管领导的法律责任。特别对那些利用权力为亲属、熟人等提供"吃空饷"机会的领导干部，更要严厉惩治，以起"杀一儆百"的震慑作用。

在有些单位，即使不存在以权谋私等腐败问题，但由于领导不作为造成"吃空饷"现象，也要启动行政问责制度进行严肃处理。

五、卖官鬻爵的潜规则

又一起卖官鬻爵案件浮出水面，再次突破常人的想象空间——

2015年4月15日，山东省人民检察院官方微信发布文章，披露菏泽市委原常委、统战部原部长刘贞坚卖官鬻爵犯罪事实。其中，41名下属为了职务调整向刘贞坚行贿，占刘贞坚受贿总数的86%。此案涉及巨野县县级干部7人、县直部门主要负责人10人，全县18个乡镇只有一名乡镇党委书记未向刘贞坚行贿。

在中国历史上，卖官鬻爵始终是吏治的一大痼疾，无异于政治癌症。公开不公开、合法不合法的官职爵位买卖，更是由来已久。

从古至今，官帽都是一种稀缺资源，一旦被用于买卖，不仅会滋长贪腐的蔓延，甚至会给当地政治生态造成难以弥补的污染。因此，只要还是一个正常的社会，执政者都不会容忍卖官鬻爵这种现象存在。

中国古代卖官叫作"赀选",即"卖官鬻爵",向政府交纳一定的财货就能拜官授爵。一部中国二十四史中,卖官鬻爵的描述屡见不鲜。即使时光流淌到今天,这种丑恶的交易也没有绝迹,有些方面是过之而不及。在全面推进依法治国的现代社会,卖官鬻爵这种权钱交易,就是一种政治腐败。

尽管中央不断出招强力整治卖官鬻爵,但各地仍然不时曝出丑闻,且花样百出,与执政党的选人用人政策相悖。

2005年爆出的"建国以来最大的买官卖官案"——马德案中,涉案领导干部达265名,仅绥化市各部门一把手就有50多人。韩桂芝、马德卖官鬻爵案涉及领导干部900多人,有多名省级干部,上百名地市级干部。

另一起卖官鬻爵案件同样触目惊心。2014年8月,在数十名违法领导干部被刑事处理、锒铛入狱之后,广东省委公布了对茂名领导干部系列违纪违法案件中涉嫌行贿买官人员159人的组织处理结果:降职8人,免职63人,调整岗位71人,提前退休1人,诫勉谈话16人。

这起案件,无论刻意逢迎还是被动裹胁,涉案人员职位之高、数量之多、性质之严重,在广东乃至全国都属罕见!

此外,一些卖官鬻爵案件还受到高层关注。比如河南省许昌市委组织部原部长王国华受贿卖官案;江苏省赣榆县孙承敏等6名干部行贿买官案;湖南省株洲市人大原副主任龙国华突击调整干部和受贿卖官案;原国家环保总局行政体制与人事司司长李建新违反组织人事纪律受贿案,等等。

从这些案件来看,买官者一般为三类人:第一类为"升职型",即副职想转为正职或往上提一级。第二类为"平调型",即从穷单位调到富单位,从经济欠发达地区调到发达地区。第三类为"入仕型",即非政府等行政领域的想当官者或政府普通工作人员想进入领导层者。

而卖官者一般为两类人：第一类是"一把手卖官"，主要是党政一把手，在干部人选上有决定权。第二类是"二三四把手等卖官"，主要是分管组织工作的领导、组织部长或者能为买官者提供帮助的党政干部。

卖官鬻爵案件的发生，主要集中在两个时期。一个是"换届选举"时，即地方党委或政府换届时，一些买官者浑水摸鱼，伺机买官。另一个是"上任离任"时，即领导干部上任后会对领导干部进行调整，买官者自会前来投石问路。

当前，干部选拔任用的过程本身，已被视为腐败的重灾区。这需要进一步遏制和消除"跑官要官"、"买官卖官"等选人用人上的腐败现象。

这些卖官鬻爵案件频发，主要原因还是个别领导干部高度集权。尽管中国有很多相关法律法规，但当用人程序规定变为"走程序"、干部任前公示异变为"公式化"、"形式化"时，制度的尊严就已耗损殆尽。而不受制约的权力，就会在市场体制下经营出诱人的利益回报。

可以说，在所有腐败中，用人腐败是危害最大、最烈的腐败，是一切腐败的源头。如果选人用人腐败了，只要给钱，什么样的人都敢选敢用，后果是恶性循环，并导致其他形形色色的腐败。

历史经验表明，一个国家政治生活中的最大难题在于如何治理官吏。学者吴思认为，在对权力的疯狂争夺中，谁最卑鄙无耻，谁就可能夺得权力并抓住权力。如此恶性循环，形成了"淘汰清官、选择恶棍"的"恶政"。这就是其著名的"清官淘汰定律"。正如莫斯卡所言："权力通常属于反应最快和最狡猾的人，属于那些最会掩饰和良心最坏的人。"

马克思·韦伯在对中国的研究中也表达了相似的看法："那些最成功的人，往往都不是最好的人，而是'坏蛋'，不仅用某种'奴隶道德'来衡量是这样，而且用统治阶层自己的标准来衡量也是这样。"

在查处茂名卖官鬻爵案件中,有一个细节令人印象深刻:广东省纪检部门立案调查茂名原市委书记罗荫国的当天,即赴他家里取证。办案人员惊讶地发现一个还未拆封的信封。仅仅几天前,为能提拔为茂港区区长而"跑官"的茂港区常务副区长谭某,刚刚送上约30万美金的贿金。信封里赫然附着谭某的简历和名片。他已经在副处位置待了8年。于是,谭某成为最后一个给罗荫国送钱买官的人,也成为罗荫国案第一个证据确凿的涉案人。

谭某的同学,一位在这场窝案中坚守节操的干部感慨:谭某经历挣扎,最终对"逆淘汰"的环境丧失信心。"其行可耻!其情可悲!"

同时,选人用人腐败对地方经济的发展影响极大。如果用了好人、能人,他们用手中的权为民谋利,经济建设往往突飞猛进;如果用了腐败之人,他们满脑子以权谋私,经济反而会遭受大破坏、大停滞,甚至大倒退。

一个时代的卖官,总是与政治的昏暗和腐败程度成正比,成为衡量一个时代政治昏暗和腐败程度的重要标尺。

《太平御览》卷837引梁元帝萧绎的《金楼子》中,早已总结出"鬻官者,欲民之死"的名言,因为卖官的结果,无非是纵容买官者加倍贪黩。他们不仅要收回买官的成本,还须追加利息,多多益善,其结果无非是不遗余力地刻剥百姓,引发更多的民怨,直接危害社会的和谐稳定。

历史一再告诫我们,买官卖官若不根除,终将导致政亡人息。

秦朝"缴粟千石,拜爵一级",不出"二世"即亡;东汉利用卖官爵,聚敛私财,为祸甚烈,以致"天下贿成,人受其敝",引发三国之乱;宋徽宗时期,"斗量珠,便龙图;五千索,直秘阁;二千贯,且通判",致使宋朝愈加难以支撑,偏安一隅的美梦也未能持久;明朝中后期,"未用一官,先行贿赂,文、武俱是一般",朱氏王朝自此残喘不过八十年。

种种迹象表明,买官卖官的顽固性、危害性和复杂性,中国高层有着清醒的认识,且有着强烈的忧患意识和危机意识。

中国古代创造了世界上最早的公务员制度——科举制度,但只适用于部分或大部分的初任公务员,甚至只是取得"公务员"任职资格的竞争选拔,其后所有的领导干部选拔任用则都交给了这样那样的"伯乐"——掌控举荐或任命官职权力的少部分人。因此,数千年来卖官鬻爵却从未得到有效治理。

尽管卖官鬻爵是一个历史问题,在中国现阶段仍有存在的社会土壤、机制土壤和制度土壤,必须通过宗旨教育、制度建设,尤其是科学的领导干部考核指标体系,完善领导干部"正淘汰"机制,让潜规则不灵,让显规则盛行。

首先,加大四项监督制度的执行力度,确保取得实效。中央办公厅印发了《党政领导干部选拔任用工作责任追究办法(试行)》,中央组织部配套印发了《党政领导干部选拔任用工作有关事项报告办法(试行)》《地方党委常委会向全委会报告公布选拔任用工作并接受民主评议办法(试行)》《市县党委书记履行干部选拔任用工作(试行)》。

这四项监督制度,针对干部选拔任用过程,形成了事前报告、事后评议、离任检查、违规失职追究的监督链条。这套"组合拳",既突出了干部选拔任用中需要监督的重点对象和特殊情况,又强化了总体监督。

制度的效果如何,关键还在执行。领导干部特别是党委(党组)主要负责人,要带头遵守四项监督制度。尤其要对选人用人法规制度和监督制度真正落实,做到有章必依、执行必严、违章必究。

其次，加大案件查处力度，严格责任追究。严肃查处是整治选人用人上不正之风的有效手段。对公众反映强烈的违规违纪用人问题，要坚持有案必查，发现一起查处一起，让那些违规者心生畏惧。

同时，提高监督手段的有效性也是关键，目前对一把手的监督缺乏足够有效的机制，公众对于选人用人的程序办法不很熟悉，选人用人缺乏像当前项目招标之类的那种多方监督的有效体制，因此，造就了这样一种局面：民不举，官不知；不出事，就没事。要继续完善监督机制，提高其有效性，综合运用组织处理和纪律处分两种手段，切实加大问责力度，严格进行责任追究。

再有，防止用人上的不正之风，根本出路在改革。通过深入贯彻落实《2010—2020年深化干部人事制度改革规划纲要》，坚定不移地推进干部人事制度改革，从根本上解决选人用人方面的突出问题。

目前迫切需要改变"少数人选人"的局面，以达到对"一把手"用人行为的有效约束。应将干部人事制度改革中经过实践经验的成功做法，及时上升为制度，把主要靠领导者个人选人，逐步转到主要靠制度选人方面来；把由上级部门对干部的制约，逐步转到由民意和社会舆论来加以监督。逐步扩大干部选拔任用信息公开的内容和范围，让干部的选拔、任用、评估制度在阳光下运行。

第五节　把权力关进"制度的笼子"

要加强对权力运行的制约和监督，把权力关进制度的笼子里，形成不敢腐的惩戒机制、不能腐的防范机制、不易腐的保障机制。各级领导干部都要牢记，任何人都没有法律之外的绝对权力，任何人行使权力都必须为人民服务、对人民负责并自觉接受人民监督。

"我们过去发生的各种错误，固然与某些领导人的思想、作风有关，但组织制度、工作制度方面的问题更重要。这些方面的制度好可以使坏人无法任意横行，制度不好可以使好人无法充分做好事，甚至会走向反面。"

这是1980年8月18日邓小平在中央政治局扩大会议上作题为《党和国家领导制度的改革》时所讲的一段名言。

在这次会议上，邓小平对政治体制改革，作了系统而精辟的论述。他主要是着眼于从制度上解决如何防止"文化大革命"这类历史悲剧重演、实现长治久安的问题，鞭辟入里地分析了中国原有政治体制的弊端、根源、实质。改革的锋芒所向，直指原有政治体制的"总病根"——权力过分集中,特别是领导者个人高度集权的体制。

2013年1月23日,在十八届中央纪委委员学习贯彻党的十八大精神研讨班上,中央纪委书记王岐山强调,要深刻认识党风廉政建设和反腐败斗争的长期性、复杂性和艰巨性。坚持标本兼治,当前要以治标为主,为治本赢得时间。

那么,治标就是要对腐败零容忍,既打"老虎",也拍"苍蝇"。治本就是要加强对权力运行的制约和监督,把权力关进制度的笼子里,形成不敢腐的惩戒机制、不能腐的防范机制、不易腐的保障机制。

一、以治标为主,为治本赢得时间

"大道至简,有权不可任性。"

李克强这句话曾引爆了中国社会舆论。其中"有权不可任性"一下成了网络热词,公众从中看到了党和国家领导人的一种执政理性。

中国共产党是中国人民的领导核心,执掌着13亿人民赋予的权力,有着深厚的执政基础。所以,领导干部在权力的使用上绝对不能"任性",如果一旦任性,就会置党的纪律于不顾,置国家法纪于不顾,就会贪污受贿、卖官鬻爵、徇情枉法、腐败堕落,最终必将遭到人民无情的唾弃。

中国历史反复证明,不少朝代速亡均与执政者的任性有关。"政之所兴,在顺民心;政之所废,在逆民心"、"兴天下同利,除天下同害,天下归之"等古语,亦无不诠释着"得民心者得天下"的历史经验。

历史是一面镜子,也是一部教科书。在历史上,执政者如何用权决定了中国的命运。如今,也将在很大程度上决定中国的前途。

自上世纪90年代以来,中国经济以两位数的水平高速增长,但权力任性的情况也屡见不鲜，最直观的体现就是有些领域的腐败程度在持续恶化。与80年代主要靠"批条子"的价格双轨制寻租相比，当前的腐败则借助于矿产资源、房地产、股份代持、收购兼并、银行信贷、IPO、官商联盟等形式，不仅规模远非昔日可比，而且呈现出普遍化的状态。

更糟糕的是，不少腐败都与公众利益直接相关，比如因环境污染、征地引发的大量群体性事件，已成为社会稳定之大患。

党的十八大之后，中央从打"苍蝇"到打"老虎"，从对公职人员日常工作、生活"反四风"，到定向打扫重点领域，定点清除贪腐分子及其背后利益群体，新一轮反腐风暴，历时之长、影响之广，为改革开放以来仅见。

这场堪称中国历史上最严厉的反腐败行动，以零容忍态度惩治腐败，目标任务就是保持高压态势，遏制腐败蔓延势头。

"零容忍"本来指不宽容任何轻微的犯罪行为，后来被引申到反腐败领域。美国犯罪学家乔治·凯林和政治学家詹姆斯·威尔逊曾提出了"破窗效应"理论——如果一幢大楼的一扇窗户遭到破坏而无人修理，肇事者就会误认为整幢大楼都无人管理，从而得到可以任意破坏的暗示，紧接着犯罪就会滋生、猖獗。

针对反腐零容忍，也有少数人提出"适度腐败"的观点——腐败在任何国家都无法"根治"，关键要控制到民众允许的程度。这种谬论，与当年"腐败是经济发展的润滑剂"论调如出一辙，无非是为贪官"解套"，不值一驳。

近两年来，中央反腐更是雷厉风行，既坚决查处领导干部违纪违法案件，又切实解决发生在群众身边的不正之风和腐败问题；既遏制增量腐败，又清理存量腐败，击碎贪官"退休等于平安着陆"的美梦；既大力惩治居住在国内的腐败分子，又加大国际追逃追赃力度，决不让外逃腐败分子逍遥法外……

由此可见，中国新形势下的反腐，并非"抓典型"，而是"零容忍"！并非"做选择"，而是没有"铁帽子王"，做到"全覆盖"！对腐败行为，无论是出现在领导机关，还是发生在群众身边，都严加惩治，决不姑息！

在2014年年初召开的中央纪委三次全会上，中央再次鲜明地提出以零容忍态度惩治腐败，彰显了反腐的坚定信心和决心。

仅2014年上半年，就有16只省部级及以上"大老虎"相继落网，其中属6月份落马的副国级领导干部徐才厚和苏荣最惊爆眼球。随后的2014年7月29日，原中央政治局常委、中央政法委书记周永康涉嫌严重违纪被立案审查。

2014年12月22日，中央纪委官方网站发布消息："中国人民政治协商会议第十二届全国委员会副主席、中共中央统战部部长令计划涉嫌严重违纪，目前正接受组织调查。"令计划被调查，与曾经权力很大的周永康被调查不同——令计划是目前为止接受调查的最高级别的在职领导干部，因此他的落马意义更重大。更何况，作为中共中央办公厅前主任，令计划多年身居要职。

据统计数据显示，党的十八大以来，不到两年时间的"打虎拍蝇"，有超过18万党员干部被处分，而交通、房地产、矿产资源、发改委系统等垄断程度高、权力集中的领域成为反腐"重灾区"。

对腐败零容忍，早已是一些地区或国家反腐成功的法宝。比如，上世纪70年代初期，中国香港地区贪贿盛行，香港政府痛下决心肃贪治腐，他们高擎零容忍的大旗向腐败开战，取得了举世瞩目的反腐成就。再比如，韩国首尔市实行只要发现公务员贪污、受贿、行贿等，无论金额多少或职位高低，都要予以解职或罢免，且永远不许因腐败被驱除的公务员在首尔市政府和其他相关机构就业，10年内也不许在首尔市具有一定规模的民间公司就业。

但从这些地区或国家的反腐经验来看，对腐败零容忍，还须以法治反腐为保障，完善的制度建设才是治本之策。

2013年1月22日，在十八届中央纪委二次全会上，习近平对反腐作出进一步部署，"要善于用法治思维和法治方式反对腐败，加强反腐败国家立法，加强反腐倡廉党内法规制度建设，让法律制度刚性运行。"

根据中国当前实际，只有通过完善的制度，限制和规范公权力行使的范围、方式、手段、条件和程序，才能使掌权者不敢任性、不能任性、不易任性、不想任性。尤其是，须尽快建立健全领导干部财产公示制度、加大媒体及民众对公权力的监督力度，以推动反腐常态化、法治化、制度化，实现反腐从指标向治本的根本转变，最终构建一个领导干部不敢腐、不想腐的体制机制。

二、没有不受查处的"铁帽子王"

"铁帽子王"又火了！

2015年3月2日下午3时，全国政协十二届三次会议首场新闻发布会拉开两会序幕。发布会刚进行过半，当回应"是否有更大老虎"的问题时，新闻发言人吕新华"不负众望"地表示，**在反腐斗争中，发现一起查处一起，发现多少查处多少，绝不封顶设限，没有查不出的、不受查处的"铁帽子王"。**

"铁帽子王"并非首次出现在官方话语体系中，它成为中国反腐斗争中的一个新热词，这次吕新华提及，再次为"铁帽子王"添了一把火。

2015年1月，中共中央机关报《人民日报》发表评论员文章时，借用了"铁帽子王"一词：腐败没有"铁帽子王"，反腐败绝不封顶设限。

2015年2月初，中纪委监察部网站又刊文《不得罪腐败分子 就要得罪13亿人民》，再次提到"铁帽子王"：在贪腐问题上，没有人能当"铁帽子王"。谁违反党纪国法，不论是什么人，不论担任过什么职务，都决不姑息。

什么是"铁帽子王"呢？

根据清朝的封爵制度，有一类爵位在后代承袭时，每代要递降一个等级；另一种爵位隔代不降爵，且俸禄优厚，称"铁帽子王"。他们代表了清朝封爵最高的权贵群体，清朝一共有12名"铁帽子王"。其中，庆亲王奕劻是清朝最后一个"铁帽子王"。

从没有人能当"铁帽子王"的表述，不难看出党中央反腐败的决心和力度，中国的反腐风暴不会停，只会掀起更大的风暴，腐败分子欠人民的债，终归要还。

2015年6月11日，天津市第一中级人民法院依法对周永康受贿、滥用职权、故意泄露国家秘密案进行了一审宣判，认定周永康犯受贿罪，判处无期徒刑，剥夺政治权利终身，并处没收个人财产；犯滥用职权罪，判处有期徒刑七年；犯故意泄露国家秘密罪，判处有期徒刑四年，三罪并罚，决定执行无期徒刑，剥夺政治权利终身，并处没收个人财产。

当日，《人民日报》对周永康被判无期徒刑发文评论：

周永康作为党和国家原领导人，走上违法犯罪道路，给党和人民事业造成巨大损失，严重损害党的形象，严重损害国家利益，严重损害法律尊严，必须依法予以严惩。综观此案，从立案、侦查、提起公诉到审理、宣判，整个过程都坚持以事实为根据、以法律为准绳，坚持依法按程序办案，贯穿着"以法治思维和法治方式反对腐败"的基本理念。这充分说明，**党纪面前没有特殊党员，国法面前没有特殊公民，无论权力大小、职务高低，没人能当"铁帽子王"，只要破坏法纪、践踏法纪，就必然会受到党纪国法的严惩。**事实再次告诉我们，任何党的组织和个人都必须尊重宪法法律和党纪权威，都必须在宪法法律和党纪范围内活动，都必须依照宪法法律和党纪行使权力、履行职责，都没有超越宪法法律和党纪的特权。

2014年7月29日傍晚，周永康落马消息发布。这则中央决定对周永康严重违纪问题立案审查的消息，不足80字，却富有爆炸性。

周永康是前任中央政治局常委。近几十年来，在腐败落马者中，周永康是原任职级最高者。他的落马表明，所谓的"刑不上大夫"之说，所谓的"官官相护"之语，所谓的"官当到一定程度就进入了保险箱"之谈，都不过是一些人的猜测与臆想，与中国共产党的反腐主旨不合，与中央的反腐决心不符。

如今，周永康案件尘埃落定，腐败没有"铁帽子王"，反腐败绝不封顶设限，党以铁腕反腐的行动向世人证明，中国共产党敢于直面问题，勇于从严治党、捍卫党纪，善于自我净化、自我革新。

同时，周永康案再次明告各级领导干部，越是官高权重，越是要有"如临深渊，如履薄冰"的警醒，权源于民、权责于民、更应为于民。在党纪国法面前，人人平等，贡献不是贪腐的理由，位高没有贪腐的特权，任何为一己私利而行使的权力，都将遭到人民的否定，法律的剥夺，即便是退休的领导干部，也没有"平安着陆"之说，也要为自己的"贪婪"足额"埋单"。

时间回到 2012 年 11 月 15 日,十八届中央政治局常委与中外记者见面。在那场见面会上,习近平说,新形势下,中国共产党面临着许多严峻挑战,党内存在着许多亟待解决的问题。尤其是一些党员干部中发生的贪污腐败、脱离群众、形式主义、官僚主义等问题,必须下大气力解决。全党必须警醒起来。

大约两天以后,十八届中央政治局第一次集体学习,习近平又在会上强调,大量事实告诉我们,腐败问题越演越烈,最终必然会亡党亡国!

接下来发生的一切,足以颠覆人们的想象。长期停留于纸面上的反腐,被提到了前所未有的高度。如同习近平所说的那样,以猛药去疴、壮士断腕的决心,旗帜鲜明推进党风廉政建设和反腐败斗争。而且要"老虎苍蝇一起打"。

因此而应声落马的领导干部数量和领导干部级别均达到了令人震惊的程度。两年左右的时间,落马的高级别领导干部达到了 60 人之多,其中包括正国级的周永康及副国级的令计划、苏荣、徐才厚。在这 60 人当中,还包括 4 位中央委员、6 位中央候补委员,还有 1 位中纪委委员。

党的十八大报告已经明确提出:"不管涉及什么人,不论权力大小、职位高低,只要触犯党纪国法,都要严惩不贷。"如今,周永康服法是对依法治国的最好诠释,也破除了"刑不上大夫"的历史魔咒。

从历史来看,只有这种决心和力度,才能构筑民众信心和信任的坚实根基。这也让人民群众深刻地感到:代表人民根本的利益的中国共产党,把权力关进"制度的笼子里"并非一句空话。相信只要以这种决心和力度去治腐,在未来漫长的征途上,不论遇到什么样的风险和挑战,人民群众都会铁了心跟中国共产党一起走,都会和中国共产党一起面对、一起越过。

三、清廉政府是怎样炼成的

周永康被判无期徒刑，凸显中国当下的反腐力度。

中国的腐败现象，确实极其严峻。从党的十八大以来的查处情况来看，上到国家领导人下至村级末吏，从公认的实权部门到清水衙门，从国家机关到企事业单位，只要身在体制内，腐败无处不存，无时不有，无论是广度还是深度都令人触目惊心。这些参差多维的腐败现象在体制内都存在，不间断地侵蚀政权根基，侵蚀各级领导干部的灵魂，使世道人心陷入沉沦。

纵观中国，从历史和现实的角度来分析，领导干部腐败的症结在于行政权力过大、过集中，监督和约束机制不到位，权力运行的透明度较低，审计制度漏洞较多，舆论监督有心无力，金融资信对权力"单向透明"。

必须承认，目前像中国这样腐败大行其道的情况，并非罕见。在世界历史上，腐败常常成为一些国家政权更替、制度变迁的重要因素，因其危害之巨而被称之为"政治之癌"。凡致力于政局稳定、国家强盛、社会发展的政府，均会千方百计消除这一"毒瘤"，将其危害控制在最低程度。而事实上，不少国家经过改革，建立起完善的反腐机制，最终成为了廉洁政府。

在反腐斗争中，这些国家取得的不少经验，无疑值得中国借鉴，可以成为中国反腐的"他山之石"。

据非政府组织"透明国际"发布的《2014年全球清廉指数》报告，丹麦再度获得世界最清廉国家称号。

清廉指数是依据国际社会和地方专家的意见，对全球175个国家公共部门的廉洁程度打分，满分为100分，得分越低即廉洁情况越差。据"透明国际"公布的《2014年全球清廉指数》报告显示,丹麦以92分高踞榜首。新西兰和芬兰分别位居第二和第三位。北欧国家表现出色,瑞典和挪威分别荣获第四和第五名。其他位于前10名的国家分别是瑞士、新加坡、荷兰、卢森堡和加拿大。

从以往情况来看,北欧五国是世界上最廉政的地区之一,在国际有关廉政评比中一直处于最廉政的十个国家之列。北欧五国是位于北欧的丹麦、芬兰、冰岛、挪威和瑞典及其附属领土如法罗群岛、格陵兰和奥兰的统称。

这是丹麦连续第三年高居全球清廉指数榜首。

与此同时,由于没有腐败,加之运转良好的公共部门和自由经商环境的配合,丹麦被视为最佳投资和经商目的地。在一份世界银行2014年10月底发布的报告中,丹麦被列为欧洲最适于经商的国家。

"世界第一清廉国"是怎样炼成的呢?

首先,丹麦建立了较完善的官员财产申报制度。在丹麦,人们的住房、财产、土地都要经过注册,财产登记部门不容忍任何瞒报,从某种意义上讲,每个人的财产都要曝光于公众眼球之下。由于财产公开,税务部门就对包括公务员在内的所有丹麦公民和公司的财产状况了如指掌。

其次,丹麦的预算监督体系也很给力。一方面政府各部委做出的任何一笔预算都要得到财政部认可,并且要送议会财务委员会批准,而且事后还设有严格的预算支出检查制度。另一方面,政府自有的许多政策也无时无刻不在约束公务员,比如在丹麦,政府规定在各种聚会或宴请中不提供香烟。甚至出差人员只能坐公共汽车,如果出差地没有公交车,才可以打车。

第三,丹麦拥有强大的媒体监督和群众监督体系。在丹麦,媒体会对公共部门毫不客气的进行监督报道,只要公务员有丝毫的出轨,就会声名狼藉。现实中，媒介舆论对官员腐败形成了强大的威慑。

2012年11月30日，丹麦有媒体爆料称，丹麦文化大臣乌菲·埃尔贝克任职后在其配偶工作的一所艺术学校举办了五场文化活动，花费18万丹麦克朗(约合3万美元)。

12月5日，埃尔贝克宣布辞职。不到一周，内阁大臣即因"利益输送"嫌疑而引咎辞职。蝉联"世界最清廉国家"美誉的丹麦反腐效率可见一斑。

此外，所有的公共开支信息也会在互联网上公布，以供民众监督。中国多家媒体曾报道了丹麦新任驻华大使裴德盛介绍的"反腐秘诀"。裴德盛说："在历史传统上，我们也没有腐败问题。所以我们根本就不用抗击腐败或避免腐败。这是植根于我们的文化中的，我们的文化不相信贿赂、敲诈和腐败。"

在芬兰历史上，官员腐败问题也曾一度严重。而现在，芬兰却成为世界上最清廉的国家之一，主要原因是行之有效的监督机制和深入人心的廉洁文化的影响。芬兰的监督主要是舆论监督，这种监督实际上是全民的监督。

芬兰人认为，"任何人都有权利来举报腐败"。一是媒体的监督起着至关重要的作用。政府官员一旦有丑闻被曝光，就会威信扫地，甚至被起诉。比如芬兰有一个议员接受别人送的戏票看演出，被记者曝光。因事出有因，虽然最终该议员未被送上法庭，但他的政治前途到此为止。二是社会团体的监督活跃。芬兰约有11万个民间团体，其中6.3万个十分活跃。律师也有自己的机构控制自己的行为，能自我清除败类。若你做错了，会被组织清理出去。学者认为社会组织机构如果不这样做，甚至参与腐败，就会变成系统性的腐败犯罪。这种情形是可怕的。三是公民的监督比较便利。在芬兰，任何公民都有权自由地检举和揭发违法的政府官员。像芬兰议会就设有网站，受理公众对议员的投诉。

芬兰反腐的成功也正说明了这一点。芬兰的廉政建设之所以取得较好成绩，原因正在于拥有一整套全民参与、他律与自律有机结合、完善有效的廉政措施。在芬兰，最高检察院总检察长马蒂·库西马基担任法官的30年里，没有一个人以任何形式向他行贿。因此"英雄无用武之地"的他"无奈"地表示，公民的参与和自律是芬兰防止腐败的最有效手段。

瑞典是世界上实行官员财产申报制度最早的国家之一，并配合有其他的信息公开制度，这使得瑞典官员就像是"接受着阳光的监督"。

早在1766年时，瑞典议会就通过了一项《出版自由法》，其中最主要的条款就是"公开所有非涉密的公共文件"，瑞典也因此成为世界上第一个实行政务公开的国家。目前在瑞典，政府或公共机构的书面公务资料、公函、财务报告等，只要不属国家机密，都必须向公众和媒体开放。而任何一个瑞典公民，也有权查阅任何官员、企业高层管理人员，甚至王室成员的资产和纳税情况。

而为了限制政府对信息的自由裁量权，瑞典还专门制定了《保密法》，极为详细地列举了哪些信息属于国家机密，哪些信息可以公开，这就避免了相关部门以国家安全为由，有意向公众隐瞒非涉密信息。

瑞典政府或公共机构的书面公务资料、公函、财务报告等，只要不属于国家机密，都必须向公众和媒体开放。而任何一个瑞典公民，也有权查阅任何官员、企业高层管理人员，甚至王室成员的资产和纳税情况。

在瑞典，不仅政府更迭、新官上任要被媒体或公众查个"底掉"，就是在职官员，如果被目击甚至被怀疑有什么不当行为，也有可能要接受公开调查。

瑞典政府高官与普通公务人员都要按法律规定，将购买房屋等大宗家庭资产的情况"广而告知"。他们在当地买房子，必须刊登广告，包括房屋所在地点、交易时间、买卖双方的姓名、交易价格、房屋面积及修建情况等等。以备当前或今后有兴趣了解购房者财产状况的人查询。

1995年10月，时任瑞典副首相萨林年仅38岁，舆论对其政治前途一致看好，认为她不仅将成为社会民主党未来领袖，还会作为瑞典女首相在国际政治舞台上大展拳脚。但是，当年的瑞典《快报》披露说，萨林用公务信用卡购买了巧克力等食品。虽然萨林事后辩解说，她当时只是把公家和个人的信用卡用混了而已，并且事后也及时还了款，但舆论仍然穷追不舍，于是，一位年轻有为的副首相就这样只因为价值几十克朗（1克朗约等于0.97元人民币）的巧克力被迫辞职。

2006年9月，由瑞典温和联合党等4个政党组成的中右联盟赢得大选，但新内阁组建刚刚十几天，就有两位大臣引咎辞职。第一个"倒下"的是瑞典贸易大臣博雷柳斯。原来，瑞典媒体在她刚上任的几天之内就接连揭露出两大主要"罪状"：一是自上世纪90年代以来，博雷柳斯在雇保姆时未按规定缴纳雇主税；二是多年来她一直没有缴纳电视收视费（瑞典法律规定，每户拥有电视机的家庭须缴纳一年约合200美元的公共电视收视费）。

在瑞典，如今基本已不存在制度性的腐败。虽然那里腐败丑闻还是时有披露，但是从总体上看，腐败已经被遏制在了非常低的限度。这与瑞典反腐败制度的健全和完善，监督体系的严密和严厉，具有相当大的关系。

据《2013年全球清廉指数》报告公布的数据显示，新加坡再次成为全球10大最廉洁的国家之一，连续三年排名第5，也是全亚洲唯一跻身前10的国家。

从贪腐盛行到清廉度居世界前列，新加坡用了60年。在前总理李光耀执政之前，新加坡和许多其他东南亚国家一样，贪污腐败横行无忌。李光耀曾说："许多亚洲领袖的贪婪、腐化和堕落，教我们深恶痛绝。原是为受压迫的同胞争取自由的斗士，变成了人民财产的掠夺者。他们的社会因而滑坡倒退。我们受到亚洲革命浪潮的冲击，决心摆脱殖民主义的统治，却对那些不能实现自己理想的亚洲民族主义领袖的所作所为感到愤怒和不齿。他们使我们大失所望。"

李光耀在政府建设方面，十分强调"廉能"二字。"廉"，就是不贪污；"能"，就是高效率。事实上，新加坡政府也正是以不贪污、高效率而闻名于世。敢"拍苍蝇"，也敢"打老虎"。

新加坡反腐的口号是："让腐败者在政治上身败名裂，让腐败者在经济上倾家荡产！"只要腐败，不管是谁，严惩不贷，对高级官员一视同仁，敢拍苍蝇，也敢打老虎。连同1979年起诉职工总会领袖、国会议员的彭由国的贪污案以及1990年查处的商业事务局局长格林奈贪污案，反贪调查局总共查处了5起部长级干部的贪污大案。

60多年来，新加坡政府依托法律制度的完善、经济鼓励、权力约束以及高素质官员的自律和社会监督，树立起了廉洁高效的形象。这充分说明，制度比人更可靠，只有通过制度与领导人两者相结合，才有可能从根本上实现法治国家和清廉政府。

依照通行衡量腐败程度的国际标准，现今世界约有 10% 的国家腐败水平最低，美国即名列其中。然而，一个世纪以前，美国腐败的泛滥程度和恶劣后果毫不逊色，甚至有过之而无不及。

美国历史上腐败丛生，触目惊心，而且从统计上看具有明显的阶段性。有学者专门考察了美国自 1815 至 1975 年间的腐败现象，计算出"腐败与欺诈指数"并描绘了腐败指数曲线。这些指数曲线显示，美国历史上腐败高发期共有三次，它们分别集中出现于：1840 年前后，指数在 0.611 至 0.870 之间；1857 至 1861 年间，指数在 0.711 和 0.837 间；19 世纪 70 年代，即共和党总统格兰特执政期间（1868—1876），指数创下 1.03 的历史纪录。自 19 世纪 80 年代开始，腐败与欺诈指数逐步走低，并在 1914 年前后出现 0.16 的最低水平。该指数在 20 世纪 20 年代又微幅上扬至 0.274。至 20 世纪 70 年代中期，美国腐败与欺诈指数基本保持稳定，大体在 0.2 的水平上轻度波动。

1883 年美国国会通过的《彭德尔顿法》确立了一套以功绩制为核心的文官选拔和奖惩机制，打破了政治机器垄断职位任命权的局面，从而重挫了分赃交易者的嚣张气焰。此后，为保证政府廉洁、防止金钱对选举的渗透和腐蚀，国会相继通过了一系列与抑制腐败密切相关的法律，比如禁止公司向联邦公职候选人捐款的法律（1907 年）、竞选经费公开法（1910 年）、联邦反腐败行为法（1925 年）和禁止联邦文官参与政党活动的哈奇法（1939 年）等。这些法律反映出廉洁而高效的政府应遵循的三个原则，即高度透明性、强烈的责任感、权力限制。

对腐败行为的制约有赖于法律规章制度的不断完善，更离不开监督执行这些法律规章的独立机构。在美国，负责调查和起诉公共腐败行为的联邦刑事机构，有司法部公共廉洁处、联邦调查局和独立检察官；非刑事公共廉洁机构包括司法部律师办公室、政府道德办公室、监察长办公室和白宫律师办公室等。20世纪以来，美国近80%的公共腐败案件是由联邦检察机构依据《腐败行为法》提出诉讼的。

被称为"第四权力"的新闻媒体在美国反腐败斗争中发挥了相当重要的作用。1870—1920年间，美国独立性城市报纸比例从11%上升到62%，而腐败又是记者调查的重点。在此期间，美国新闻界掀起了著名的"扒粪运动"，通过揭发腐败黑幕，让全社会意识到了腐败的严重和危害，也促成了反腐败立法、反腐败独立调查机构以及反腐工作机制的健全和完善，为有效控制腐败作出了积极的贡献。

此外，公众政治意识觉醒，公民、宗教领袖、知识分子扩大参与国家政治和公共事务，以及下层民众起而反抗官商勾结，对美国反腐败的深入进行也提供了良好的民意基础。

从世界各国成功的反腐经验来看，注重预防是国际社会治理腐败的基本理念。中国反腐败既要借鉴以北欧五国、新加坡为例的小国模式，更要学习以美国为代表的大国模式的丰富经验，从中逐渐形成一条对中国反腐最为有利的道路。

考虑到中国现实情况，在初期，可启动反腐败专门立法，特别是确立财产申报制度；建立独立性、权限较大的反腐败调查机构；集中精力总结梳理公共权力运行中存在的弊病和自由裁量权的施用范围，从制度上、机制上，降低权力自由裁量的可能性。进一步，则应当多学习美国为代表的大国反腐模式，对中国这样幅员广大的国家来说，应该说更适用。

要逐步加强权力内部制衡和外部监督，加强权力运行透明化，促进公民社会发展，充分发挥新闻媒体和社会组织的独特作用，最终形成中国式反腐模式。只有一个廉洁政府的出现，才能使"为人民用好权"不至于沦为空谈。

第四章
为人民谋利益

　　我们共产党人的最高利益和核心价值是全心全意为人民服务、诚心诚意为人民谋利益。作为党员和党的干部,都要经常思考和解决好入党为了什么、当干部干些什么、身后留下什么的问题,决不可为个人或少数人谋私利,而应该始终坚守共产党人全心全意为人民服务的精神家园。

　　——习近平 2012 年 3 月 1 日在中央党校春季学期开学典礼上的讲话

第一节 "为人民服务"永远不过时

"政之所兴,在顺民心;政之所废,在逆民心。"中国共产党的根基在人民,血脉在人民,力量在人民。实现好、维护好、发展好最广大人民的根本利益,是中国共产党肩负的重大历史任务。为人民服务永远不过时,这是共产党人不可丢的本色,这是中国共产党的生命赖以为系与绵延的根基。

北京西长安街,天安门城楼西侧。中南海新华门影壁上"为人民服务"五个烫金大字依然熠熠生辉,鲜艳夺目。

在中国,"为人民服务"是一句流行最广、真正人人皆知的政治口号,也是中国共产党对人民群众始终不变的庄重宣誓和戮力追求,它涵盖了人类最正义的感情和人生最崇高的价值。

90多年的风雨兼程,90多年的矢志不渝。中国共产党成立至今,从"打土豪、分田地"到"停止内战、一致对外";从"毫不利己、专门利人"到"为群众服务";从"解放思想、实事求是"到"以人为本"……这些口号和理念,反映着时代追求,昭示着努力方向。

口号和理念各有不同,根本宗旨永远不变。以"为人民服务"为根本宗旨,使得中国共产党以其强大的感召力和凝聚力,不断克服多种困难和失误，团结和带领着全国人民不断从胜利走向胜利。

这是与生俱来的政治品格——口号和理念中体现的宗旨意识是中国共产党的性质的具体表现，是党矢志不渝的追求。

一、张思德的楷模效应

张思德——一个普通士兵的名字，注定将永远载入中国史册。

1944年9月8日，中央直属机关和中央警卫团1000多人，在延安凤凰山下枣园沟口的操场上举行张思德追悼会。

这是一个高规格的追悼会，中央机关与中央警卫团官兵千余人参加。党的最高领袖参加普通一兵的追悼会并讲话，是建党以来未曾有过的。毛泽东脸色庄重，脚步缓慢，拿起自己赠送的花圈，轻轻地放到张思德遗像前，低头默哀。中央警卫团团长吴烈宣布追悼大会开始，毛泽东与大家起立，向张思德遗像鞠躬、静默后，警卫团政治处主任张廷桢致悼词。

致悼词毕，毛泽东走上祭台，以沉痛的神情，开始了即席悼念讲话：

我们的共产党和共产党所领导的八路军、新四军，是革命的队伍。我们这个队伍完全是为着解放人民的，是彻底地为人民的利益工作的。张思德同志就是我们这个队伍中的一个同志。

人总是要死的，但死的意义有不同。中国古时候有个文学家叫作司马迁的说过：人固有一死，或重于泰山，或轻于鸿毛。为人民利益而死，就比泰山还重；替法西斯卖力，替剥削人民和压迫人民的人去死，就比鸿毛还轻。张思德同志是为人民利益而死的，他的死是比泰山还要重的。

因为我们是为人民服务的，所以，我们如果有缺点，就不怕别人批评指出。不管是什么人，谁向我们指出都行。只要你说得对，我们就改正。你说的办法对人民有好处，我们就照你的办。"精兵简政"这一条意见，就是党外人士李鼎铭先生提出来的；他提得好，对人民有好处，我们就采用了。只要我们为人民的利益坚持好的，为人民的利益改正错的，我们这个队伍就一定会兴旺起来。

我们都是来自五湖四海，为了一个共同的革命目标，走到一起来了。我们还要和全国大多数人民走这一条路。我们今天已经领导着有九千一百万人口的根据地，但是还不够，还要更大些，才能取得全民族的解放。我们的同志在困难的时候，要看到成绩，要看到光明，要提高我们的勇气。中国人民正在受难，我们有责任解救他们，我们要努力奋斗。要奋斗就会有牺牲，死人的事是经常发生的。但是我们想到人民的利益，想到大多数人民的痛苦，我们为人民而死，就是死得其所。不过，我们应当尽量地减少那些不必要的牺牲。我们的干部要关心每一个战士，一切革命队伍的人都要互相关心，互相爱护，互相帮助。

今后我们的队伍里，不管死了谁，不管是炊事员，是战士，只要他是做过一些有益的工作的，我们都要给他送葬，开追悼会。这要成为一个制度。这个方法也要介绍到老百姓那里去。村上的人死了，开个追悼会。用这样的方法，寄托我们的哀思，使整个人民团结起来。

会后，秘书将毛泽东在张思德追悼会上讲话的记录稿进行整理后，送毛泽东审核。毛泽东阅后，挥毫书写了"为人民服务"5个苍劲有力的大字作为题目。这篇仅有几百字的短文，却以通俗而简洁的语言深刻阐述了党的宗旨。为人民服务是共产党人的天职，坚持群众路线是共产党人的鲜明特征。

1944年9月21日，延安《解放日报》头版，全文刊载了毛泽东的《为人民服务》。从此，"为人民服务"的声音传遍了延安，传遍了陕甘宁边区，传遍了全国各解放区战场，张思德成了"为人民服务"的代名词。今天重读他的光辉事迹，不仅让我们深深景仰，也值得深刻反思——

张思德1915年出生在四川省仪陇县一个贫苦农民家庭，1933年参加红军，在炮火硝烟中成长为一名坚强的红军战士，同年加入中国共产主义青年团。

在红军中，他作战机智勇敢，曾在一次战斗中创造一人夺得2挺机枪的战绩，先后多次负伤。1935年，他随红四方面军参加了长征。1936年到陕北后，入云阳荣誉军人学校学习和养伤。1937年加入中国共产党。从此，他更加严格地要求自己，一切服从党和人民的利益，党叫干啥就干好啥。

张思德对待革命工作总是认真负责，始终把党和人民的利益放在高于一切的位置，在平凡的工作中实践着一个共产党员为人民服务的宗旨。1938年春，他被调到云阳八路军某部留守处警卫营担任班长。1940年春，调中央军委警卫营任通信班长。工作中，他总是承担最困难、最艰苦的工作。在他的带领下，全班战士出色地完成了各项任务。

1942年11月，部队合并整编，干部精简下派，一些连排干部要去当班长，多数班长、副班长要当战士。张思德调中央警卫团1连当战士，他毫无怨言，愉快地服从组织分配。不久，他被调到延安枣园，在毛泽东等中央领导同志工作的地方执行警卫任务。他把全部心血都倾注在警卫工作中，为了保证毛泽东等中央领导有个好的工作和生活环境，他经常主动为驻地打扫卫生、铺石垫路、修补窑洞，兢兢业业地做好每一项工作。他还经常帮助战友补洗衣服、编草鞋、喂战马、挑水烧火、采药防病、站岗放哨，带头帮助驻地群众生产劳动，全心全意地干好每一件革命工作。

1944年初，张思德响应党中央大生产运动的号召，主动报名参加中央机关组织的生产小分队，到离延安70多里的安塞县生产农场，被选为农场副队长。同年7月，进安塞县山中烧木炭。他处处起模范带头作用，不怕苦、不怕累，哪里最苦最累，他就出现在哪里，每到出炭时总是最先钻进窑中作业。9月5日，天下着雨，张思德带着突击队的战友们照常进山赶挖新窑。中午时分，炭窑在雨中发生崩塌。危急时刻，张思德一把将战士小白推出窑口，自己却被埋在坍塌的土里，战友得救了，张思德却献出了年仅29岁的生命。

张思德的一生，是全心全意为人民服务的一生，在其短暂的一生中，不论在什么时候，始终严格要求自己，总是把党和人民的利益放在高于一切的位置，坚持一切为人民服务的宗旨，并在实践中一丝不苟地贯彻下去。

后来，"为人民服务"成为中国共产党立党宗旨的高度概括语言。在新中国成立后，还被各级党政机关及其工作人员作为座右铭和行动口号加以使用。

同样是一名普通士兵，雷锋这个名字，一直响彻在广袤的中国大地上。毛泽东曾说："学习雷锋，不是学他哪一两件事迹，也不只是学他某一方面的优点，而是要学他的好思想、好作风、好品德；学习他长期一贯地做好事，而不做坏事；学习他一切从人民的利益出发，全心全意为人民服务的精神。"

雷锋为何能获得毛泽东如此高的评价呢？

1960年1月，雷锋应征入伍，同年11月加入中国共产党。

在部队的培养教育下，雷锋进一步提高了政治觉悟，牢固地树立了全心全意为人民服务的思想和为共产主义奋斗终身的远大目标。他不忘阶级苦，懂得"怎样做人，为谁活着"，忠于党、忠于人民、忠于祖国、忠于社会主义；以"钉子"精神刻苦学习毛泽东著作和科学文化知识，不断提高为人民服务的本领；以甘当"螺丝钉"的精神，干一行、爱一行、钻一行，在平凡的岗位上做出了不平凡的事迹。连队分配他当汽车兵，他努力钻研驾驶技术，成为一名合格的汽车驾驶员。担任班长后，大胆管理，事事模范带头，带领全班成为部队先进集体。他热爱集体，关心战友，关心群众，把"毫不利己、专门利人"看成是人生最大的幸福和快乐，并身体力行，认真实践，"把有限的生命投入到无限的为人民服务之中去"。

雷锋把自己省吃俭用积存起来的钱，寄给受灾人民，送给家庭困难的战友。他经常在节假日和休息时间到部队驻地附近车站，扶老携幼，迎送旅客。他出差时，一上火车就为旅客端茶送水，打扫卫生。他曾担任校外辅导员，以自己的模范行动影响和激励少年一代健康成长。他谦虚谨慎，从不自满自炫，受到赞誉不骄傲，做了好事不留姓名。1962年8月15日，执行运输任务时不幸殉职。雷锋在部队生活2年8个月，荣立二等功1次，三等功2次，受嘉奖多次，被评为"模范共青团员"、"节约标兵"，被选为抚顺市人民代表大会代表。

雷锋精神形成于上个世纪60年代初，它凝结着新中国"十年全面建设社会主义时期"的时代强音，闪烁着为人民服务的光辉。在此后50多年间，学习和弘扬雷锋精神的活动，培育了一大批雷锋式的先进集体和模范人物。

时至今日，张思德和雷锋的精神仍然没有过时，对于广大党员和领导干部而言,"为人民服务"这句话本身就蕴含了"服务"这一行动的行为主体以及实施对象——前者是党员领导干部,后者是人民;而党员和领导干部努力提高先进性、党性也正是"为人民服务"的内在要求和外在体现。

二、"焦裕禄精神是永恒的"

春暖花开时节,中原大地充满生机。

2014年3月17日,习近平来到他在第二批群众路线教育实践活动中的联系点——河南兰考县。兰考是"县委书记的榜样"焦裕禄工作过的地方。一下车,他就直接来到焦裕禄同志纪念馆。

此前的2009年4月,习近平曾来兰考参观焦裕禄事迹展,并种下一棵泡桐。

习近平说,虽然焦裕禄离开我们50年了,但焦裕禄精神是永恒的。焦裕禄精神和井冈山精神、延安精神一样,体现了共产党人精神和党的宗旨,要大力弘扬。只要我们搞中国特色社会主义,只要我们还是共产党,这种精神就要传递下去。

习近平曾把焦裕禄精神概括为"亲民爱民、艰苦奋斗、科学求实、迎难而上、无私奉献"。

政声人去后,丰碑民心上。虽然焦裕禄离开我们已经半个世纪,但他留下的精神却历久弥新。人民群众依旧怀念这位一心为民的好干部。

1962年12月,焦裕禄调任兰考县委书记后,面对危害老百姓生产生活的三大灾害——内涝、风沙、盐碱,他带领全县人民全身心投入封沙、治水、改地斗争。他身先士卒、以身作则,风沙最大的时候,带头去查风口,探流沙;大雨瓢泼的时候,他带头踏着齐腰深的洪水察看洪水流势;风雪铺天盖地的时候,他率领干部访贫问苦,登门为群众送救济粮款。他经常钻进农民的草庵、牛棚,同普通农民同吃同住同劳动。他忍着肝病的折磨,靠着自行车和铁脚板跋涉5000余里,对全县149个生产大队中的120多个进行走访,把所有的风口、沙丘、河渠逐个丈量、编号、绘图,制定了治理"三害"的科学规划。有时肝区疼得直不起腰、骑不了车、拿不住笔仍然坚守岗位、冲在一线。

焦裕禄总是在群众最困难、最需要帮助的时候,出现在群众面前。他心里装着全县人民,唯独没有自己。他带领全县人民艰苦奋斗,植树治沙,取得了显著成效。1964年5月,焦裕禄因肝癌不幸病逝,年仅42岁。他被誉为"县委书记的榜样"。

焦裕禄精神与中国共产党清正廉洁的权力观高度一致。立党为公、执政为民是中国共产党的执政理念。今天党的领导干部,更是应该以焦裕禄为镜、把焦裕禄当标杆,做新时代"焦裕禄"式的好干部。

以焦裕禄为镜,就要始终心怀一个"公"字。焦裕禄之所以得到人民的拥护和爱戴,是因为他与人民血肉相连,"心中装着全体人民,唯独没有他自己"。对标榜样、检查自己,我们先应自问,是否以"公"字为先。

以焦裕禄为镜,就要坚持从"实"字入手。焦裕禄在兰考推广种泡桐挡风沙、深耕作治盐碱,就是他脚踏实地深入群众学来的。因此,我们要在工作中坚持实事求是,说实话、办实事,对上不报假、对下不作秀,遇事敢承担。

以焦裕禄为镜,就要学习他的"勤"字。当年,焦裕禄用脚板丈量兰考土地,用耳朵倾听群众意见,与群众一起战天斗地治沙荒。我们应像焦裕禄一样，勤于深入群众、勤于调研、勤于思考、勤于总结。

以焦裕禄为镜，就要以"廉"字要求自己。作为县委书记，有人要装潢一下他的办公室，焦裕禄拒绝了。儿子看了一场"白戏"，他严厉批评，补交票钱，并让县委办起草了"干部十不准"。这就是廉洁奉公的焦裕禄。对照焦裕禄，每位领导干部应做到自重、自省、自警，始终保持良好作风。

焦裕禄的感人事迹影响了几代中国共产党人，焦裕禄精神过去是、现在是、将来仍然是中国共产党宝贵的精神财富，永远不会过时。

电影《焦裕禄》主人公的扮演者、著名表演艺术家李雪健做客中央纪委网站"聆听大家"系列访谈时说：

电影《焦裕禄》的创作是二十多年前的事了，我觉得焦裕禄是我们这代人父辈的一个典型代表。拍电影《焦裕禄》时，当地老百姓做群众演员，有些场景都不用导演说戏，他们就知道拿什么道具、怎么做，给他们报酬，一分钱不要。有一场戏，群众演员都是七八十岁的老人家，他们一直陪着我们拍戏到天亮。他们对焦裕禄的感情让我记忆深刻。为什么大家会这样？是因为焦裕禄，他这个人，他这种精神，深深地埋在了老百姓心里。那是什么埋在了他们的心里？就是咱们共产党的宗旨——全心全意为人民服务。焦裕禄做到了，全心全意为人民，心中装着人民。对我们这些创作人员来说，拍摄电影《焦裕禄》的过程也是一个净化心灵的过程。

焦裕禄精神在今天是什么？那个时候焦裕禄解决了老百姓的吃饭问题，这体现了他作为一名党员的责任心。现在要谈焦裕禄精神，就是不但要吃饱，而且要吃好的问题。要实现全面建成小康社会的目标，仍然需要焦裕禄精神，焦裕禄精神永远适用，而且永不过时。

三、沈浩用生命兑现承诺

2009年11月6日凌晨,一个极其平常的日子,一名普通的村干部悄然离世。

在得知这位名叫沈浩的安徽省滁州市凤阳县小岗村党委第一书记去世的消息后,时任中共中央总书记、国家主席、中央军委主席胡锦涛在批示中,对沈浩的去世表示沉痛悼念,对沈浩的亲属和小岗村村民表示亲切慰问。

一名最基层的农村干部,为什么会受到胡锦涛如此关注?

2004年2月,沈浩被安徽省委组织部、省财政厅选派到小岗村担任村党委第一书记。

沈浩在小岗村住下来了,一住就是几年。处处为村里谋规划、办实事,大年三十还泡在村里,几年来一直租住在村民家中。

2006年底,沈浩在小岗村任职三年届满,村民强烈要求把沈浩留下来,起草了一份言辞诚恳的挽留信,应用按下红手印的方式,表达了自己的愿望。98颗鲜红的手印,感动了组织,也感动了沈浩。村民们派了十个代表,按下手印送到安徽省组织部、财政厅要求沈浩留在小岗村,再带领他们干三年。

办工业、兴商贸、科学种田,以市场经济的头脑发展种植、养殖和高效农业……六年来,沈浩带领着小岗村做了太多的事。农家乐生态游促进小岗村振兴发展,"大包干"纪念馆每年接待各地游客万余人次……

2006年,小岗村跻身2005年度"全国十大名村",2007年初,小岗村被授予"安徽省乡村旅游示范点"称号,一个美丽、和谐、富裕、文明的社会主义新小岗重新向世人展示着它独有的魅力。

2009年11月6日，江河含悲、小岗村动容。中国农村改革第一村安徽省凤阳县小岗村党支部第一书记沈浩，因积劳成疾在小岗村临时租住的房子内去世，年仅46岁。

"人固有一死，或重于鸿毛，或轻于泰山"，沈浩，用他年轻的生命，证明践行了中国共产党人执政为民的宗旨。

2010年4月，科学出版社整理出版《沈浩日记》，以日记体的形式，以时间为轴线，真实记录了沈浩的人生观形成轨迹和内心独白，真正诠释了什么才是真正的"权为民所用，情为民所系，利为民所谋"。

不妨在此摘录几则，再次接受沈浩精神的洗礼——

2004年2月17日

小岗村与其他邻近村比，基层条件还是好的。但是村容村貌太差，尤其是卫生状况，即便是学校也不好。我看工作就先从抓卫生开始。同村干部一起商量一下，定些制度，坚持下去，养成习惯，会好起来的。

2004年2月22日

昨天被同学接到县城去吃饭。吃饭间，谈论最多的是小岗和小岗人。多是出于对我的关心，想让我对小岗能多一些了解。埋怨我怎么会到小岗，去哪都比小岗强。

但是既然来了，还后悔吗？要退缩吗？绝不！我相信小岗绝大多数党员、干部、群众是想好的，是不满意现状的，是想改变的。有了这一点，这就是做好小岗工作的基础。

小岗村发展面临的矛盾和困难肯定是很大，但存在的机遇也很多。

我相信通过自己的努力，权为小岗所用，利为小岗所谋，情为小岗所系，在这三年时间里，小岗一定会发生很大变化，小岗人也一定会富裕起来。否则就是自己的无能和失败。

2004年8月14日　夜　雷雨

去萧县早餐后，与宋伟、汪军一行驾车去徐州，先参观了龟山汉墓，为一千多年前的能工巧匠所折服，也为王侯的奢华而叹怨。后又参观了淮海战役纪念馆，再次受到了一次心灵的教育。叹服毛泽东、邓小平等老一辈无产阶级革命家的伟大，人民解放军的英勇，人民群众的无私奉献。永远不能忘记今天的幸福生活来之不易！近5时回到小岗。

夜里刚过九时，电闪雷鸣，大雨落下。眼下正是黄豆开花，正需雨时，心中祝愿雨能下得再大一些吧。让勤劳的江淮农民能有一个丰收的秋收。

不知怎的，在农村不光是空气清新，与城里相比，似乎雷鸣更响，闪电更亮。

让雷鸣更响些吧！让闪电更亮些吧！让暴风雨来得更猛烈些吧！快快洗去小岗村的尘垢，滋润小岗人的心灵，使之提升、净化，能让小岗村早日发展起来，让小岗人早日富裕起来！

2004年8月30日

已有30多天没有见女儿了，当时想，女儿这个暑假肯定是长高了，回到家一见，果然不假，女儿这个暑假长了足足有3公分多，个子有1.5米以上了，十多岁的孩子，眼看着就是个大姑娘了。

说来真是对不起女儿，因为在小岗，很难尽做父亲的义务。就要开学了，所以特请两天假回来送女儿上学。

2004年9月3日

会计上有一个很重要的原则，那就是谨慎原则。事实上人的一生无论是工作、学习、生活、交友、处事等都应遵守和重视谨慎原则。

贪是万恶之源，因为贪会不计后果，鲁莽行事。再者绝不可狂。狂与妄是相联的，人要自信但不可狂妄。何时何地何人何事都不可狂妄，狂妄就会冲动，冲动就犯错误。另外，平时要加强修养，少说多做，多筹划，做有把握之事，说管用之语。

当然，谨慎为谨慎，但作为一个人，也不能胆小怕事，不愿作为，凡事谨小慎微裹足不前，那将一事无成。

遵纪守法才是最大的谨慎，为人民服务才是最大的做人做事。

沈浩的这些日记，没有精巧的构思和华丽的辞藻，有的只是一位党员干部对国家、对事业、对家庭的思考和独白，一位村官对自己思想、工作和生活的简单记录。这些，饱含了沈浩对造福人民、建功立业的满腔热情。

四、"长"在群众中的高德荣

皮肤黝黑，手指粗糙，一位土生土长的独龙族农民，不论是担任乡长、县长还是州人大常委会副主任，一辈子本色不改。风风火火，苦干实干，几十年倾心尽力干着一件天大的事，那就是让4300名独龙族同胞尽快摆脱贫困奔向小康。执着坚守，不计得失，从独龙江来，回独龙江去，"老县长"的公仆形象，牢牢定格在独龙族同胞和怒江人民的心中。

他就是高德荣，是一个红色的"路标"，又是一面闪亮的"镜子"。"一心一意为乡亲们服务的'老县长'高德荣践行了为民务实清廉的要求，保持了共产党人的政治本色。"原云南省委书记秦光荣如是评价。

2014年,高德荣年满60岁退休。但是,为家乡发展的这颗心,从没退休。他和老伴儿依旧选择住在独龙江乡里,带着大家一起干:"我在这个地方干了一辈子,没起多大的作用,我回来的目的就是和大家一起发展好产业。"

坚持一切为了群众、一切依靠群众,从群众中来、到群众中去,这就是党的群众路线的法宝,也是共产党员的公仆本色。高德荣深深懂得这个道理。

在高德荣心中,群众的事情永远排在第一位。

他喜欢到群众中去调研。一个GPS定位仪、一台照相机、一部摄像机,是他随身携带的三件宝贝,记录着辖区内每一寸土地,每一户人家,每一种风情。他常说:"不到基层第一线,老百姓需要什么,你根本不知道。"

位于云南省怒江傈僳族自治州贡山独龙族怒族自治县高黎贡山和担当力卡山之间的独龙江乡,是中国人口较少的少数民族之一独龙族的聚居区,这里交通闭塞,基础设施落后,发展迟缓。

独龙江乡地处峡谷,自然条件十分恶劣,仅有一条独龙江公路通往外界,每年有半年大雪封山。

这里繁衍生息着56个民族之一的独龙族,是全国唯一的独龙族聚居区。1988年,高德荣任独龙江乡乡长期间,向上级争取了350万元的项目资金,扩建了独龙江乡卫生院、中心校区,新建了一个小型电站、四座人马吊桥,改善了独龙江乡的基础设施条件。

2005年2月,持续暴雪导致贡山全县的电力、交通、通讯全部中断,大量民房和农作物、牲畜受损,直接经济损失为7132万元。时任贡山县长的高德荣亲自担任道路抢修组组长,夜以继日奔波在灾区。10

多天里,他跑遍了怒江沿岸的20几个村委会。每到一处,他挨家挨户了解灾情、慰问灾民,深入第一线带领干部群众抢险救灾。有一个村公路被雪崩阻断,他步行3个多小时,去看望那里的灾民,村民见到他泪水都流了出来。

2006年,已调入州人大工作的高德荣,再一次放弃了优越的条件,主动向组织提出"把办公室设在独龙江",协助贡山县的重大项目建设。

2010年1月,云南省委省政府启动独龙江乡整乡推进独龙族整族帮扶项目,总投资约10亿元,由他兼任州委独龙江帮扶领导小组副组长。已58岁的他不是在下面带领群众架桥修路、发展产业,就是到上级部门争取项目和资金,忙到连儿女都很难见到他。他根据独龙江自然气候特点,亲自带领群众在密林深处套种草果、花椒、重楼等,发展中蜂养殖。如今,独龙江畔草果飘香,"蜜"香四溢;一幢幢别墅式的农家小楼拔地而起,平整的柏油路通向各村各寨;独龙族人和城里人一样享受上网、通话、看数字电视……截至2012年末,独龙江帮扶"六大工程"累计完成投资7.1亿元。

为了建设一条独龙族同胞的生命通道、发展通道、幸福通道,曾经当过贡山县县长的高德荣一直在呼吁,一直在奋斗,直到"盯着"独龙江公路隧道最后一公里的贯通。独龙江公路是独龙族与外界联系沟通的唯一通道,是独龙族同胞生产生活和经济发展的命脉,尤其是公路中途的41公里至63公里的高黎贡山独龙江公路隧道,是整条公路建设的瓶颈。

2014年4月10日下午1时28分,随着"轰隆隆"一声炮响,全长6.58公里的高黎贡山独龙江公路隧道全线贯通,独龙江乡独龙族人民从此告别半年大雪封山的历史。

高德荣一生,为了地区经济发展,到处请命、要钱,但从来没有为自己伸手张口。

他担任怒江州人大常委会副主任后,州里考虑到他家的实际困难,多次提出要给他分配一套大点儿的房子。他坚决不要,就连现金补贴也没有拿过一分。虽官至副厅级,高德荣从来不让自己有半点儿腐败的念头。跟随高德荣多年的驾驶员肖建生最了解他的"原则",跟着高德荣,什么非分的好处都别想沾,倒是为老百姓贴了不少钱。有时各级领导送来慰问金,高德荣立马把乡政府的财会叫来,让财会把钱收好、用好。

对家人,高德荣同样严苛至极。前些年,他儿子回贡山考公务员,两次都没考上,他一句"好好用功,多看看书",就与儿子工作的事儿"撇清"了关系。

人民的好干部永远是一面旗帜。

"干部当得好不好,就看老百姓有没有尝到甜头。"高德荣心中"好干部"的标准简单而深刻。他还常说:"我们当干部、当领导的能不能走群众路线,首先看对群众有没有割不断的实实在在的感情。对一个领导来说,自己的私事再大也是小事,群众的事情再小也是大事。"

对于这些,高德荣做到了——他是党的宗旨的最好践行者,积极投身于工作当中,与百姓唠家常,知百姓之冷暖;与群众说想法,解群众之难题;上不愧党,下不愧民。

榜样的无穷力量,源于精神价值的闪光和感召。

高德荣的先进事迹,生动诠释了习近平提出的心中有党、心中有民、心中有责、心中有戒的要求,展现了共产党人的精气神。他身上所展现的信念与担当、清风与正气、淳朴与善良,彰显了共产党人的公仆本色。

第二节 "执政为民"的为官之道

执政为民反映了中国共产党人的核心价值观,是中国共产党区别于其他政党的显著标志之一。贯穿中国共产党建党90多年的一条主线,就是全心全意为人民服务。在领导中国革命的时候,中国共产党明确提出了"为人民服务"的党的宗旨,在社会主义建设和改革开放新时期,更把执政为民作为党一切执政活动的最高标准。

"打天下,坐江山,一心为了老百姓的苦乐酸甜。谋幸福,送温暖,日夜不忘老百姓康宁团圆。老百姓是地,老百姓是天,老百姓是共产党永远的挂念。老百姓是山,老百姓是海,老百姓是共产党生命的源泉。"

有一首叫《江山》的歌曲这样唱。清亮优美、饱含深情的旋律,简洁朴实、深刻生动的歌词,让每一个真正的中国共产党人听了产生强烈共鸣,让人民群众听了心里暖洋洋。

人民群众养育了中国共产党,是党的生命源泉和力量之本。鱼和水,血与肉,种子同土地,不同的比喻,形象深刻地诠释了党群关系、干群关系。在今天,中国共产党保民生、搞建设、促发展、谋幸福,每一项决策措施,无不体现着服务人民的宗旨,表达着对人民群众的深情牵挂。

一、为人民服务是中国共产党的根本宗旨

坚持以全心全意为人民服务为唯一宗旨,这是中国共产党区别于其他任何政党的一个显著标志,也是中国共产党受到人民群众拥护、领导人民夺取革命和建设事业胜利的奥秘所在。为了坚持党的宗旨,高扬全心全意为人民服务的旗帜,中国共产党的历代领导人,都一以贯之地进行着不懈的努力。

早在1939年,毛泽东就在《纪念白求恩》中提出要学习白求恩同志毫无自私自利之心的精神。他指出:"一个人能力有大小,但只要有这种精神,就是一个高尚的人,一个纯粹的人,一个有道德的人,一个脱离了低级趣味的人,一个有益于人民的人。"共产党员应该做这样的人,这是坚持为人民服务的前提。二是阐述了为谁服务和怎样服务的问题。1942年,毛泽东发表了《在延安文艺座谈会上的讲话》。他说:"我们的文艺应当'为千千万万劳动人民服务'"。"一切共产党员,一切革命家,一切革命的文艺工作者,都应该学鲁迅的榜样,做无产阶级和人民大众的'牛',鞠躬尽瘁,死而后已。"

中国共产党的七大通过了毛泽东的政治报告,并正式把全心全意为人民服务写进了党章。以后历次党代表大会都坚持把全心全意为人民服务的要求写入党章,使之成为中国共产党一直坚持的唯一宗旨。

为了在新的历史条件下继续坚持全心全意为人民服务的宗旨,邓小平做出了一系列重要论述。1985年5月,邓小平在《在全国教育工作会议上的讲话》中指出:"什么叫领导?领导就是服务。"

"领导就是服务",揭示了社会主义领导的本质属性。不同的社会、

阶级、时代，领导的本质是不同的。过去的一切领导，都是少数人利益的代表，都以统治为特征；社会主义的领导代表绝大多数人的利益、以服务为宗旨。社会主义的领导要坚持为大多数人谋利益，要当好人民的勤务员。

"领导就是服务"，是邓小平一贯的思想，也是他对毛泽东为人民服务理论的丰富和发展。

随着社会发展，为人民服务也注入新的时代精神。江泽民在2001年"七一"重要讲话中指出："每一个领导干部都应好好想一想，参加革命是为什么？在领导岗位上应该做什么？将来身后应该留点什么？把这些问题想清楚了，想正确了，我们就能做到一身正气，堂堂正正。"

在这三个"想一想"，是为人民服务的根本性问题，是中国共产党人的世界观、人生观、价值观问题，是每一个党员干部时时处处、一生一世都必须回答好、解决好的重要课题。解决好这一人生哲学问题，树立正确的公仆观，在思想上确立人民的利益高于一切的观念，是当好人民公仆的前提条件，是坚持全心全意为人民服务的精神支柱。

2011年7月1日，胡锦涛在庆祝中国共产党成立90周年大会上强调，各级领导干部都要牢记，我们手中的权力是人民赋予的，只能用来为人民谋利益。行使权力就必须为人民服务、对人民负责并自觉接受人民监督，决不能把权力变成牟取个人或少数人私利的工具。各级干部都要自重、自省、自警、自励，讲党性、重品行、作表率，做到立身不忘做人之本、为政不移公仆之心、用权不谋一己之私，永葆共产党人政治本色。

2014年2月7日，习近平在俄罗斯索契出席冬奥会接受俄罗斯电台采访时说："为人民服务，担当起该担当的责任。"同时，他对中国发展前景充满自信地指出，经过长期探索，我们已经找到一条适合中国国情的正确发展道路，只要我们紧紧的依靠13亿中国人民，坚定不移走自己的路，我们就一定能战胜一切艰难险阻，不断取得新的成绩，最终实现我们确定的目标，中国共产党坚持执政为民，人民对美好生活的向往就是我们的奋斗目标。

在全面深化改革的新形势下，中国共产党面临的执政考验、改革开放考验、市场经济考验、外部环境考验，是长期的、持续的、复杂的，精神懈怠危险、能力不足危险、脱离群众危险、消极腐败危险，比以往任何时候都更加突出和尖锐地摆在全党面前。

在改革开放的征程上，涌现出一尘不染、两袖清风的"焦裕禄式"好干部孔繁森、翱翔太空、展示国力的航天英雄杨利伟，全国劳动模范、公交车售票员李素丽，立党为公、情系群众、廉洁奉公的领导干部牛玉儒，"杂交水稻之父"袁隆平等一大批英模人物，这些人并不是因为其官职大留名，而是因为他们是实实在在地在为人民服务。当然，我们也记住了徐才厚、周永康、令计划、成克杰、胡长清等一大批蛀虫的名字。

中国共产党的执政地位不是与生俱来的，也不是一劳永逸的。中国共产党成为执政党，是历史的选择、人民的选择。因此，为人民服务，应当是党的血液，时刻流淌在党的肌体中，并成为各级领导干部的座右铭！

二、"干部好不好是百姓说了算"

"人民群众对美好生活的追求就是我们党的奋斗目标。金杯银杯不如老百姓的口碑。干部好不好不是我们说了算，而是老百姓说了算。"

2015年5月25日，习近平到浙江舟山考察调研，在同舟山定海区新建社区村民座谈时说了上述一番话。习近平的话掷地有声，入木三分，言简意赅而又内涵深刻，即是恪守宗旨的真情流露，也是新形势下对领导干部的从政谆谆告诫。

古希腊思想家亚里士多德说："评价一桌宴席好坏的权利不在于厨师而在于食客，评价一座房屋好坏的权利不在于建筑师而在于住户。"换言之，即评价干部好坏的权利不在于干部自身，而在于干部服务的对象——人民群众。

"金杯银杯不如老百姓的口碑"，这是习近平在浙江工作时经常念叨的一句话。在2005年1月17日《浙江日报》"之江新语"专栏文章《"潜绩"与"显绩"》一文里，他这样提到：我们常讲的金杯银杯不如老百姓的口碑，金奖银奖不如老百姓的夸奖，说的就是这个道理……一定要树立正确的政绩观，多做埋头苦干的实事，不求急功近利的"显绩"，创造泽被后人的"潜绩"。

好干部的标准是什么呢？习近平2014年6月28日在全国组织工作会议上指出，"好干部要做到'信念坚定、为民服务、勤政务实、敢于担当、清正廉洁'。"这20个字描摹出好干部的"时代肖像"，赋予了好干部新的时代内涵，是新时期干部的实践准则和奋斗方向。

"老百姓说了算"，体现的是民本思想。"知屋漏者在宇下，知失政者在草野"。人民群众是各项政策方针的惠及者，政策好与坏，人民群众最有发言权。干部的一言一行，人民群众都能看在眼里记在心上。也只有心系人民群众，带着感情、带着责任、做出实绩，才能最终赢得人民群众的称赞。

党员干部的政绩观不仅关乎自身的业绩，更关系到一个地方的发展和群众生活的改善。党员干部应该树立怎样的政绩观？对此，习近平早就指出，"要始终坚持为人民谋利益的政绩观"，做到"上有利于国家、下有利于人民"。

但现实中，并非所有的干部都能树立正确的政绩观，一些党员干部的政绩观严重偏离了方向：工作不切实际，不顾群众利益，盲目攀比，大搞形象工程，其目的就是要为自己的升迁铺路。一些说法伤害民众感情，却大言不惭。"政声人去后，民意闲谈中"。其实人还没有离任，就备受当地民众诟病，但不以为意，这是对民意的蔑视，更是对权力来源的错误认知。

党员干部政绩观发生偏差，既有自身的原因，也有干部考核方式的原因——干部履职情况如何，群众缺乏足够的知情权和话语权。因此，有的干部习惯"向上看"、忘记了"往下走"，忽略了"接地气"，落下了"民情本"，如群众描述的"上面穿长袖，下面穿短裤，对上负责，对下不负责"。

由此可见，应当把评价干部的权利还给人民群众，让人民群众来评估干部的绩效。但是，要用好人民群众"口碑"这块试金石，需要制度保障，确保人民群众在评判领导干部时具有发言权。

首先，要建立人民群众评价机制，从制度上规定人民群众"口碑"的分量，在干部考核任免时，要多听听人民群众的声音，看看人民群众的评价，人民群众评价不好的干部就不应考虑。

近年来，在中国各地纷纷将社会化评价纳入绩效考核范畴，即把群众满意作为干部履职的基本价值导向。比如在四川省，日前就推出了党风廉政建设社会评价体系，构建社情民意调查机制，对全省各区（县）群众进行随机抽查，把监督权、评判权真正交给群众，让群众打分，客观真实了解掌握党风廉政建设落实情况。类似四川省这样，一改过去干部评价局限于本部门本系统的做法，以民意"表决器"层层传导压力，就是要让人民群众更加广泛、直接、有效地参与干部考核，推动干部树立群众满意这一履职的基本价值导向。

其次，当前群众工作的效果依然存在"不被理解"、"难被接受"、"不受支持"等类似牢骚和抱怨，而不少党员干部也认为自己做到了，够细致够耐心了，但依然存在群众不满意的现象。要让广大群众有机会更多、更全面地了解干部的工作，确保群众对干部做出客观公正的评价。

第三，要建立"下岗"机制，人民群众口碑不好的领导干部，就应下岗。对于这个问题，温家宝在第十一次人大一次会议记者招待会上提出来的："我和我在座的同事们都懂得一个道理：只有把人民放在心上，人民才能让你坐在台上。""把人民放在心上"，就是全心全意为人民服务，就是"一枝一叶总关情"。

一言以蔽之，用人民群众的"口碑"来衡量和评定干部是一种必然，因为人民群众的眼睛是最雪亮的，他们的呼声是最真实的。按照这一理念，如果人民群众成为干部考核的主角，干部有权才不会任性，才会把全心全意为人民群众服务，作为工作的出发点和落脚点。

三、用好"三严三实"这把标尺

"各级领导干部都要树立和发扬好的作风，既严以修身、严以用权、严以律己，又谋事要实、创业要实、做人要实。"

2014年3月9日，习近平在参加十二届全国人大二次会议安徽代表团审议时，在关于推进作风建设的讲话中，他作了以上被称为"三严三实"讲话。

作风建设永远在路上。习近平提出的"三严三实"，是对作风建设的进一步升华，简明扼要，切中要害。2015年4月10日，中共中央办公厅印发《关于在县处级以上领导干部中开展"三严三实"专题教育方案》，对 2015 年在县处级以上领导干部中开展"三严三实"专题教育做出安排。

不难看出，"三严三实"的标准与要求，虽然言语朴实却寓意极其深刻，既是对党员领导干部作风建设的谆谆告诫，又是新时期党员领导干部的为政之道、施政之德、成事之要、为人之本。

古人言："勿以善小而不为，勿以恶小而为之。"做官先做人，为政先修德。当前，形式主义、官僚主义、享乐主义和奢靡之风，在一些地方并未彻底扫清。少数领导干部理想信念动摇，宗旨意识淡薄，精神懈怠；贪图名利，弄虚作假，不务实效；脱离群众，脱离实际，不负责任；铺张浪费，奢靡享乐，甚至以权谋私、腐化堕落，这需要来一次思想上的大清扫。

当前，中国经济正处于结构调整阵痛期、增长速度换挡期，到了爬坡过坎的紧要关口，改革"险滩"等着去涉，"硬骨头"等着去啃。因此，各级领导干部，更有必要用好"三严三实"这把标尺。

严以修身，就是要加强党性修养，坚定理想信念，提升道德境界，追求高尚情操，自觉远离低级趣味，自觉抵制歪风邪气。

在这方面，原云南保山地委书记杨善洲当为典范。

从事工作近 40 年，杨善洲始终保持着共产党人艰苦朴素的本色、廉洁奉公、全心为民，勤奋工作，为保山经济社会发展作出了突出贡献。1988 年 6 月退休以后，杨善洲主动放弃进省城安享晚年的机会，扎根施甸县大亮山兴办林场，一干便是 22 个春秋，带领大家植树造林 5.6 万亩，价值 3 亿元的林场，且将林场无偿捐赠给国家。杨善洲使林场林木覆盖率达 87% 以上，让当地恶劣的自然环境得到明显改善。

不仅如此，杨善洲还带领群众修建了 18 公里的林区公路，架设了

4公里地输电线路，使深居大亮山的村寨农户，通电通路。两袖清风，清廉履职，忘我工作，一心为民，只为了兑现自己当初"为当地群众做一点实事不要任何报酬"的承诺。作为一名共产党员，杨善洲几十年如一日，始终牢记党的宗旨，时时处处以共产党员的标准来衡量和要求自己。

一个人能够给历史，给民族，给子孙留下些什么？杨善洲留下的是一片绿荫和一种精神！他的言行告诉我们：大公无私、坚守信念、一生奉献依然是党员干部的根本。

杨善洲曾说："我是共产党员，哪能光想着自己？把自己的家庭搞得富丽堂皇，别人却还过着艰难日子，那么，我们常说的完全、彻底地为人民服务，不是成了骗人的假话吗？无论在什么时候，何种环境中，我们都不能忘记了党的根本宗旨，都应该把坚持党的宗旨作为一切行动的出发点和归宿。"

严以用权，就是要坚持用权为民，按规则、按制度行使权力，把权力关进制度的笼子里，任何时候都不搞特权、不以权谋私。

在这方面，原河南省登封市公安局长任长霞当为典范。

作为一位公安局长，任长霞随时面临着钱、权、法的考验。任长霞自1983年加入公安队伍，做预审工作13年，协助破获了大案要案1072起，追捕犯罪嫌疑人950人。1998年被任命为郑州市公安局技侦支队长后，她多次深入虎穴，先后打掉了7个涉黑团伙，抓获犯罪嫌疑人370多名，被誉为"女神警"。

2001年，任长霞被调任登封市公安局局长，解决了十多年来的控申积案，共查结控申案件230多起。她带领全局民警共破获各种刑事案件2870多起，抓获犯罪嫌疑人3200余人。

作为一位公安局长,任长霞无疑面临着钱、权、法的考验。2001年,任长霞了解到,松颖避暑山庄老板王松纠集家族成员、两劳释放人员横行乡里,敲诈勒索,致使上百人受到伤害,7人丧命,民怨极大。她决心挖掉这颗毒瘤。王松手下爪牙因参与作案被抓获,王松企图以钱开路,打通关节,救出这几个弟兄。王松来到任长霞办公室,随手甩出一沓钱放在桌子上说:"手下人捅了漏子,请任局长高抬贵手,网开一面。"任长霞严词拒绝,将王松一举擒获。

任长霞用信念、人格和情操实践了"立党为公,执政为民"的根本要求,展现了一名共产党员的崇高精神境界。

任长霞曾说:**"公安,公安,心中只有'公',人民才能安;警察,警察,前面为什么加"人民"二字?就是让我们时刻牢记自己是人民的警察。"**

严以律己,就是要心存敬畏、手握戒尺,慎独慎微、勤于自省,遵守党纪国法,做到为政清廉。

在这方面,原辽宁省委常务书记,省政协主席李荒当为典范。

1983年4月,李荒响应中央关于干部年轻化的精神,主动要求"裸退",彻底退出领导岗位,成为全国第一位从正省级领导岗位上退下来的干部,在省直机关引起反响;他"反对夫人参政"的观点受到中央领导的肯定;他关于党内应互称"同志"的文章引起社会共鸣;他为官清正廉洁受到公认,他严格要求身边工作人员和家人,一个儿子当汽车修理工直到退休,一个儿子下岗自谋生路。

2014年12月4日,李荒走完了99年的人生之路和80年的革命生涯。李荒的"严",表现在他从严律己,讲政治规矩,遵政治纪律,守道德底线。他顾全大局,为党的事业殚精竭虑;他作风正派,不搞团团伙伙、拉帮结派；他清正廉洁，公道正派；他手中有权，但深怀敬重心、敬畏心，不滥用、不私用；他几十年如一日，修洁净之身、养浩然之气，成清廉之风，体现了共产党人的高贵品质。

从最早确立"马革裹尸，献身革命"的人生追求，到生命最后的霞映长天、彤云绚烂，李荒用热血丹心绘就了一幅共产党人壮丽的精神图谱。

李荒曾说，**我们党内决不允许有高人一头、把个人凌驾于组织之上、不受党的约束的"特殊党员"**，"如果我们党默许了，那我们党就没有纪律了！"

谋事要实，就是要从实际出发谋划事业和工作，使点子、政策、方案符合实际情况、符合客观规律、符合科学精神，不好高骛远，不脱离实际。

在这方面，原河南省新乡县刘庄村党支部书记史来贺当为典范。

1952年12月，年仅21岁的史来贺当选为刘庄村党支部书记，挑起了带领全村人治穷致富的重担。从任村支书的那天起他就立下誓言："跟党走，拔掉穷根，让老百姓过上好日子！"从1953年开始，史来贺带领刘庄人车推、肩挑、人抬，起岗填沟，拉沙盖碱，用了整整20年，把刘庄周围750多块凹凸不平的"盐碱洼"、"蛤蟆窝"荒地改造成了现代化农业园区。他潜心研究棉花种植经验，使皮棉平均亩产量达到当时全国平均产量的3倍，刘庄也因此一跃成为全国的先进典型。

2003年春，在史来贺去世时，刘庄全村的企业固定资产已近10亿元，年上缴税金4500万元，人均实际分配1万元，户均存款20万元。家家户户住着整齐、清洁、漂亮、舒适的房子，电话、电视、空调、冰箱也成为普通用品，每人都享受村里20多项集体福利，上学、看病、养老费用全部由集体承担。

几十年来，刘庄没有发生过刑事案件，没有出现过党员违纪。从计划生育、婚丧嫁娶到养老抚幼，刘庄的干部、群众自觉遵守社会主义道德风尚。村里14个姓氏、300多户、1600多口人，没有宗族矛盾及派别之争，没有封建迷信、赌博、打架斗殴、婚丧事大操大办等不良现象。

史来贺为了刘庄的发展，为了刘庄群众的富裕吃了一辈子亏，换来的是刘庄群众对党组织的无限信赖，换来的是基层党组织在群众中的凝聚力、感召力和战斗力。如今，他虽已离开了人世，但他的名字将被世人永远铭记。

史来贺曾说："干部既是带头人，又是服务员。带头人就是要带领大家苦干实干，脱贫致富，无私奉献；服务员就是为群众搞好服务，办实事，解决实际问题。这是最直接的思想政治工作，做好了，群众就没有后顾之忧，就会一门心思搞集体经济，为刘庄的发展出力流汗。同时，集体富裕了，群众富裕了，群众才会打心眼里说共产党好，社会主义好。"

创业要实，就是要脚踏实地、真抓实干，敢于担当责任，勇于直面矛盾，善于解决问题，努力创造经得起实践、人民、历史检验的实绩。

在这方面，原华西村党委书记吴仁宝当为典范。

集体资产1764元，欠债1.5万元，一台30马力的柴油机，就是1961年华西大队成立时的全部家底。华西村发展的那段时间，吴仁宝白天在外面跑市场，夜里只睡3个小时，凌晨2点起床开始去各个工厂巡视。他说："这个时间往往是工人们最困的时候，我不去看看不放心。"

40多年来，他始终没有自己的办公室，所有事情都是在现场拍板。在华西，谁都知道老书记有一条铁规——从不陪客人吃饭，从不在村民家吃饭。即便来再大的领导，吴仁宝也只是到饭桌前寒暄几句就走。在家里，一碗清汤面、一盘小青菜是他的一日三餐；出差时，方便面和茶叶蛋就是他的最爱。

1亿、3亿、10亿、50亿、100亿元……此后十余年的故事，华西总产值呈几何级数增长。吴仁宝的角色，与其说是一个村官，不如说是一个企业家。早在1996年，华西村工业经济总量就超20亿元，销售收入18.9亿元．利润2.2亿元，全村居民住房别墅化，30%的村民家庭拥有轿车，户户存款超过6位数。华西村积极扶持贫困村的经济发展，确定在"九五"期间帮助周边和中西部贫困地区的8个村、8000人脱贫致富。华西村除每年开办扶贫培训班外，还在宁夏、黑龙江投资兴建两个新华西，走出一条先富帮后进的成功实践路子。

一个人的生命长度无法延长，但可以把握其高度和宽度。吴仁宝，"中国第一村"的老书记，一个传奇的人物，其生命的高度和宽度又是如何的？吴仁宝，他无法延长生命的长度，但他把有限的人生奉献给党和人民的事业。他一生心系百姓福祉，提升生命高度；他一生为群众办实事，拓宽生命宽度。

吴仁宝曾说："华西的老百姓既然信任我，就要带他们致富，让他们幸福。"

做人要实，就是要对党、对组织、对人民、对同志忠诚老实，做老实人、说老实话、干老实事，襟怀坦白，公道正派。

在这方面，鞍钢矿业公司齐大山铁矿生产技术室采场公路管理员郭明义当为典范。

15年前，郭明义成为铁矿生产技术室采场公路管理员。从事这份"差事"以来，他坚持每天和一线职工奋战在一起，抢着最累最脏最危险的活儿干。他每天提前2个小时到岗，双休日、节假日从不休息，15

年里多干了 5 年的工作量。他制定出的养路技术标准、考核办法等均在国内领先，齐大山铁矿连年名列全国冶金矿山企业电铲、生产汽车效率第一名。

10 多年来，他以"雷锋传人"为荣，助人为乐，不图回报，在家庭生活并不富裕的情况下，累计为"希望工程"捐款 10 余万元，先后资助 180 多名特困生，为这些穷孩子送去希望。

郭明义是一个追求纯粹的人，做好事不求人知。1990 年开始，他坚持 20 余年无偿献血 55 次，累计献血量达 6 万多毫升，相当于自身总血量近 10 倍。2005 年，鞍山有了血小板提取设备，他几乎月月捐献血小板。郭明义还带动身边工友和全国各地志愿者投身社会公益事业，形成了以他名字命名的爱心团队。

无论时代如何变迁，日月之光辉和人间之大义都是世界上最宝贵的东西。如同康德所说，世界上最令人景仰的，一是头顶灿烂的星空，另一个则是我们内心的道德文明准则。郭明义乐善好施，济困解危，他品德高尚，光明磊落，在广大人民群众中有口皆碑；他锐意进取孜孜不倦，与时俱进，不断地充实自己提高自己，以适应时代的发展需要，做好自己的本职工作。

郭明义曾说过："我是一名共产党员，站在庄严的党旗下，举起自己的右手宣誓，这崇高的承诺需要用一生去实践"。他承诺的是"全心全意为人民服务"；承诺的是"无私奉献、不图名利、不计得失……"

当前，中国面临的形势依然错综复杂，支撑发展的要素条件也在发生深刻变化，中国经济正处于结构调整阵痛期、增长速度换挡期，到了爬坡过坎的紧要关口，改革"险滩"等着去涉，"硬骨头"等着去啃。因此，各级领导班子和领导干部，必须以"三严三实"来要求和对照自己。

作为一名党员领导干部，有必要用好"三严三实"这把标尺。按照这一标尺的要求，就要为官从严做事唯实，始终保持政治定力，守住法纪底线，勤政务实为民，在工作生活中实现净化自身、完善自我、提高能力，做一个党和人民满意的党员干部。

四、给乱作为套上"法治笼头"

党的十八大以来，从上到下，严查猛治"乱作为"，一批"乱作为"者不但纷纷落马，而且受到党纪国法的制裁，"乱作为"现象得到初步遏制，人民群众对"乱作为"的危害之大和影响之坏有目共睹，深恶痛绝。

"如果完成前任留下的半截子工程，干出政绩来归谁呢？"地方工作中，我们常看到新任官员有这样的纠结。

如果此时我们没有合理的政绩评价体系，那么"新官不理旧政"、"官走政息"，就会成为官场的"潜规则"，而且往往是在"改革创新、不破不立"的响亮招牌下进行，比如通过"冷处理"前任的工程项目，果断地将行政资源转移到自己的"新方略"上来，即便是一些对老百姓有好处的合理项目。

如此"一人来搞一套"，循环往复，地方的工作现实则可想而知了。

"制度好可以使坏人无法任意横行，制度不好可以使好人无法充分做好事，甚至会走向反面"，早在改革开放之初，邓小平就曾有这样深刻的论断。所以根本上，要从制度特别是官员考核评价体系上，着眼这一老问题的解决。

习近平2013年山东调研时曾强调，"一张蓝图绘就后，就要一任接着一任干。过去确定的东西，正确的，就要坚持下去。当然随着认识加深，不正确、考虑不到位的，也要与时俱进。关键是实干苦干，稳扎稳打，最后总会出成效。"

这里面点出几个关键点：一是蓝图是否已绘就？二是"一任接一任地干"怎么落实？三是"与时俱进"调整完善战略，与"人走政息"如何区分？

首先看"绘制蓝图"环节。

从某种程度上讲，这是疗治"官走政息"顽疾的基础。比如在发展的规划部分，你是否进行了深入的调查研究？规划是否尽可能多地涵盖了多方利益诉求和发展需求？整体规划是否做到了既因地制宜，又能兼顾中长期发展？

如果上述几方面都没做到位，而只是"新官们"急于出政绩的"拍脑袋"，更或者是为了引进自己的各种"老客户"分羹任职地市场的"急就章"，那么这样的蓝图，想不被弃置也难。

其次是如何将"一任接一任地干"落实下去。

这方面，明确各级官员的任职要求、确保地方发展规划的权威性，以及有效的监督机制都很重要。

任职要求，就是通过具有约束力的条文，规制官员在新项目决策和推行方面的"任性"。"为官一任、造福一方"没错，但这个"造福"，应是一种深沉的、作用于地方发展长远和深层的改变，而非表面上划个工业园、建条冷清的商业街那么简单。

这一方面要求地方官员"少一点功利心，多一点公仆心"，做事是着眼于地方发展实际，而不是给领导的汇报材料；另一方面，也必须通过建章立制，约束那些为了政绩"乱作为"的地方官员。

这方面，域外经验可资借鉴。在多数成熟市场经济体，其城乡规划制定完成并经议会通过后，便具有法律效力，任何人只能执行而不得随意更改。这就从根本上遏制了官员"乱作为"冲动。

三是调整规划要有规矩。作为发展中国家，我国在发展情境、政策环境及资源供需方面，常常面临比成熟市场经济体更多的变化，因而根据新情况与时俱进地调整规划就在所难免。但"调整"当有法度，同样不能是"一把手"的任性。

比如成熟经济体的规划修改，必须拿出详尽的论证报告再经议会审议通过，以此保证规划的完整性和连续性，避免因规划反复造成的浪费。

上述三点之外，还需在依法治国背景下，从四方面发力：

首先是调整考评机制，稳定官员任期。十八届三中全会以来，中央已对"唯GDP论"的官员考评体系进行了相应调整，指挥棒的变化，是希望地方干部能真正沉下心来，扎扎实实地投入到为民做事的实践中。同时稳定官员任期，以此避免地方党政系统随意调整任命官员，官员任期不稳定，是滋生"政绩冲动"的温床之一。

其次是实行任期制与项目制相结合。如果某个工程没竣工，官员就不能调动，这样会让干实事的官员吃亏，而慵懒散的官员反倒有"说走就走"的便利和潇洒，如此难以形成正向激励，反而会加剧懒政、慵政现象。所以，一方面要稳定官员任期，另一方面因特殊需要官员面临任职变动时，也要将调任考核与任上工作完成情况进行挂钩，通过评估倒逼官员兑现承诺，或对继任者形成清晰的评估指标。

三是增强公众话语权，使之成为政绩考核的必要补充。增加公众的话语权和舆论监督，真正"把人民满意不满意、答应不答应"体现到官员考评体系中来，让地方官员明白自己的权力来源，端正权力观。同时严格执行公众参与、专家论证、风险评估、合法性审查、集体讨论决定等决策法定程序，确保决策制度科学、程序正当、过程公开、责任明确，推动决策的科学化、民主化、法制化。

四是完善官员终身问责制。十八届三中全会提出"完善和落实领导干部问责制"，十八届四中全会则明确，"建立重大决策终身责任追究制度及责任倒查机制"。这种终身追责制度的推行和落实，对"三拍官员"是一个紧箍咒。让官员不敢再胡乱做出决定，促使他们从最基本的决策角度出发，明晰法律底线，严格依法办事，真正敬畏法律。但这些制度目前还没有具体条文规定，亟待继续细化，包括追究的渠道、追究的主体等问题。

制度问责加公众监督，以此惩戒懒政者，方能去除"新官不理旧政""官走政息"等积弊沉疴，真正让勤政为民的地方官员在扎实工作的情况下，获得应有的正向激励与评价。

五、"治庸治懒"上升为国家意志

古人讲"为官避事平生耻"，说的就是为政者应勇于担当，敢于直面问题、解决问题，而非对问题采取畏缩、回避的态度。

2015年6月10日，央视《焦点访谈》栏目报道：

胡女士想要将户口从昆明迁至成都，被要求开一张"未婚证明"。而为了开这一张证明，胡女士来来回回从成都到昆明至少跑了4趟，不停地跑，打过电话让朋友帮忙跑腿，更是无数。胡女士也因此陷入一个怪圈：能给她开证明的这个单位，它需要另一家单位的证明，但是另一家单位又需要上一家单位的证明，关键在于每一个部门都说，"我知道你是未婚，可是我不能给你开这个。"

节目播出后，云南省纪委对此问题处理情况进行了通报，称相关单位在事件处理过程中存在严重不作为、人为设置条件、服务意识不强、敷衍漠视群众、推诿扯皮问题。这是发生在云南省窗口单位和行业的"门难进、脸难看、事难办"及"门好进、脸好看、事难办",推诿扯皮、敷衍塞责的典型问题。

所谓"为官一任、造福一方",既是人民群众对领导干部的期许,也是与官员身份"绑定"的责任。为官者都应身体力行,做政治上靠得住、工作上有本事、作风上过得硬、人民群众信得过的好干部,努力实现共产党人崇高的价值追求。但现实中,却有一些"庸官""懒官""太平官",不敢迎难而上,不愿直面矛盾,只想占着位子"混日子"。

2015年3月5日上午,李克强在向十二届全国人大三次会议作的政府工作报告中,首次提出要完善政绩考核评价机制,对实绩突出的要大力褒奖,对工作不力的,要约谈诫勉,为官不为、懒政、怠政的,要公开曝光,坚决追究责任。

尽管"为官不为"是近20年来首次写进政府工作报告,但总理谈"庸官懒政"却绝非第一次。

2014年5月30日,李克强在国务院常务会上使用的高频词是"抓落实"。

"我在基层调研时注意到,有些地方确实出现了'为官不为'的现象,一些政府官员抱着'只要不出事,宁愿不做事',甚至'不求过得硬,只求过得去'的态度,敷衍了事。"李克强说到这儿加重了语气,"说的难听点,这不就是尸位素餐吗?"

就在此前一周的常务会上,李克强也严词"抓落实"。"在座的各部委,国务院的各项政策措施落实到位了没有?你们各自的责任履行了没有?"当时,总理的语气异常严厉,"各位,你们要'守土有责'啊!"

"党的干部都是人民公仆,自当在其位谋其政。"2015年10月8日,习近平在党的群众路线教育实践活动总结大会上也严词告诫"为官不为"

者。同日，李克强在国务院部门主要负责人会议上，再次对"为官不为"者"不客气"地批评道："尸位素餐本身就是腐败，不作为的'懒政'也是腐败！"

中央高层释放出明确信号，即对"为官不为"者实行问责。我们能看得见的趋势是，治理"庸官懒政"，已从"强调"，上升为国家治理的意志。

在此前持续的"打虎拍蝇"式反腐之后，中央将治理"庸官懒政"首次写入政府工作报告，这无疑是一种对于深度治理的持续推进。

党的十八大以来，中央治理"庸官懒政"力度不断加大。在不少落马高官中，都会有各种各样的贪腐情节，但有一人例外——

湖南省政协原副主席童名谦，在最终法院认定的罪名中，并未出现"贪污受贿"等官场腐败的常见词，却因其在担任衡阳市委书记、市人大换届领导小组组长期间"严重不负责任"，对衡阳市选举湖南省人大代表贿选大面积蔓延"不听、不管、不查"，造成极其负面的政治影响。

2014年8月18日，童名谦被法院以玩忽职守罪判处有期徒刑5年，其虽然并没有恶劣的贪腐情节，但因为不敢担当、纵容舞弊，被视为"庸官"的典型，成为十八大后首个因玩忽职守而获刑的省部级领导干部。

童名谦的所作所为，自然让人想到他之前的政治承诺。2012年2月18日，童名谦任衡阳市委书记时发表如下"就职感言"：

"我将以为衡阳人民谋福祉为重，心系衡阳，热爱衡阳，发展衡阳。时刻把人民群众的安危冷暖放在心上，集中力量办民生实事，进一步提高衡阳人民的幸福指数。坚持德才兼备、任人唯贤的用人导向，让想干事的人有机会、能干事的人有舞台、干成事的人有激励。堂堂正正做人，严格要求自己，做到为民、务实、清廉，做一个衡阳人民认可和信赖的'衡阳人'。"

但遗憾的是，言犹在耳，斯人已去。

梳理童名谦从政轨迹，他曾主政过湖南湘西州、邵阳、衡阳三地。无论是湘西泛滥成灾的民间集资，还是邵阳的官场乱象，作为主政者的童名谦，都选择了回避甚至放纵。他在官场以清流自许，在同事眼中他也是个"清廉"但"倒霉透顶"的领导干部。他无烟酒嗜好，夏天舍不得开空调，在给领导干部授课时强调"以德修身，永葆纯洁"，曾一口回绝了一位老干部照顾子女从部队转业安置的请求。舆论对他有这样一个矛盾的评价："他是个好人，但不是个好官"。

"无为"的庸官哲学，明显是对道德、权力和责任关系认识上的扭曲。当官就意味着承担责任，这里没有什么"无错即对""不贪即好"的诡辩逻辑，不负责任就是不折不扣的罪过，不讲职业公德就是最大的无德。

守住"为人之德"，却丧失"为官之德"，这是"童名谦式悲剧"的最大教训。

庸庸碌碌、无所作为的领导干部，历朝历代都有。清代文学家纪晓岚在《阅微草堂笔记》中讲了这样一个故事：

有一官走进冥府时，"自称所至但饮一杯水，今无愧鬼神"，因此气派与众不同，"公服昂然入"。孰料阎罗王不理他这一套，怒而斥之："设官以治民，下至驿丞闸官，皆有利弊之当理。但不要钱即为好官，植木偶于堂，并水不饮，不更胜公乎？"

阎罗王这番话等于骂这个懒官：你尸位素餐，占着茅坑不拉屎，做官不为民谋事，并不比一个木头人好！

这个懒官狡辩说："某虽无功，亦无罪。"阎罗王继续毫不客气地"修理"他，回应道："公一生处处求自全，某狱某狱避嫌疑而不言，非负民乎？某事某事畏烦重而不举，非负国乎？三载考绩之谓何，无功即有罪矣。"

听得阎罗王言之有据、句句在理，那个懒官方才"大踧踏，锋棱顿减"。

懒官，在古代又称为"具臣"。《说文解字》注释：具，供置也。"具臣"也即"备位充数之臣"，意指"安官贪禄，不务公事，与代浮沉，左右观望"之摆设。所谓懒官者，也即为官不为也。为官不为，就是人们平常说的"在其位，不谋其政"，"不求有功，但求无过"，"宁可不干事，确保不出事"。

当今中国，"为官不为"有多种表现形式，比如有些领导干部安于现状，看摊子、守位子，推着干、看着干，工作热情减弱，进取意识淡化；有些领导干部对深化改革、调整结构、转变方式等新任务不熟悉、不学习、不钻研，开展工作不得要领、无所适从；有些领导干部怕工作失误、冒风险，也怕触及利益、得罪人，遇麻烦绕道走，明哲保身，把"不出事"作为最大原则，等等。

为官不为，为什么呢？有些领导干部怕犯错不敢为，有些领导干部没能力不能为，有些领导干部太懒了不去为等等。尽管原因种种，但实质却源于干部思想抛锚——不想为。只要想为，就不会有干事必然犯错的担心，就不会疏于学习不求上进，就不会整天无所事事混日子。

中国共产党十八大以来掀起的"反腐风暴"举世瞩目，其实与此相辅相成的还有另外一场风暴——治理"庸官懒政"。如果说"反腐风暴"主要是针对"乱作为"，而"治懒风暴"则更多的是针对"不作为"。十八届四中全会上，"治懒"被写进了《中共中央关于全面推进依法治国若干重大问题的决定》："坚决纠正不作为、乱作为，坚决克服懒政、怠政。"

2014年起全国31个省、市、自治区都开展了不同层次的整治活动，多地还在省级层面下发了专门针对懒政、领导干部不作为的治理文件。

自八项规定执行以来，尽管以前"门难进、脸难看、事难办"的机关作风大为改观，门好进了，脸好看了，但"为官不为"现象仍比较突出。2014年，仅9月份，南昌就查处"为官不为"案件30起、问责97人；前9个月，福州市共有227人受到效能问责处理；河南全省共有1398人因此被查处……

而事实上，与贪官相比，懒官给人民生命及公共财产造成的损失也很大。比如，一些地方频频发生重特大安全责任事故，造成大量人员伤亡和公共财产的巨大损失，究其原因多是因为那里的领导干部是庸官、懒官，不懂也不愿意深入安全生产第一线去动脑、动手解决种种可能引发事故的隐患问题。

2013年3月，最高人民检察院向第十二届全国人民代表大会第一次会议报告，2008年以来的5年间，共立案侦查渎职侵权犯罪案件37054件50796人，其中重特大案件17745件。查办的各类渎职犯罪给国家造成直接经济损失高达数百亿元，造成伤亡以千万人计。

这些年来，由于庸官、懒官的盲目决策，使许多不该花的钱花了，不该建的楼堂馆所建了，会议费、公车费、招待费、外出考察费等各种公务费用激增。

庸官、懒官常常在岗不在状态，在位却不谋正事，拿钱不干事、当官不作为。他们"混"字当头，尸位素餐，碌碌无为；墨守成规，故步自封；和尚撞钟，得过且过；推诿扯皮，效能低下；唯利是图，吃拿卡要；对人冷漠，作风粗暴。群众到他们那里办事，常常是"门难进、脸难看、事难办"。长此以往，群众对这些庸官、懒官从不满到心生怨恨，从怨恨个别领导干部到怨恨政府，极大地影响了政府的公信力。

新中国成立不久，毛泽东和他的一个亲属谈话时说："治国就是治吏，礼义廉耻，国之四维；四维不张，国将不国。如果臣下一个个都寡廉鲜耻，贪污无度，胡作非为，而国家还没有办法治理他们，那么天下一定大乱，老百姓一定要当李自成。国民党是这样，共产党也会是这样。"

毛泽东这一思想，在现在看来仍然有着很强的现实意义。"治国就是治吏"，把官吏管理好了，官场风气正了，老百姓才会一呼百应，国家才能政通人和，国泰民安。否则，领导干部欺上瞒下，贪污受贿，营私舞弊，胡作非为，其结果只能是"虽令不从"，民怨国衰，"四维不张"。这就是"治国就是治吏"的基本道理。

当然，"治吏"是一项系统工程，而治理"懒官"更是重中之重。而事实上，"懒官"的产生，既有少数领导干部信仰缺失、能力缺失和责任缺失等，也折射了领导干部考核制度的缺失。实质源于领导干部思想抛锚。

从表面上看，领导干部不作为暴露出部分公职人员素质及业务能力存在问题，但其本质则是权力唯上，而百姓投诉维权渠道不畅、缺乏办事便捷明示渠道和及时监察等等。因此，要强化监督机制，既加强组织部门和纪检监察部门的监督，也要加强群众监督和媒体监督，并积极开展群众问政、民主评议等工作，扩大群众对领导干部任用的知情权、参与权，督促领导干部认真履职。

要做到这些,最关键的是要对公权力进行切实有效的监督。除了自上而下的内部监督之外,还需要引入社会监督。比如,开辟渠道,让群众和媒体参与对政府部门履职的评价,实现民意与政府的良性互动等等。

在对领导干部有效监督的基础上,要完善选人用人标准、完善考核办法。要制定和落实赏罚分明的激励机制,真正做到功过分明。尤其要突出激励的作用,并通过职位升迁、工资增长等措施,及时褒扬敢担当、能干事的领导干部,让安于现状者的占位者"让位",让碌碌无为者的平庸者"下课",使善为、能为者得到提拔重用,绝不能干和不干一个样、干好干坏一个样、干多干少一个样。

在这方面,有些地方做出了积极的探索。从2014年开始,贵州省黔西南州尝试推出"不胜任现职干部召回管理制度",截至2015年2月已有1334名不胜任干部被召回,其中包括处级干部59名。

黔西南州对存在12类为官不为情形的干部进行召回,不仅要曝光,而且还要接受统一培训教育和考试,甚至要参加军训,所有花销还自费。如果跟踪考察不合格,最严重的将被辞退和解聘,丢掉饭碗。

黔西南州推出"不胜任现职干部召回管理制度",就是"治庸治懒"的积极尝试。目前,黔西南州这一做法,已被中组部党建研究所和贵州省委组织部组工干部学院列为2015年重点课题系统研究。

此外,还要积极促进领导干部钻研业务,使他们不仅"为官有为",而且"为官善为"。

由此可见,要解决"惰政"问题,最终要依靠机构改革和政府职能转变。要让各个政府部门分工明确,责任到位,监督有效、考核到位,增强公职人员效率意识、服务意识,使工作全面推进、具体落实,倒逼行政机关养成"马上办"的作风,最终让"为民服务"的理念扎根于"公仆"言行之中。

第三节　让人民生活得更有尊严

人民的生活尊严是由物质与精神两方面组成的，缺一不可。要让人民生活得有尊严，仅仅在老有所养、病有所医、住有所居等物质方面得到满足，还是不够的，或者说这只是让人民生活得有尊严的第一步。还需要让人民真正享受到宪法赋予的各项公民权利，注意并尊重民众的政治诉求，提高民众对国家事务的参与度，使广大民众在社会政治生活中有更大的发言权。

"我们所做的一切都是要让人民生活得更加幸福、更有尊严，让社会更加公正、更加和谐。"

2012年3月14日，温家宝在十一届全国人大三次会议上所作的政府工作报告中，向全社会作出了上述庄严的承诺。

"人民的尊严"几个字何以如此感动中国，何以如此深入人心？关键是契合了时代发展的要求，真正彰显了社会主义的内在精神，弘扬了中国共产党的根本宗旨，进一步深化了党和国家以人为本的执政理念。

什么是尊严？按《辞海》的解释，一是庄重而有威严，使人敬畏；二是独立而不可侵犯的地位和身份。"尊严"一词的主词应该是"尊"，

"尊"在古代原意是指祭祀用的器皿,后来引申出高贵显达、威严肃穆、地位不可侵犯等意。

中国自古就有"仓廪实而知礼节,衣食足而知荣辱"的认知。在"仓廪实"之后,人民才会重视内心和精神的感受,追求更高的目标。中国共产党和政府及时发现并顺应大势,将"人民的尊严"首次写进政府工作报告。这一句温暖人心的话,是对"执政为民"理念的新诠释,彰显了党和政府的人文情怀和历史责任,标志着惠及13亿人口的小康社会将跃上新台阶,预示着中国社会主义和谐社会建设有了更高的目标追求。

一、衣食足仓廪实才有尊严的底气

"让人民生活得更有尊严"是一个鲜明的时代命题。

历史经验告诉我们,让人民生活得更有尊严,国家必须兴旺富强。世界上没有任何一个人的尊严,能够离开国家的强大和社会的进步而存在。公民意识的成长也要与国家发展、民族利益紧密结合。

中国人民有过长期遭受外来侵略和殖民统治的遭遇,国家主权沦丧,社会动荡不宁,人民生灵涂炭,饥寒交迫,毫无尊严可言。

中国人民深切地认识到,国家不独立、人民的生命安全没有保障,其他一切人权都无从谈起。中国人民为此进行了100多年的斗争,终于实现了国家的独立,建立了自己的国家,主宰了自己的命运。

根据2009年国务院扶贫办主任范小建报告介绍,1949年成立的新中国,是当时世界上最贫穷的国家之一。根据联合国"亚洲及太平洋经济社会委员会"的统计,那一年,中国人均国民收入27美元,不足整个亚洲平均44美元的三分之二,不足印度57美元的一半。直到1978年,中国仍有2.5亿农村人口处于未得温饱的贫困状态,占农村总人口的30.7%。之后，中国开始改革开放，经济得到迅速发展，贫困人数急剧减少。

追求幸福与尊严，是人们崇高的价值取向。但任何一国国民的尊严，必须首先解决好吃、喝、住、穿的问题，然后才能从事政治、科学、艺术、哲学、宗教等活动。人们只有获得了生存权，才具有现实条件有效地行使其他人权。因此，无论是个人还是整个民族，衣食足仓廪实才有保持尊严的底气。

生存权同发展权密不可分。因此，1986年联合国大会通过的《发展权利宣言》明确指出："发展权利是一项不可剥夺的人权，由于这种权利，每个人和所有各国人民均有权参与、促进并享受经济、社会、文化和政治的发展，在这种发展中，所有人权和基本自由都能获得充分实现。"

民以食为天。改革开放使中国人过上了温饱生活。中国已有数亿民众摘掉了贫困帽子，仅在2013年，中国农村就有1650人脱贫。世界银行认为，如果没有中国的贡献，全球贫困人口将呈增加态势。

改革开放的成功实践，让中国从贫穷落后走上伟大复兴之路，中国在世界上的地位愈来愈重要，不少富裕起来的中国人腰杆挺起来了，他们有那份扬眉吐气的自豪感，有那种"我是中国人"的荣耀感。

最近几年，中国经济快速发展，中国民众生活水平提升也走上了"快车道"。城乡居民的衣食住行条件不断改善，基本公共服务逐步实现均等化，世界上规模最大的社会保障体系初步形成，城乡居民特别是困难群体的基本生活有了更多保障。经济快速发展使得政府财力加强，也使得社会保障体系、保障性住房建设等民生工程有了资金后盾。

我们必须承认，尽管目前中国已成为世界第二大经济体，但仍有不少人生活在贫困线下，解决人民的生存权、发展权问题，一直是摆在中国政府面前的重大问题。据统计数据显示，中国人均国内生产总值（GDP）

还排在世界第 80 位左右，中国城乡低保人口有 7400 多万人，每年城镇新增劳动力有 1000 多万人，几亿农村劳动力需要转移就业和落户城镇，还有 8500 多万残疾人。

2014 年 4 月 1 日上午，习近平在比利时欧洲学院的演讲中指出，"根据世界银行的标准，中国还有 2 亿多人口生活在贫困线以下，这差不多相当于法国、德国、英国人口的总和。"

2014 年国家统计局的统计监测显示，中国还有 7017 万现行标准下的贫困人口。中国政府提出到 2020 年农村贫困人口全部脱贫的目标，仅剩六年时间要实现全部脱贫，每年要减贫 1170 万，平均每个月要减贫 100 万。

党的十八大以来，习近平多次就扶贫开发工作发表重要讲话，并在国内调研考察中多次深入贫困地区。他的足迹，曾到达河北阜平、甘肃定西、湖南湘西、山东临沂、新疆喀什、陕西延安、云南昭通、贵州遵义……

从 1992 年 7 月出版《摆脱贫困》一书，到如今多次强调"精准扶贫"，习近平对扶贫工作的思考不断深化、创新并与时俱进。习近平倡导的"看真贫、扶真贫、真扶贫"的观念，就是对"精准扶贫"的深刻诠释。同时，也为中国各地各部门做好扶贫脱贫这项工作提供了标准。

无论如何，让人民生活得更有尊严，不是一句简单的口号。人民不需要停留于口头上的尊严或对尊严的喧哗，需要的是维护尊严的具体行动和获得实实在在的尊严。当然，让人民生活得更有尊严需要一个过程，有赖各方共同努力，特别是让每一个人生活得更有尊严，则更为不易，难以一蹴而就。

中国要走共同富裕道路，让 13 亿多人都能过上更好的日子，必须立足社会主义初级阶段这个实际，在改革开放中大力解放和发展生产力，特别要坚持走科学发展之路，切实转变发展方式、提高经济增长质量，在生产发展和经济效益提高的基础上逐步提高人民群众生活水平，筑牢共同富裕的物质基础。

可是，目前中国社会贫富差距越来越大。主要原因是一些垄断行业和权势阶层，打着国家的旗号，占据着国家资源，迅速暴富，享受着社会最好的一切；而出租车司机、农民工、中小企业员工等普通大众，不仅收入有限，而且在休假、医疗保险等方面都很难有保障。另一方面，中国还有数千万绝对贫困人口。

保障和改善民生，首要的是要保证社会财富的分配公平。如何在社会财富分配中更加注重社会公平，缩小贫富差距，让一些老百姓不再卑微地生活，抬起尊严的头颅，这更是政府决策的重中之重。

首先，政府需要尽快转变经济发展方式，实现从国富到民富的转变。现代国家的繁荣富强，应该是建立在每一个社会成员的幸福感、安全感之上的，而不能只是国富民穷。

其次，要努力扩大就业，把促进就业放在经济社会发展的优先位置，鼓励全民创业。

第三，要加大国民收入分配制度改革，增强居民特别是低收入群众的消费能力。解决好收入分配问题，既要逐步提高居民收入在国民收入分配中的比重，提高劳动报酬在初次分配中的比重，提高低收入者收入和最低工资标准，建立企业职工工资正常增长机制和支付保障机制，也要通过财税政策和转移支付手段，对贫困地区、困难群体给予更多的倾斜和照顾，为社会健康、有效运行提供所必需的安全、稳定、预期和公平环境。

尤其是，要限制垄断行业、特权阶层的收入畸高，让民众共享改革发展成果。只有分配公平了，农民工子女受教育等其他社会公平才有保证。

2015年10月16日上午，减贫与发展高层论坛在北京人民大会堂举行，习近平出席论坛并发表主旨演讲时表示，全面小康是全体中国人民的小康，不能出现有人掉队。未来5年，我们将使中国现有标准下7000多万贫困人口全部脱贫。这是中国落实2015年后发展议程的重要一步。

中国，再次吹响扶贫攻坚的号角！

二、人民的尊严要以人权进步为保障

孙志刚———一位湖北青年，他用生命的代价废除了一部恶法，为中国的人权进步书写了难忘的一页。

2003年3月17日晚，27岁的武汉青年孙志刚因未携带任何证件，在广州市天河区黄村大街被派出所民警带回询问，随后被错误作为"三无"人员送至天河区公安分局收容待遣所，后转送广州市收容遣送中转站。18日，孙志刚称有病被送往广州市卫生部门负责的收容人员救治站诊治。20日凌晨，孙志刚遭同病房的多名被收治人员两度轮番殴打，孙因大面积软组织损伤致创伤性休克死亡。

经法院审理，涉嫌故意殴打孙志刚致死的12名被告及在孙志刚被收容过程中涉嫌渎职犯罪的6名被告，分别被判处死刑及有期徒刑，对此案负有责任的公安、卫生、民政等部门的负责人及有关人员20多人受到了党纪、政纪处分。

孙志刚之死引起社会强烈反响。2003年5月16日，许志永、俞江、腾彪等3名法学博士上书全国人大常委会，要求对《城市流浪乞讨人员收容遣送办法》进行"违宪审查",这在新中国尚属首次。

随后,北京大学法学院教授贺卫方、沈岿等5位法律学者,联名致信全国人大常委会,建议对收容遣送制度提请启动特别调查程序。

由于孙志刚事件的推动,收容遣送制度成为了历史——

2003年6月20日,时任国务院总理温家宝签署国务院令,公布《城市生活无着的流浪乞讨人员救助管理办法》,并于2003年8月1日起正式实施。同时,1982年5月国务院发布的《城市流浪乞讨人员收容遣送办法》废止。随后一些城市的收容遣送相关条例和制度也陆续废止。

尽管废除收容遣送制度来得太迟,代价也太大,但这是中国法治事业的进步,也是人权和人性尊严的胜利。

中国的人权进步,就是如此的蹒跚,但却在不断前行……

所谓人权,是指在一定的社会历史条件下每个人按其本质和尊严享有或应该享有的基本权利。人权就其完整的意义而言,就是人人自由、平等地生存和发展的权利,或者说,就是人人基于生存和发展所必需的自由、平等权利。

2007年,党的十七大将"尊重和保障人权"写入《中国共产党章程》。胡锦涛在党的十七大报告中精辟地指出:"科学发展观,第一要义是发展,核心是以人为本,基本要求是全面协调可持续,基本方法是统筹兼顾。"在党的十八大报告中,"人权得到切实尊重和保护"被列为中国全面建成小康社会和全面深化改革开放的重要目标之一。

2014年,党的十八届四中全会聚焦依法治国,通过了《中共中央关于全面推进依法治国若干重大问题的决定》,这一纲领性文件,对中国人权事业发展具有重要意义。正如新发布的人权白皮书所讲,"中国建设社会主义法治国家,以确保公民权利的实现、人性尊严的捍卫、基本人权的落实",可谓掷地有声。

2014年,中国人民的各项基本权利进一步得到有效保障,"国家尊重和保障人权"的宪法原则得到更好贯彻落实。这一年,全面建成小康社会迈出坚实步伐。到2014年底,"十二五"规划所提出的29个可统计、可评估的经济社会发展指标中,超额完成的12个,接近完成的3个,进展良好的11个,三者合计已接近90%。同时,《国家人权行动计划(2012—2015年)》完成中期评估,评估结果显示各项指标任务得到积极落实,大部分量化指标已完成一半甚至更高。这一年,全面推进依法治国开启了新征程。

三、尊重人民的首创精神

"民主"在中国文化中,首先有"以民为主"的含义。《尚书》中说:"民为邦本,本固邦宁。"人民才是邦国的根本,人民是国家的首要。孟子更加明确地指出:"民为贵,社稷次之,君为轻。"天下所有的贵重,都在民众身上。

历史反复证明,凡是一个自由、民主的社会,大都政治稳定、经济繁荣、文化发达,而一个专制、独裁的社会,由于忽视民意的诉求,执政者私欲过重,所以总是导致与暴乱、饥荒以及动荡随影相伴。

毛泽东曾指出,"群众有伟大的创造力。中国人民中间,实在有成千成万的'诸葛亮'……我们应该走到群众中间去,向群众学习"。

而中国近几十年来的发展,靠的是什么?更多依赖于人民的创造性的部分释放,依赖于人民生存权的满足,依赖于人民不断获得自由。

人民要生活得有尊严,就必须有一个自由、充满活力的社会,也就是说保障个人自由权利,建立有限的政府,实行法治和民主制度,尊重人民群众的主体地位。而前提是,要尊重人民群众的首创精神。

中国共产党在90多年的奋斗历程中，之所以能够由小到大、由弱变强并不断取得辉煌成就，从根本上说，是因为赢得了人民的拥护和支持。特别是，在取得执政地位后，始终坚持问政于民、问需于民、问计于民，尊重人民首创精神，更好保证人民当家做主。家庭联产承包责任制，就是中国共产党尊重人民群众首创精神的伟大典范，彪炳史册。

改革开放30多年来，中国共产党对社会主义实践和认识的每一次突破和进展，无不来自群众的创造和推动。同时，人民群众的实践又是检验中国共产党的路线、方针、政策正确与否的唯一标准。

邓小平一直很注意倾听群众的呼声，善于发现、总结和推广人民群众发明创造的新事物、新经验，不突出自己，不贪人民之功。

改革开放后，邓小平领导下的中国取得举世瞩目的成就，获得国际好评。而对于改革开放，邓小平却说："我个人做了一点事，但不能说都是我发明的。其实很多事是别人发明的，群众发明的，我只不过把它们概括起来，提出了方针政策。"

改革，最需要的是"敢为天下先"的首创精神，最需要的是百折不挠的实践勇气。从"大包干"、乡镇企业异军突起到集体林权制度改革，从"三来一补"、农民工进城到"温州模式"，人民群众的首创精神推动了一次又一次制度创新，成为改革的"原动力"。

每一步改革，无不体现出人民群众的意愿，倾听了人民的呼声。正如邓小平指出的那样："农村搞家庭联产承包，这个发明权是农民的。农村改革中的好多东西，都是基层创造出来，我们把它拿来加工提高作为全国的指导。"

家庭联产承包责任制是安徽和四川农民首先搞起来的，乡镇企业"是基层农业单位和农民自己创造的"，邓小平强调全党要进一步解放思想，尊重群众的首创精神，不要按老框框办事。

在中国改革开放实践中，经济特区的试验、社会主义市场经济体制的构建、证券市场的发展、股份制的试行等等，一系列重大改革之所以取得成功，人民的主动创造功不可没，群众的积极探索至关重要。

改革进程越趋向纵深，人民群众首创精神也越显出强韧与智慧。遇到发展"硬堡垒"越多，首创精神所激发的摧枯拉朽力量就愈强。

"我们要尊重人民首创精神，在深入调查研究的基础上提出全面深化改革的顶层设计和总体规划，尊重实践、尊重创造，鼓励大胆探索、勇于开拓，聚合各项相关改革协调推进的正能量。"2012年12月7日至11日，习近平在广东考察时的重要论述切中要害，为有效破解时代考题指明了方向。

世上从来就没有什么救世主，人民的幸福和尊严，说到底，是靠自己奋斗得来的。中国共产党在长期的革命斗争中形成了一条一切为了群众，一切依靠群众，从群众中来，到群众中去的群众路线，这是中国共产党的根本工作路线，是中国共产党的好作风中"最根本的一条"。

中国共产党坚持走群众路线，首先必须相信群众，如果连群众自己能够解放自己都不相信，就难以做到正确地贯彻群众路线，还谈何尊重、尊严？

尊重人民首创精神，集中人民群众智慧，充分发挥人民群众在创造历史中的伟大作用，这既是发展取之不尽的力量源泉，也是一种执政能力、一条宝贵的成功经验。

如今，中国全面建成小康社会和实现社会主义现代化的历史任务，要依靠人民群众去完成；解决新情况、新问题的实践经验，要依靠人民群众去创造；各种艰难险阻，要依靠人民群众去克服战胜；各种社会矛盾,包括涉及群众利益调整的矛盾,也需要依靠人民群众的理解、支持和承受才能解决。

领导干部要拜人民为师,就得根除"官本位"思想、"父母官"意识,要听得进、装得下来自底层的不同声音,坚持问政于民、问需于民、问计于民,真诚倾听群众呼声,真实反映群众愿望,真情关心群众疾苦,少在餐桌酒店觥筹交错,多到田间地头知民情、解民忧、暖民心,到群众家里坐得下、粗茶淡饭吃得进、水酒土酒喝得下、家长里短聊得来、大事小事谈得拢、难题难事解得开,在与群众朝夕相处中增进对群众的思想感情,增强服务群众的本领。

如果没有这一切,就没有中国改革和建设事业的成功和发展。领导干部讲政治,就是要尊重群众,尊重实践。只要领导干部拥有了这种尊重和坚持,人民群众"有尊严的生活"也就有了重要保障。

四、人民当家做主是最大的尊严

中国传统文化认为,"尊者,主人也",主人具有"独立而不可侵犯的地位",这是拥有尊严的前提。

人民当家做主体现为人民统治地位的确立,体现为人民选举权和被选举权的确立,体现为人民参加管理国家权利的确立和人民享受"公仆"服务权利的确立,这是人民尊严的根本标志。

在现代社会条件下,让人民生活得更有尊严,除了物质方面,还包括政治生活。政治生活"有尊严"的本质,是在平等、自由的旗帜下,公民权利得到保障、得以实现。只有把"尊严"植根于每一个人自由的、生动的、多样的选择之中,植根于每一个人主体性的、有尊严的、创造性的实践之中。一定要按照尊重知识、尊重人才、尊重劳动和尊重创造的精神，给尊严升位，给人的自由和全面发展创造有利的条件，人民才能更多地享受到有尊严的生活。

权力越谦卑，人民越有尊严。执政者还有必要进一步健全民主制度，丰富民主形式，拓宽民主渠道，依法实行民主选举、民主决策、民主管理、民主监督，保障人民的知情权、参与权、表达权、监督权。

民主，就是人民当家做主。严复曾经阐述民主和自由的关系，提出"以自由为体、以民主为用"，也就是说，民主是实现自由同时保障自由的最好的工具。民主也是实现和保障人的尊严的最好的途径，公民具有充分的知情权、参与权、表达权和监督权，才可能有作为国家和社会主人的尊严体验。

近年来，公民的维权意识在不断觉醒。1987年，浙江苍南农民包郑照，因不服政府部门强行拆除其房屋的处罚，一纸诉状将县政府告到了法院。当时，这位"民告官第一人"的想法很简单，就是要"讨个说法"。出乎他意料的是，仅仅过了两年，行政诉讼法就经七届全国人大二次会议审议通过。

此后，行政处罚法、国家赔偿法、行政复议法等救济制度，也逐渐发展和完善起来。如今在中国，"秋菊打官司"已不再是新闻。2015年5月起，新修订的《中华人民共和国行政诉讼法》实施，意味着"民告官"正式步入新时代。

2014年11月1日，十二届全国人大常委会第十一次会议表决通过了修改行诉法的决定。这是行诉法自1990年10月1日起实施后的首次大修，不少新条款立足于解决长期以来"立案难、审理难、执行难"等突出问题，对实现依法行政的重要意义不言而喻。

目前，中国人民当家做主权利如参政议政、选举监督等管理国家的权利，因为制度建设的不完善，不能得到充分保障，从而使人民尊严受到损害。

党的十八大以来，为更好保证人民当家做主，中国共产党提出，必须继续积极稳妥推进政治体制改革，发展更加广泛、更加充分、更加健全的人民民主；必须更加注重改进党的领导方式和执政方式，保证党领导人民有效治理国家；必须更加注重健全民主制度、丰富民主形式，保证人民依法实行民主选举、民主决策、民主管理、民主监督；必须更加注重发挥法治在国家治理和社会管理中的重要作用，维护国家法制统一、尊严、权威，保证人民依法享有广泛权利和自由，等等。

从中国现实出发，要真正做到让人民当家做主，需要做到三个"始终"：

首先，始终把人民利益放在第一位。坚持把实现好、维护好、发展好最广大人民根本利益作为一切工作的出发点和落脚点。切实做到立党为公、执政为民，坚持问政于民、问需于民、问计于民，多办顺民意、解民忧、增民利的实事。

第二，始终尊重最广大人民的意愿。坚持把人民拥护不拥护、赞成不赞成、高兴不高兴、答应不答应作为衡量各项决策的最高准则。多深入到社会问题多、群众意见大的地方去，了解群众需要，倾听群众呼声，解决群众困难，化解群众矛盾，全心全意地为人民服务。

第三，始终把民生问题放在重要位置。坚持发展为了人民、发展依靠人民、发展成果由人民共享。从人民群众最关心的实际问题出发，从解决人民群众最直接、最现实的利益问题入手，全力推进以保障和改善民生为重点的社会建设，进一步完善保障和改善民生的制度安排。把促进就业放在经济社会发展优先位置，加快发展教育、社会保障、医药卫生、保障性住房等各项社会事业，推进基本公共服务均等化，加大收入分配调节力度，坚定不移走共同富裕道路，努力使全体人民学有所教、劳有所得、病有所医、老有所养、住有所居。

这些，与中国的发展密不可分。2012年11月29日，在国家博物馆，习近平在参观"复兴之路"展览时，第一次阐释了"中国梦"的概念。

习近平说："大家都在讨论中国梦。我认为，实现中华民族伟大复兴，就是中华民族近代以来最伟大的梦想。"他称，到中国共产党成立100年时全面建成小康社会的目标一定能实现，到新中国成立100年时建成富强民主文明和谐的社会主义现代化国家的目标一定能实现，中华民族伟大复兴的梦想一定能实现。

中国梦不只是一个富裕梦，还是人民对幸福和有尊严生活的期许，而强国之梦，首先也是人民的尊严之梦。人民享有尊严，国家方能体面。

可见，人民当家做主是最大的尊严。这一切都在于，在依法治国的前提下，无论贫富，无论身处江湖与庙堂，每个人都应公正地享有无差别的权利保障，这是现代意义上人民群众之尊严的全部要义。

后记

诺贝尔经济学奖获得者冈纳·缪尔达尔曾在《亚洲的戏剧》一书中提出了"民俗学意义上的腐败"这个说法。他认为一个国家之所以腐败泛滥,主要原因之一就在于腐败已经在社会上有一种"人人习以为常的文化"。

在中国传统文化里,有着一些根深蒂固的腐败基因。中国古人把做官看得很重,"读书—当官—发财"是人生最重要的三部曲。由此,社会上最显赫的是官,最受尊崇的是官,利益最丰厚的,依然是官,做了官就意味着有了一切。官做得越大越好,官越大特权就越多,潜在的利益就越大。官本位引诱一些人不断往上爬,甚至不惜采取卖身投靠、行贿买官等可耻手段。

这种官本位意识,仍然影响着当代中国人,影响着不少党员干部,甚至有些领导干部铤而走险,大肆卖官鬻爵。同时,中国传统文化是以家族伦理为中心价值取向的伦理型文化,注重的是各种血缘和伦理关系,在"一人得道,鸡犬升天"、"朝中有人好做官"等思想的侵蚀下,当前有些领导干部亲情关系错位,大搞裙带关系,贪污受贿,滋生出种种腐败现象。

最主要的是,中国还没有一个科学严密的制度笼子,既关得住"老虎",又飞不出"苍蝇",以改变"牛栏关猫进出自由"的制度虚设现状。

自党的十八大以来,中央一直以"零容忍"的态势反腐——既打"老虎",也拍"苍蝇",反腐做到了全覆盖,无盲区。这充分体现执政党在兑现"党要管党、从严治党"的政治诺言,也彰显了执政党肃清腐败的决心和信心。

从最近两年查处的案例来看,不少腐败案件令人触目惊心。从腐败的层级来看,上至副国级的"老虎",下至村干部的"苍蝇"。从腐败的规模来看,从上世纪80年代的几万、几十万已发展到如今的百万、千万,甚至几个亿、几十个亿。实际上,很多腐败案例已非正常人所能理解。

如今,中国社会各界都能认识到,如果腐败得不到整治,那么"亡党"就越来越具有可能性。人民群众对腐败深恶痛绝,之前很多社会抗议运动或"群体性事件",均与不同层级的领导干部腐败密切相关。

作为中国共产党中央委员会机关报《人民日报》社主办与出版的一份国际新闻类报纸,《环球时报》曾在中国5个城市进行了连续第五年的"中国人看世界"舆论调查。从数据历史走向来看,在损害中国国际形象的诸多事件中,受访者对"部分领导干部的贪污腐败"提及率持续上升,2010年该比例比2008年增加11.2个百分点,比2009年增加3.9个百分点。

无论是中国官方,还是透明国际,可以说,对中国目前腐败现状的概括和评价基本是一致的,即中国政府致力于反腐,取得了一定实效,但"形势依然严峻,任务依然繁重"。这充分说明,中国反腐还有很长的路要走。

但有一点必须承认,清廉国家不是从天上掉下来的,是人民争取来的。在世界上,大多清廉政府是通过改革而来,而非革命而来。通过改革构建清廉政府,相对于转变全社会的风气,属于以点带面,可以收到事半功倍的效果；与严惩贪腐领导干部相比，实为由表及里，能够获得治本去根的疗效。

在任何国家，经济和社会力量对政权均有着极强的渗透能力。这就需要政府对经济和社会领域确立规制。当然，政治与经济、社会的分离，并非是说经济和社会可以脱离政府。相反，政府必须对它们进行规制和管理。因此，如何建立一个规制型政府是现阶段中国行政体制改革的重点。

在政治、经济和社会之间，既有边界，又相互制衡，这是清廉政府的制度保障。在此过程中，法制和法治必须到位，因为这是政府和其他社会角色互动的制度基础。司法独立尤其重要，只有如此，政府和其他社会角色之间具有最重要的讨价还价的空间。如果这个空间被压缩，政府与社会之间的冲突就不可避免。保障中国司法领域的相对独立，是中国政治改革无法避免的一个核心问题。

当前，中国反腐已到了关键时刻，制度建设更有必要及时跟上。如果继续依赖运动式反腐，或依靠超越法治的手段，即使反腐再轰轰烈烈，最终也会导致更多腐败产生。要遏制腐败，需要一整套可以导致清廉行为的制度。

只有一套好的制度存在，再谈"要为人民用好权"才具有现实基础。习近平指出："要加强对权力运行的制约和监督，把权力关进制度的笼子里，形成不敢腐的惩戒机制、不能腐的防范机制、不易腐的保障机制。"显然，这说到了关键点。

除制度建设外，还有必要加强廉政文化教育，其教育对象不仅是党员干部，而且是全体社会成员。通过各种教育方式和途径，用先进的文化、先进的理念、先进的思想教育、熏陶和激励全体社会成员，在全社会营造一个人人崇尚廉政、人人羞于腐败人人耻于腐败的良好环境和社会风尚。

只有通过惩戒、防范、保障机制建设，再加上有效的廉政文化教育，才能让掌权者敬畏权力，这是中国新的历史条件下反腐倡廉深入开展的明确方向。

本人撰写《要为人民用好权》一书，正是基于对以上诸多问题思考的结果。

《要为人民用好权》的出版，首先得感谢知名学者李成言和韩春晖拨冗作序。其次，本人在撰写本书过程中，曾参阅了一些文献和资料，并引用了部分报刊杂志发表的案件，以历史的、开放的视角，结合中国现实来探索和阐述"要为人民用好权"这一当代具有重大意义的热点话题。本人在引用时，已在书中作了标注，此处就不一一列举。在此，对诸多前辈学人、作者及相关人士深表谢意。

鉴于本人学识有限，无论是观点论述，还是深度思考，书中难免还有不少粗疏之处，敬请各位读者给予各种方式的批评、指正，以便再次修订时补充完善。我的电子信箱：xhslisong@163.com

李松

2015 年 12 月 18 日于北京

附 / 李松访谈录
《有权不可任性》探究执政智慧

文 / 税之滇

　　新华社资深调查型记者李松第一部评论集《有权不可任性》最近由新华出版社出版面向全国发行，引起社会广泛关注。

　　李松，云南蒙自人。2001 年进入新华社工作，先后为内参编辑、新华网北京频道总监，现为《瞭望》新闻周刊记者，尤以调查性深度报道见长。

　　2005 年 5 月，李松在《瞭望》发表的《驻京办：第二行政中心？》一文引起高层重视，中央多位领导作了批示，一度隐秘的"驻京办"首次进入公众视野，从而卷起"驻京办"肃整风暴，李松也由此为社会所知名。

　　从此，李松一发不可收拾，在《瞭望》《半月谈》《人民日报》《环球》《中国青年报》等刊物上发表深度调查、评论近千篇，多数被《文摘报》《作家文摘》《中国剪报》《联合早报》《国际时报》等海内外报纸杂志转载，多篇入选中央党校培训教材，不少产生过重大而深远的社会影响。其作品多次获新华社优秀新闻作品奖，并于2012年获三地新闻记者青兰著作奖。

《有权不可任性》选编了李松近两年刊发于中国时政名刊——《瞭望》新闻周刊的一百余篇评论精品，内容主要聚焦于中国相对敏感的反腐领域。此前，李松已出版《底层民意》《中国社会病》《一个人在路上》《李松的诗》《中国社会诚信危机调查》《中国隐性权力调查》等10余部专著。其中，多部成为了畅销书。

对于《有权不可任性》，北京大学廉政建设研究中主任李成言教授评价道："这部评论集下达基层权力斑驳陆离之怪状，上至国家大政方针指点江山激扬文字，拒绝言辞激烈，但却富有忧患意识的'中国关怀'，亦为存有警醒世人之心，体现了作者强烈的责任意识与担当精神。"

最近，自由评论人税之滇就《有权不可任性》一书，对李松进行了深度访谈，以期让读者能够更多地了解他的精神世界。

税之滇：您这部评论集为何取名《有权不可任性》？

李松：从书名本身，就鲜明地表达了我本人对反腐的一贯观点和立场。

"大道至简，有权不可任性。"2015年3月5日，李克强总理在十二届全国人大三次会议上所作的《政府工作报告》中说了这样一句经典的话。其中，"有权不可任性"的表述，最本质的体现是法治思维、法治方式。这是一种权力自觉和真诚告诫，问题的关键还是使有权从不可任性到不能任性。

英国历史学家阿克顿有一句后世传诵的名言:"权力导致腐败,绝对的权力导致绝对的腐败。"这或许可以说"权力使人任性,不受约束的权力使人不受约束地任性"。其任性的结果,往往是个人意志凌驾于一切,逾规越矩,肆意妄为,由此导致的腐败,只会得到公众的一片冷漠与绝望。

"水能载舟,亦能覆舟",只有公众的利益诉求表达渠道畅通,他们的合法权益得到充分尊重和保护,社会才会和谐稳定。要使"有权不可任性"成为现实,需要执政党以各种渠道广开言路,获取民意,为政府和公众搭建一座沟通畅捷的信息桥梁,更便于社会监督政府的各项工作推进情况。

税之滇: 您从事记者职业以来,一直关注中国的反腐大业。您认为中国反腐能从历史中借鉴什么经验?

李松: "国家之败,由官邪也。官之失德,宠赂章也。"贪腐误国,在历朝历代都是个让人头疼的大问题。与腐败作斗争,一靠自律,二靠他律。这两个层面,双剑合璧、内外兼修,古人以此来维系一个国家清正廉明的政治文化传统。

中国古代教训说明,反腐败要多管齐下,不仅要讲道德基础,更要有制度建设。同时,离不开社会监督,即公众监督、社会团体监督、法律监督以及舆论监督。其中,舆论监督虽然不具有强制性,但它却具有一种精神的、道德的力量。当分散的、个别的议论引起人们普遍关注,经过传播而形成社会舆论时,便代表着众多人的看法和意志,对社会生活产生重要的影响。

税之滇: 您如何定位自己的评论作品?

李松: 当前,中央正以雷霆万钧之势反腐,这场斗争正在悄然改变着中国的政治格局和社会思维定式。在这样严峻的反腐形势下，对于一些涉及公权力腐败的新闻事件，公众不仅想知道事件本身，更想知道事件背后的含义，而评论，可以引导公众对这些新闻事件从感性认识向理性认识转变。

我希望自己的评论，能竭尽所能地承担起这样的使命。

税之滇：党的十八大以来，中央坚持以"零容忍"态势既打"老虎"也拍"苍蝇"。您如何理解"零容忍"的含义？

李松：党的十八大以来，中央坚持有腐必惩、有贪必肃，以"零容忍"态势惩治腐败，党风廉政建设和反腐败斗争呈现出3个"前所未有"：即管党治党的决心前所未有，惩贪治腐的力度前所未有，正风肃纪的成效前所未有。通过全方位、多角度重拳出击，从副国级、省部级领导落马，到乡科级、一般党员干部被查，反腐败做到了"上无禁区、下无死角、外无空白"。

"零容忍"是指对各种腐败行为和活动不论其发生的具体情况和背景如何、无论涉及什么人，都要严查和惩处，不允许、不容忍任何官员有任何腐败行为，甚至是轻微的腐败行为都要毫不犹豫、绝不妥协地与之进行彻底的斗争，做到不护短、不姑息、不手软，使任何腐败行为都受到严厉的处罚。

"零容忍"反腐败战略的理论依据是"破窗理论"，它强调的是对于事物完整性的追求，认为完好的东西一旦受到破坏就可能带来更大的破坏，因为第一扇窗被打破而未能得到及时的修理，就会被认为可以肆意破坏，释放出纵容的错误信号。因此，反腐败就要坚决将腐败扼杀在"第一个窗户"，坚决遏制腐败的蔓延趋势，坚决防止"千里之堤，毁于蚁穴"的现象发生。

中国香港、新加坡、瑞典等廉洁程度较高的地区和国家，在道德层面和法律层面，都对腐败采取"零容忍"态度。

税之滇：中国实施"零容忍"反腐战略的背景是什么？

李松： 中国实施"零容忍"反腐战略的背景，是已出现"腐败蔓延势头"，可能有一些官员已腐败过了，只是还没有被发现。现在"发现一个就要坚决查处一个"。但是，加强反腐败的体制机制创新和制度保障，才是最为关键的一招。

早在1980年8月，邓小平就在《党和国家领导制度的改革》的讲话中突出强调了制度的重要性："我们过去发生的各种错误，固然与某些领导人的思想、作风有关，但是组织制度、工作制度方面的问题更重要。这些方面的制度好可以使坏人无法任意横行，制度不好可以使好人无法充分做好事，甚至走向反面。""不是说个人没有责任，而是说领导制度、组织制度问题更带有根本性、全局性、稳定性和长期性。"

税之滇：您认为中国反腐的治本之策是什么？

李松： 如今，反腐败"零容忍"只是最大限度地减少腐败存量，而要预防腐败的发生，关键还是要把权力关进"制度的笼子"。

在权力还没有被完全关进"制度的笼子"时，腐败的表现形式是"千姿百态"的：在官员调整的关键时刻"打招呼""萝卜招聘""绕道进人""买官卖官""吃空饷""房脆脆""桥塌塌""楼歪歪"……对腐败"零容忍"，就要把花样众多的腐败真相揭露出来，新闻媒体应当承担起这样的使命。

中国反腐败的力量，不仅来自体制内部的监督，而且也来自民众监督与舆论监督。只有监督力量大了，制度完善了，把权力真正关进"制度的笼子",才能最终让有权者"不想腐、不能腐、不敢腐"成为现实。

从这个角度讲,《有权不可任性》中的每一篇评论,都是一个制度漏洞的补丁。我希望执政者能从这里得到更多的执政启示和警醒。

(本文原载于《红河日报》第4版2015年10月10日)

主要参考书目

1.《中国隐性权力调查》(华夏出版社,2011年,李松/著)
2.《权力腐败与权力制约》(山东人民出版社,2011年,林喆/著)
3.《把权力关进制度的笼子里》(红旗出版社,2013年,皇甫中/主编)
4.《领导干部的15个群众观》(国家行政学院出版社,2013年,黄明哲著)